权威·前沿·原创

皮书系列为
"十二五""十三五"国家重点图书出版规划项目

中国社会科学院创新工程学术出版资助项目

旅游绿皮书

GREEN BOOK OF
CHINA'S TOURISM No.16

2017~2018 年中国旅游
发展分析与预测

CHINA'S TOURISM DEVELOPMENT: ANALYSIS
AND FORECAST (2017-2018)

顾　问／何德旭　杜志雄　张广瑞　刘德谦
主　编／宋　瑞
副主编／金　准　李为人　吴金梅

社会科学文献出版社
SOCIAL SCIENCES ACADEMIC PRESS (CHINA)

图书在版编目（CIP）数据

2017－2018 年中国旅游发展分析与预测／宋瑞主编
. －－北京：社会科学文献出版社，2018.1
（旅游绿皮书）
ISBN 978－7－5201－2052－4

Ⅰ.①2…　Ⅱ.①宋…　Ⅲ.①旅游业发展－研究报告
－中国－2017－2018　Ⅳ.①F592.3

中国版本图书馆 CIP 数据核字（2017）第 325423 号

旅游绿皮书
2017 ~2018 年中国旅游发展分析与预测

顾　　　问／何德旭　杜志雄　张广瑞　刘德谦
主　　　编／宋　瑞
副 主 编／金　准　李为人　吴金梅

出 版 人／谢寿光
项目统筹／邓泳红　郑庆寰
责任编辑／王　展　郑庆寰

出　　　版／社会科学文献出版社·皮书出版分社（010）59367127
　　　　　　地址：北京市北三环中路甲 29 号院华龙大厦　邮编：100029
　　　　　　网址：www.ssap.com.cn
发　　　行／市场营销中心（010）59367081　59367018
印　　　装／北京季蜂印刷有限公司

规　　　格／开　本：787mm×1092mm　1/16
　　　　　　印　张：22.75　字　数：341 千字
版　　　次／2018 年 1 月第 1 版　2018 年 1 月第 1 次印刷
书　　　号／ISBN 978－7－5201－2052－4
定　　　价／99.00 元

皮书序列号／PSN G－2002－018－1/1

中国社会科学院旅游研究中心
"旅游绿皮书"编委会

本书编撰人员名单

主报告一

撰稿人　中国社会科学院旅游研究中心

执笔人　宋　瑞

主报告二

撰稿人　中国社会科学院旅游研究中心

执笔人　宋　瑞　杨丽琼　宋子千　窦　群　吴金梅

　　　　杨劲松　曾博伟　张树民　秦　宇　金　准

专题报告撰稿人（以专题报告出现先后为序）

　　　　宋　瑞　苏　杨　宋子千　李　伟　魏　翔

　　　　吴雪飞　魏小安　曾博伟　张晓宇　赵丽丽

　　　　张金山　张贵海　秦　宇　陈　阳　刘春燕

　　　　楼枫烨　卞丽娟　王　莹　金　准　王　昱

　　　　唐晓云　谢仲文　李慧莹　李创新　蒋依依

　　　　戈双剑　刘聪聪　唐继宗　黄福才　杨　晶

　　　　张玉静　汪　勇　赵　鑫　沈　涵　樊佳依

　　　　薛　楠　任朝旺　陈永昶

总　纂

　　　　宋　瑞　李为人

编辑部

　　　　曾　莉　刘美凤　高　忻

主要编撰者简介

宋　瑞　产业经济学博士，中国社会科学院旅游研究中心主任，中国社会科学院财经战略研究院研究员，长期从事旅游可持续发展、旅游政策、休闲基础理论与公共政策等方面的研究。

金　准　管理学博士，中国社会科学院旅游研究中心秘书长，中国社会科学院财经战略研究院副研究员，长期从事旅游与休闲相关研究工作，主要关注旅游政策、城市旅游等问题。

李为人　管理学博士，中国社会科学院旅游研究中心教育培训部部长，中国社会科学院研究生院公共政策与管理学院副院长、副教授，近年来主要研究财税理论与政策、税收管理、旅游管理等问题。

吴金梅　管理学博士，研究员，高级经济师，中国社会科学院旅游研究中心副主任，长期从事旅游产业发展、旅游投资、旅游房地产等领域的研究与实践。

摘　要

《2017～2018年中国旅游发展分析与预测》（"旅游绿皮书No.16"），是中国社会科学院旅游研究中心组织编撰的年度报告。全书以"新时代下中国旅游的改革与创新"为主题，通过两篇主报告和20余篇专题报告，对2017～2018年中国旅游发展进行了透视和前瞻，并对全球旅游发展的热点问题进行了重点剖析。

2017年全球经济温和复苏，但各种风险和不确定性因素依然存在；全球旅游全面增长，增速继续高于GDP，欧洲反"过度旅游"引发对可持续发展问题的广泛关注。2017年，我国全面深化改革进程的推进，为旅游发展创造了良好环境；中国特色社会主义进入新时代，对旅游发展提出新的要求；旅游及相关领域的改革，正在破解困扰旅游发展的一些难题；产业融合趋势在政策推动和产业实践两个层面得到强化；旅游投资热潮涌动，部分领域可能存在投资过度的隐患；一系列新标准的出台和实施，将引导旅游新兴业态实现健康发展；乡村旅游高潮迭起，旅游精准扶贫全面推进；京津冀、粤港澳、长三角等区域一体化进程中，旅游业仍有较大作用可待发挥；世界性旅游组织、旅游会议和活动的增多，强化了中国与世界的互动。2018年是我国改革开放40周年，面向未来，要进一步推进旅游发展改革和创新，发挥旅游作为美好生活风向标、社会融合黏结剂、深化改革突破口、对外开放前沿地、区域发展联动机、现代经济创新者、生态文明引领者、现代治理折射器、人类命运共同体的构建者的重要作用，推动小康社会的全面建成，并实现社会主义现代化。

2017年，我国旅游发展高潮迭起，热点频出。根据中国社会科学院旅游研究中心的梳理和提炼，该年度中国旅游十大热点为：十九大报告指引旅

游新发展；世界旅游联盟成立引发期待；国家公园建设迈出重要步伐；乡村旅游助力乡村振兴战略；特色小镇破解城乡二元难题；多因素影响中日韩旅游遇冷；体育旅游共同构筑幸福产业；民宿投资热潮日渐趋于理性；质量事件频发凸显酒店困境；旅游屡屡成为热播综艺主题。

"深化改革"篇围绕国家公园体制建设、旅游用地政策、旅游PPP以及旅游统计体系改革等进行了分析；"融合创新"篇中，国内青年学者群体围绕旅游小镇建设、旅游与体育、旅游与交通、冰雪旅游、经济型酒店、旅游上市公司发展、民宿投资与经营等产业热点问题所做的跟踪与分析，为观察旅游业态的融合与创新提供了鲜活素材和专业剖析；有关国内旅游、入境旅游、出境旅游以及港澳台旅游的六篇文章，为全面把握旅游市场的动态特征和发展趋势提供翔实数据和客观分析；本年度新增"全球观察"篇，针对全球旅游发展总体趋势、全球50家旅游上市公司、科技进步对旅游的影响以及全球旅游业在人力资本方面面临的挑战等的研究将有助于读者放眼全球、开阔视野。

序

一夜秋风，令北京的天空变得通透澄明，宛若水晶。窗外，黄绿色的树叶在金色的阳光下跃然而动，欢快舞蹈。又是一个收获的季节，又是一年的"旅游绿皮书"。

几乎是在中国社会科学院旅游研究中心诞生之初，"旅游绿皮书"便成为其"以学术服务社会"的重要载体。漫漫十八载，我们期望借此记录中国旅游的发展轨迹和研究者的观察思考，以尽学术之责。也几乎是在本人踏上旅游研究道路之始，"旅游绿皮书"便成为我学术生涯的重要部分。匆匆十五年，说不清这本书凝结了多少精力和复杂感情，可谓五味杂陈。

即将到来的 2018 年是改革开放 40 周年，也是我国现代旅游业的不惑之年。站在新的时代起点上，拥有全球最大旅游市场和巨量旅游产业规模的中国，如何通过旅游更好地满足人民群众对美好生活的向往，如何使旅游更好地成为中国连接世界的重要桥梁，是政府、业界、学者、媒体、民众和国际社会共同关注的议题。为此，根据十九大报告的核心内容并结合本书此前的系列安排，我们将这本"旅游绿皮书"的年度主题设定为"新时代下中国旅游的改革与创新"。

改革是当代中国最鲜明的时代特征。十八大以来，党中央对新时期全面深化改革进行了总体设计、系统布局、统筹谋划和整体推进。十九大报告围绕中国特色社会主义进入新时代和中华民族伟大复兴，又进一步提出了一系列新思想、新论断、新目标和新部署。作为开放度高、关联性强的社会经济领域，旅游在推动全面深化改革方面具有独特作用。近年来，土地、税收、投资、PPP、以国家公园为主体的自然资源管理等相关领域的

改革以及"1+3+N"旅游综合治理体系改革，生动地体现了这一点。未来，围绕解决"人民日益增长的美好生活需要和不平衡不充分的发展之间的矛盾"，尤其是人民日益增长的美好旅游生活需要与不平衡不充分的旅游发展之间的矛盾这一主线，如何进一步推进相关改革，确保人民群众能够享受更美好的旅游生活，实现旅游主体全覆盖、旅游时间更自由、旅游选择更多样、旅游消费更安心、旅游体验更舒心的目标，是整个旅游界面临的重要命题。

创新是引领发展的第一动力。我国已走过了依靠要素驱动和投资驱动来拉动经济增长的阶段，经济步入新常态，经济增长正转向以创新为驱动。对于旅游业来说，过去三十多年里，其增长速度显著高于国民经济增长速度，也显著高于全球旅游平均增速。细究起来，推动我国旅游业高速增长的主要因素大体有三：开放（包括向境外游客开放目的地和向各类资本开放旅游产业）、消费（包括最初的入境旅游消费以及后来占据主体地位的国内旅游消费和出境旅游消费）和投入（包括土地、资本、劳动力、自然资源、文化资源等）。当前和未来一段时期，中国旅游发展需要转到创新驱动上来，要通过创新实现效率提升和质量提升。如何探索中国旅游的创新之路，也是我们近年来一直在思考的问题。

值得一提的是，在中国进入世界舞台中央、中国在全球旅游格局中地位不断提高的今天，对中国旅游的研究、对中国旅游改革与创新的观察，都离不开国际视野和全球眼光。为此，本年度"旅游绿皮书"特设"全球观察"专栏，从世界旅游城市联合会委托中国社会科学院旅游研究中心完成的《世界旅游经济趋势报告（2018）》中摘选精华部分，改编成文，以飨读者。

编书不易。感谢愿意和我一起为他人作嫁衣的编者，感谢在百忙之中不吝赐稿的作者，感谢长期关注这本书的读者，也感谢我们的亲密伙伴——社会科学文献出版社。是大家的共同努力，让这本持续了十余年的皮书能够保持活力并精益求精。

秋天是北京最美好也最短暂的季节，当您读到此书时，应该已是新年伊始。愿它对您开启新一年的旅游生活或旅游工作有所裨益。那将是我们最大的欣慰和喜悦。

宋　瑞

2017 年 11 月 10 日清晨

目 录

Ⅳ 融合创新

Ⅴ 三大市场

Ⅵ 港澳台旅游

Ⅶ　全球观察

皮书数据库阅读**使用指南**

主 报 告

General Reports

G.1
2017~2018年中国旅游发展分析与展望

中国社会科学院旅游研究中心*

摘　要： 2017年全球经济温和复苏，全球旅游市场全面增长，增速继续高于GDP增速，欧洲反"过度旅游"引发对可持续发展问题的广泛关注。2017年，我国全面深化改革进程的推进，为旅游发展创造了良好环境；中国特色社会主义进入新时代，对旅游发展提出新的要求；旅游及相关领域的改革，正在破解困扰旅游发展的一些难题；产业融合趋势在政策推动和产业实践两个层面得到强化；旅游投资热潮涌动，部分领域可能存在投资过度的隐患；一系列新标准的出台和实施，将引

---

* 执笔人宋瑞。宋瑞，中国社会科学院旅游研究中心主任，中国社会科学院财经战略研究院研究员，长期从事旅游可持续发展、旅游政策以及休闲基础理论与公共政策等方面的研究。

导旅游新兴业态实现健康发展；乡村旅游高潮迭起，旅游精准扶贫全面推进；在京津冀、粤港澳、长三角等区域一体化进程中，旅游业仍有较大作用可待发挥；世界性旅游组织、旅游会议和活动的增多，强化了中国与世界的互动。2018年是我国改革开放40周年。面向未来，要进一步推进旅游发展改革和创新，发挥旅游作为美好生活风向标、社会融合黏结剂、深化改革突破口、对外开放前沿地、区域发展联动机、现代经济创新者、生态文明引领者、现代治理折射器、人类命运共同体的构建者的作用，推动小康社会的全面建成。

关键词： 中国旅游　美好生活需要　产业功能

一　全球旅游呈现"繁荣的忧虑"

（一）全球经济呈现"脆弱的复苏"

1. 全球经济温和复苏，或达金融危机以来的拐点

2017年，世界主要国家经济形势逐步趋好，各国消费者信心指数持续提高，各方对全球经济发展态势均表示乐观。世界银行2017年10月发布的《全球经济展望——脆弱的经济复苏》指出，随着制造业和国际贸易回暖、市场信心提升、金融环境改善、大宗商品价格趋于稳定，2017年全球经济增长率预计为2.8%，其中发达经济体增速有望提至1.9%，新兴市场和发展中经济体将升至4.1%。相较于世界银行的判断，国际货币基金组织（IMF）对全球经济的估计更为乐观。2017年年初，IMF曾预计2017年全球经济增长率为3.4%，随后调高为3.5%，并预计2018年全球经济增长率为3.6%。布鲁金斯学会和英国《金融时报》联合编制的"全球经济复苏追踪指标"显示，在世界经济遭遇金融危机近10年后，全球经济复苏终于变得

"普遍而稳固"。世界贸易组织（WTO）最新发布的世界贸易景气指数（WTOI）为102.2，也是2011年5月以来的最高水平。联合国贸易和发展会议（UNCTAD）发布的《2017年世界投资报告》显示，2017年全球外国直接投资将增长5%。总之，2017年全球经济表现好于预期，呈现七年来首次"同步复苏"的局面。甚至有机构乐观认为，2017年有可能成为2008年国际金融危机以来的拐点。

2. 全球经济面临挑战，各种风险和不确定性依然存在

尽管2017年全球经济形势总体向好，但不得不承认，未来的持续增长仍面临诸多挑战。其一，全球经济复苏并不稳定。尽管多数国家经济有所回升，但新兴市场和低收入大宗商品出口国尤其是能源出口国经济依然面临挑战，中东、非洲以及拉丁美洲处于社会骚乱和政治动荡中的部分国家更是处境艰难。其二，逆全球化思潮依然存在。英国"脱欧"、欧洲出现的民粹主义思潮等现象引人关注，美国总统特朗普积极推动"美国优先"战略，其贸易保护政策可能会产生示范效应，贸易保护主义或将持续蔓延。世界贸易组织发布的报告显示，各类贸易限制措施已从2010年的381项激增至1263项。其三，以美国为代表的一些国家可能退出量化宽松货币政策。这些国家以缩减资产负债表和提高利率为主的货币政策调整，可能会导致资本紧缩，从而产生较大金融风险。其四，全球债务水平居高不下。根据国际金融协会（IIF）最新研究报告，全球债务总规模相当于GDP的325%，一些新兴市场国家的债务问题可能会掣肘经济增长。

（二）全球旅游呈现"繁荣的忧虑"

1. 全球旅游全面增长，旅游增速持续高于GDP增速

近年来，旅游为推动全球经济复苏做出了积极贡献。根据联合国世界旅游组织（UNWTO）2017年7月发布的数据，就全球而言，旅游业产值约为GDP的10%，全球每十个就业人口中就有一个来自旅游业，旅游服务出口占全球出口总量的7%，占服务出口总量的30%。根据中国社会科学院旅游研究中心《世界旅游经济趋势报告（2018）》课题组的研究，2017年全球

旅游总人次（包括国内旅游人次和国际旅游人次）达 118.8 亿人次，较上年增长 6.8%；全球旅游总收入（包括国内旅游总收入和国际旅游总收入）达 5.3 万亿美元，较上年增长 4.3%。近十余年中，全球旅游总人次和总收入的增长率始终高于全球 GDP 的增长率。值得称道的是，全球旅游业的增长是全面性的（见表 1）。

表 1 2017 年全球五大区域旅游总人次与旅游总收入增速

单位：%

地区	旅游总人次增速	旅游总收入增速
欧洲地区	2.1	1.1
美洲地区	1.9	4.9
亚太地区	9.4	6.9
中东地区	0.9	4.8
非洲地区	1.0	3.5

资料来源：世界旅游城市联合会、中国社会科学院旅游研究中心，《世界旅游经济趋势报告（2018）》。

就国际旅游而言，根据 UNWTO 最新数据，2017 年 1～8 月，全球目的地过夜国际游客达到 9.01 亿人次，较上年同期增长 7%，非洲地区（+9%）、欧洲地区（+8%）、亚太地区（+6%）、中东地区（+5%）、美洲地区（+3%）等均有所增长。

2. 可持续发展问题面临挑战，"过度旅游"引发讨论

2017 年是联合国确定的国际可持续旅游发展年。联合国大会这一决议旨在以"精心设计和良好管理的旅游"促进可持续发展。然而，颇具讽刺意味的是，2017 年，意大利、西班牙、葡萄牙、希腊和其他南欧国家的多个城市掀起了反游客示威游行活动。从威尼斯到巴塞罗那，不少城市居民因不堪忍受游客过多造成的城市拥挤而走上街头。在西班牙帕尔马·马洛卡岛，甚至有人在墙上贴上"游客＝恐怖分子"（Tourists＝Terrorists）"游客在杀死城市"（Tourism kills the city）的标语。"过度旅游"（Overtourism）这个曾经仅出现在网络上的人造词语已经成为欧洲社会广泛关注的重要话

题。巴塞罗那市市长甚至建议增设新的游客税，并对游客数量加以限制。2017 年 11 月在伦敦召开的联合国世界旅游组织与世界旅游交易会（WTM）部长峰会上，来自世界各国的旅游部长围绕"过度旅游：增长并非敌人，问题在于如何对其加以管理"（Overtourism：growth is not the enemy，it is how we manage it）的主题展开了讨论。

正如联合国旅游组织秘书长瑞法依先生所言，"随着国际旅游业可持续发展年的结束，我们必须思考在 2017 年以后如何继续以负责任和可持续的方式管理旅游业。要最大限度地发挥旅游的社会和经济效益，同时尽量减少对当地环境的任何负面影响……政策制定者、企业和游客都应为实现这一共同目标做出贡献"。根据中国社会科学院旅游研究中心《世界旅游经济趋势报告（2018）》课题组的研究，2017 年全球旅游总人次达 118.8 亿，为全球人口规模的 1.6 倍。UNWTO 的数据也显示，2016 年全球国际游客达到 12 亿人次，预计到 2030 年将达到 18 亿人次。面对如此大规模的人口流动，如何确保旅游业在高速增长的同时能够实现可持续发展，应该制定何种政策和战略来缓解旅游给自然和文化资源以及当地社区带来的压力，是旅游业界必须认真思考并要做出回答的问题。

二 中国旅游步入新的发展阶段

（一）全面深化改革为旅游发展创造良好条件

2017 年是全面深化改革向纵深推进的关键一年。中央全面深化改革领导小组召开 7 次会议，围绕重要领域和关键环节，全面推进相关改革举措。例如：（1）在政府职能转变方面，持续推进深化简政放权、放管结合、优化服务改革；（2）在财税体制改革方面，中央与地方财政事权和支出责任划分改革、预算管理制度改革、税收制度改革全面推进；营改增政策进一步实施；（3）在金融体制改革方面，提升金融机构服务实体经济的能力；面向小微企业和"三农"的金融服务得以加强；（4）在国企国资改革方面，

中央企业兼并重组、国有资本投资和运营公司改革试点、东北地区国有企业改革专项工作等持续推进；电力、石油、天然气、铁路、民航、电信等领域的混合所有制改革迈出实质性步伐；（5）在城乡发展一体化方面，推进户籍制度改革，落实人地挂钩、支持农业转移人口市民化财政政策；加快居住证制度全覆盖；推进农村承包地确权登记颁证，细化和落实农村土地"三权分置"办法；开展土地经营权入股发展农业产业化经营试点；农村集体产权制度改革试点、农村土地制度改革三项试点稳步推进；（6）在生态文明体制改革方面，完善主体功能区制度和生态补偿机制，建立资源环境监测预警机制，国家生态文明试验区、自然生态空间用途管制试点、国家自然资源资产管理体制试点、自然资源统一确权登记试点、国有林场和国有林区改革、自然资源产权制度改革等稳步推进，三江源等9个国家公园体制试点顺利完成，《建立国家公园体制总体方案》出台。

上述领域改革的推进，尤其是财政、税收、金融、土地、乡村振兴和生态文明建设等方面的改革举措，正在逐渐消除旅游发展所面临的产业要素和支撑条件等方面的制约，为旅游发展创造了良好条件。

（二）中国特色社会主义新时代为旅游发展提出新的要求

党的十九大报告提出，中国特色社会主义进入新时代，即将踏上决胜全面建成小康社会的新征程。在决胜全面建成小康社会、实现社会主义现代化强国的过程中，人民日益增长的美好生活需要和不平衡不充分的发展之间的矛盾愈发凸显；在中国日益走近世界舞台中央、不断为人类做出更大贡献的背景下，国际社会在解决各类世界性问题时将对中国有更多期待。在新的时代背景下，面对社会发展新矛盾和国际舞台新角色，我国旅游业发展也将承担新的使命。其中最为重要的有两个方面：一是就国内而言，如何更好地发挥旅游在解决社会基本矛盾、全面建成小康社会、实现社会主义现代化方面的支撑作用；二是就国际而言，如何更好地发挥旅游在建立新型国际关系、参与全球治理体系、构建人类命运共同体等方面的独特作用。对此，需要对旅游业的功能定位、发展目标、发展战略、发展方式、考核方式等进行重新思考。

（三）旅游相关领域改革步伐持续加快

1. 相关改革推动旅游发展要素和制度环境的优化

近年来，土地政策的完善、以建立国家公园体制为代表的自然资源管理体制的改革以及"多规合一"的推进对于解决长期困扰旅游发展的要素、资源和规划等问题发挥了积极作用。

在土地政策方面，中央和地方出台了一系列支持旅游业发展的用地政策，尤其是 2015 年国土资源部、住房和城乡建设部、国家旅游局联合出台的《关于支持旅游业发展用地政策的意见》，从保障旅游业发展用地供应、明确旅游新业态用地政策、加强旅游业用地服务监管等方面做了较为系统的规定。成都、秦皇岛、舟山、张家界、桂林等地开展的旅游业用地综合改革试点，海南农村集体土地产权制度改革、浙江低丘缓坡荒滩等未利用土地开发利用等专项土地制度改革试点的推进，为旅游用地改革积累了实践经验。各地除积极落实国家相关旅游用地政策外，一些地方还围绕规划对接、建设用地指标保障、旅游厕所等基础设施用地、房车和自驾车营地用地等方面进行细化。2017 年 11 月 1 日，由国土资源部组织修订的国家标准《土地利用现状分类》（GB/T 21010－2017）经国家质检总局、国家标准化管理委员会批准发布并实施。新版标准完善了地类含义，细化了二级类划分，调整了地类名称，增加了湿地归类，同时将二级类"风景名胜设施用地"从一级类"公共管理与公共服务用地"调整到一级类"特殊用地"当中，将原一级类"商服用地"下的二级类"住宿餐饮用地"细分为两个二级类："旅馆用地"和"餐饮用地"，并在"商服用地"下新增二级类"娱乐用地"。

在国家公园制度建设方面，2017 年 6 月，中央全面深化改革领导小组第三十六次会议审议通过《祁连山国家公园体制试点方案》；7 月，中央全面深化改革领导小组第三十七次会议审议通过《建立国家公园体制总体方案》；9 月，中共中央办公厅、国务院办公厅印发《建立国家公园体制总体方案》，提出要以加强自然生态系统原真性、完整性保护为基础，以实现国

家所有、全民共享、世代传承为目标，理顺管理体制，创新运营机制，健全法治保障，强化监督管理，构建统一规范高效的中国特色国家公园体制，建立分类科学、保护有力的自然保护地体系；10月18日，党的十九大报告两次提及国家公园，并强调"国家公园体制试点积极推进……建立以国家公园为主体的自然保护地体系"。针对自然保护区内出现各种违规现象而对"祁连山事件"的严肃处理显示了中央对实施"最严格的保护"的决心。从一定意义上看，国家公园制度不仅是自然资源管理体制改革的主体，更是生态文明体制改革的"先行先试区"。如何处理好生态保护与经济发展之间的关系、如何处理好中央和地方之间的事权关系，国家公园制度的建立应该是一个重要的转折点。

在规划编制方面，为了解决城乡规划中普遍存在的规划交叉、重叠甚至矛盾、冲突的问题，"多规合一"成为近年来中央和地方推进的重要举措。在全国28个市县开展市县"多规合一"试点工作后，2017年1月中共中央办公厅、国务院办公厅又印发了《省级空间规划试点方案》，要求在海南等地试点的基础上，将吉林等7个省份纳入省级空间规划试点范围，推进省域"多规合一"改革。随着"多规合一"和全域旅游的推进，过去层级相对较低的旅游规划也得到了重视。各地积极推进旅游规划创新和规划管理创新，规范和完善旅游主管部门参与项目会审制度，将旅游部门纳入规划委员会成员单位，把旅游纳入国民经济社会规划和其他产业规划中，将旅游发展深度融入城市总体规划、交通道路规划等相关规划。

2. 旅游管理体制改革全面推进①

为了走出旅游行政管理"小马拉大车"的困境，近年来国家旅游局大力推动以"1+3+N"为主的旅游管理体制改革。"1"即指旅游发展委员会，"3"是指旅游警察、旅游工商分局和旅游巡回法庭，"N"则是地方根据自身情况所进行的类似创新。据不完全统计，截至2017年12月，全国共有25个省（自治区、直辖市）、155个市成立了旅游发展（和）改革委员

---

① 详细内容参见本书《新时代下中国旅游的改革与创新》一文，第39页。

会，已设立旅游警察机构 131 家、旅游工商分局机构 77 家、旅游巡回法庭机构 221 家。一些地方还在此基础上成立了旅游物价巡查大队、旅游食品安全巡查大队、文明旅游工作办公室、旅游执法履职监督办公室、涉旅司法调解中心等专业机构。旅游管理体制改革主要依靠创建国家级旅游业改革创新先行区和全域旅游示范区的方式来推动。在第一批 20 个国家级旅游业改革创新先行区的基础上，2017 年国家旅游局又批准了浙江省丽水市等 21 个第二批国家级旅游业改革创新先行区，发布了《全域旅游示范区创建工作导则》，批准了 5 个省级全域旅游示范区创建单位。

（四）旅游产业融合在政策和实践层面实现互促共进

产业融合是近年来旅游产业发展的突出特征。在产业实践层面，各类资本推动旅游业与工业、农业、文化、互联网、科技、商贸、金融、体育、医疗、教育、交通、城镇化建设等领域的融合，形成工业旅游、农业旅游、观光旅游、生态旅游、民俗旅游、温泉养生、旅游文创、商务会展旅游、体育旅游、医疗旅游、研学旅游、民宿、自驾车营地、邮轮游艇、旅游特色小镇等多元化的旅游供给体系。在政策层面，为了响应和推动旅游产业融合趋势，近年来旅游部门与发改委、国土、交通、农业、体育等部门加强了合作，2017 年先后发布《关于促进交通运输业与旅游产业融合发展的若干意见》《关于大力发展体育旅游的指导意见》《关于实施旅游休闲重大工程的通知》《关于推进中小学生研学旅行的意见》等文件，推动旅游产业与相关产业的融合。按照近年确立的目标，国家旅游局与相关部门已经并将继续推动如下示范点、示范区、基地等的建设（见表2）。

（五）热潮涌动的旅游投资可能潜藏风险和隐患

近年来，我国整体投资增长缓慢，尤其是民间投资增速下滑，然而旅游投资却保持着相对较高的增速。根据国家旅游局的数据，2016 年全国旅游业实际完成投资 12997 亿元，同比增长 29%，比第三产业和固定资产投资

表 2 有关部门推动的旅游产业融合示范项目

类别	命名或批准部门	现状或目标
农业庄园	农业部、国家旅游局	到 2020 年推出 100 个国家现代农业庄园
湿地旅游	国家旅游局	中国十大湿地旅游示范基地
科技旅游	中国科学院、国家旅游局	中国首批十大科技旅游示范基地
工业旅游	国家旅游局	批准首批 22 家国家工业旅游创新单位,到 2025 年,将创建 1000 个国家工业旅游示范点、100 个工业旅游基地、10 个工业旅游城市
航空旅游	国家发改委、国家民航局、国家体育总局、国家旅游局	推出首批 16 个全国通用航空旅游示范基地
自驾车房车	国家发改委、交通部、公安部、国土部、国家旅游局等八个部门	启动首批 514 个自驾车房车营地建设,2020 年将建成 2000 个
邮轮旅游	国家旅游局	天津、上海、深圳等 6 个中国邮轮旅游发展实验区
健康旅游	国家卫生计生委、国家发改委、财政部、国家旅游局、国家中医药局	批准 13 家第一批健康旅游示范基地
研学旅游	教育部、国家旅游局	推出 10 家中国研学旅游目的地和 20 家全国研学旅游示范基地
体育旅游	国家体育总局、国家旅游局	到 2020 年,在全国建成 100 个具有重要影响力的体育旅游目的地,建成 100 家国家级体育旅游示范基地
旅游装备制造	工信部、国家发改委、国家旅游局等	共同推动邮轮游艇、房车、低空飞机等旅游装备制造业发展

来源:根据网上资料整理。

增速分别高 18 个百分点和 21 个百分点。在旅游投资中,民间投资占据主体地位,占比为 56.8%。根据国家旅游局的预测,2017 年,我国旅游投资将超过 1.5 万亿元。面对旺盛的旅游市场需求,大量资产雄厚的跨界企业进驻旅游业,纷纷向休闲农庄、特色乡村、乡村精品民宿、低空旅游、智慧旅游、精品酒店、特色旅游小镇、旅游度假区、体育旅游、自驾车房车营地、邮轮游艇、旅游演艺、主题公园等各个细分行业投资。

从投资总量上看,在大量资本投入丰富旅游产品供给的同时,部分领域、部分地区已经出现投资过度的迹象。正如多年前的主题公园投资热、酒店投资热，近些年的在线旅游投资热、旅游综合体投资热和民宿投资热一样，一些新兴的领域（如房车营地、特色小镇等，甚至像南极旅游这样的小众产品）也可能重走"过度投资—过度竞争—恶性竞争—行业受损"的老路。尽管从谁投资谁负责的角度看，投资成败本是一个市场行为，但由此所带来的资源浪费、生态破坏、社会影响是值得关注的社会问题。

从投资体量上看，近年来"大投资、大企业、大项目"的趋势进一步强化。一方面，投资者贪高求大；另一方面，地方政府在引入投资商时也常以投资额大小作为选择的主要依据。大项目、大投入固然有利于推动供给体系快速发展，但行业的健康发展需要多样化的供给体系。完善的行业生态系统既需要高大上的旅游项目发挥引领和集聚作用，也需要小而美的旅游项目满足多样化和个性化的需求。

（六）多个新兴领域的行业标准先后出台或实施

随着旅游市场的多元化发展，旅游新兴业态不断涌现。为了引导这些领域的规范发展，有关部门制定并发布了多个国家标准。例如，《研学旅行服务规范》（LB/T 054 – 2016）、《红色旅游经典景区服务规范》（LB/T 055 – 2016）、《旅游电子商务企业基本信息规范》（LB/T 056 – 2016）、《旅游电子商务旅游产品和服务基本规范》（LB/T 057 – 2016）、《旅游电子商务电子合同基本信息规范》（LB/T 058 – 2016）、《会议服务机构经营与服务规范》（LB/T 059 – 2016）等6项行业标准于2017年5月1日起实施；《旅游经营者处理投诉规范》（LB/T 063 – 2017）、《文化主题旅游饭店基本要求与评价》（LB/T 064 – 2017）、《旅游民宿基本要求与评价》（LB/T 065 – 2017）、《精品旅游饭店》（LB/T 066 – 2017）等4项行业标准于2017年10月1日起实施。

民宿被认为是非标住宿行业。对非标产品进行标准化是一个很有意思的现象。正如诸多新事物的发展轨迹所显示的那样，经过早期的快速成长甚至是野蛮成长之后，行业发展便会出现各种问题。随着规模和影响的扩大，问题也会变得更加复杂，从而需要制定相应的制度规范加以引导。对于政府部

门来说，如何引导新兴行业的健康发展，在旅游的个性化服务和行业的标准化管理之间，最合适、最恰当的平衡点在哪里，是一个看似简单却不易把握的问题。

（七）旅游成为精准扶贫的重要途径

近年来，乡村发展和精准扶贫一直是各级政府关注的重点。党的十九大报告提出要"实施乡村振兴战略"。在此之前，习近平总书记也多次指出，美丽中国要靠美丽乡村打基础，建设美丽乡村印证了绿水青山就是金山银山的道理，要把扶贫开发与富在农家、学在农家、乐在农家、美在农家的美丽乡村建设结合起来。近两年来，国家旅游局先后承办了 70 多件与旅游扶贫相关的政协提案和人大代表议案。国家旅游局还委托专业机构开发"乡村旅游扶贫工程基础情况在线填报系统"，共确定 2.26 万个具备发展乡村旅游条件的贫困村作为乡村旅游扶贫的工作对象，涉及建档立卡的贫困户 230 万户，贫困人口 747 万人。各地在实践中逐步形成了"景区带村""能人带户""企业＋农户""合作社＋农户"等各种不同模式。贫困地区人口分别通过直接从事旅游经营（开办农家乐和经营乡村旅馆等）、在乡村旅游经营户中参与接待服务、出售自家农副土特产品以及通过资金、人力、土地参与乡村旅游经营获取入股分红等方式参与旅游发展，获得发展收益。贵州省六盘水市等地还积极探索"资源变资产、资金变股金、农民变股东"三变模式，对生态林、湿地、水面、耕地自然资源进行量化，变成村集体和农户持有的股权，从而带动贫困人口的参与。2016 年和 2017 年上半年，各省共投入旅游扶贫资金 40 多亿元，用以支持乡村旅游扶贫重点村的基础设施、规划和项目建设。组织动员旅游景区、旅行社等企业采取结对帮扶等多种方式，帮助乡村旅游扶贫重点村发展旅游。目前，全国共组织近 2000 家企业对口帮扶乡村旅游扶贫重点村。旅游正在成为精准扶贫的重要途径。

（八）区域一体化为旅游一体化创造良好环境

近年来，京津冀、粤港澳、长三角等区域一体化进程加快，为相关区域的旅游一体化创造了良好的环境。

京津冀协同发展战略围绕"以首都为核心的世界级城市群、区域整体协同发展改革引领区、全国创新驱动经济增长新引擎、生态修复环境改善示范区"的定位得到了快速推进。在规划方面，2017年有关部门编制实施了全国首个跨省级行政区的《"十三五"时期京津冀国民经济和社会发展规划》，出台并实施京津冀产业、交通、科技、生态环保等12个专项规划。在推进层面，交通、生态和产业三大领域取得重要突破：京津冀高速公路取消通行费；三地彻底消除高速"断头路"；京津两地高铁实行月票制；京津冀公共交通一卡通可以在公交、地铁、出租车、轮渡、城际铁路、停车场使用；先后开通"河北旅游"号高铁列车、"衡水湖号"等旅游专列以及班线化旅游直通车40多条，覆盖环京津所有重点景区；三地互设交通指示牌；京津冀名胜文化休闲旅游年卡所含景区数量增加到150家；围绕冬奥会，体育旅游成为京津冀合作的新热点；三地旅游合作在服务一体化、业态更新一致化、宣传营销一体化、市场推介一体化等方面迈出新的步伐。

2017年国务院政府工作报告提出，要推动内地与港澳深化合作，研究制定粤港澳大湾区城市群发展规划。粤港澳大湾区地处中国南大门，拥有丰富的旅游资源。相关规划的酝酿和出台，将进一步提高区域交通发展速度和旅游交往频次。该区域将通过发展"一程多站"旅游、实施"一地两检"、提高区域航空的准点率、进一步放宽港澳及广东居民跨境自驾的限制等方式强化旅游联系，推动粤港澳大湾区成为世界级旅游目的地，也促进城市群的升级和大湾区的建设。

我国经济一体化和旅游一体化程度较高的长三角地区，目前已进入"高铁＋旅游"时代。区域内高铁网络发达、交通便利，高铁与景区正实现无缝对接。随着高铁换乘枢纽、高铁立体交通网络、高铁综合体等建设步伐的加快，"高铁＋自驾游""高铁＋公共交通"和"高铁＋电动汽车分时租赁"等正在形成。中国（长三角）高铁旅游联盟等广泛联合高铁沿线城市、旅游企业、旅游服务商和媒体，整合高铁站点、客运专列及相应数据资源，搭建高铁旅游服务平台。长三角三省一市旅游部门按照《研发和推广长三

角城市群"主题+体验"系列旅游产品三年行动计划》的要求,不断推出新的专项产品。2017年长三角旅游品牌联盟成立。这些都将进一步推进旅游一体化进程。

(九)中国通过世界性组织、活动、倡议等更深入地参与全球旅游发展

近年来,随着中国旅游国际影响力的提升,由中国发起或参与的世界性的组织、论坛、盛会、倡议等不断增多。2017年5月"一带一路"国际合作高峰论坛期间,我国与波兰、乌兹别克斯坦、智利、柬埔寨等国签署旅游合作文件。继世界旅游城市联合会、国际山地旅游联盟之后,2017年9月11日,由中国旅游协会发起的世界旅游联盟(WTA)在成都宣告成立。9月11~16日,联合国世界旅游组织第22届全体大会在成都举行,全球137个国家和地区以及41个国际组织的1000余位代表围绕全球可持续发展、"一带一路"旅游合作等进行了充分交流,并发布了《"一带一路"旅游合作成都倡议》。2017年10月16~17日,第六届世界旅游经济论坛在澳门举办,论坛以"区域合作互联互通 旅游经济共商共建"为主题,邀请来自全球的1500余名代表深入探讨区域旅游合作为促进"一带一路"倡议和全球旅游的可持续发展所带来的动力。此外,围绕中哈、中瑞、中澳旅游年,相关部门也组织了形式多样的活动。通过这些组织、活动和倡议,中国不仅在世界舞台上发出自己的声音,而且成为推动全球旅游发展的重要力量。

三 新时代下中国旅游发展应发挥更大作用

党的十九大报告指出,"中国特色社会主义进入新时代,我国社会主要矛盾已经转化为人民日益增长的美好生活需要和不平衡不充分的发展之间的矛盾"。旅游是人民美好生活需要的重要内容和社会经济发展的重要领域。在新的时代背景下,应及时调整旅游业的功能,充分发挥旅游在全面建成小康社会、建设社会主义现代化强国方面的作用。

（一）美好生活的风向标

习近平总书记在党的十八大记者见面会上指出，"人民对美好生活的向往，就是我们的奋斗目标"；党的十九大报告又进一步提出，我国社会基本矛盾已转化为"人民日益增长的美好生活需要和不平衡不充分的发展之间的矛盾"。

目前，旅游已成为人们日常生活的重要组成部分，是人民生活水平提升的重要标志，也是其获得幸福感的重要渠道。相对于人民对美好生活尤其是美好旅游生活的需要，我国旅游发展还存在不平衡不充分的问题，其中最突出的是旅游权利的不平等和出游时间上的不自由。一方面，旅游尚未成为所有人普遍参与的社会活动。受各种主客观因素影响，仍有相当一部分群体无法享受到旅游的乐趣，不断扩大的贫富差距以及由此造成的消费差距进一步导致不同群体在享受旅游权利时存在很大差距。另一方面，旅游尚未成为人们可自由安排的生活内容。由于带薪休假制度尚未全面落实，人们休假和出游的时间高度集中于法定节假日尤其是"十一"等长假期，不仅给景区、交通、住宿、生态环境等带来巨大压力，也降低了人们的旅游舒适度。

在全面建成小康社会的过程中，要高度重视人民群众的休假权利和旅游权利，推动带薪休假的全面落实，并通过各种旅游援助，使更广泛的民众享有旅游的权利，使旅游者更加自由地享受旅游的乐趣，使旅游真正成为人民美好生活的风向标。

（二）社会融合的黏结剂

在社会全面转型和经济快速发展过程中，不同的思想认识、多元的利益诉求、复杂的社会环境、扩大的社会差距使各个群体的焦虑感普遍增强，不安全感和不信任感有所蔓延；尤其是一些社会弱势群体，可能存在较大程度的心理失落感甚至心理失衡。凝聚社会共识、增进社会融合，是全面建成小康社会和建设社会主义现代化强国的一项重要任务。

旅游在增进社会融合方面能够发挥独特作用。一方面，旅游对于满足

"人民日益增长的美好生活需要"具有重要作用。通过旅游，人们不仅能够放松身心、愉悦心情，而且能够扩大视野、增进对祖国的了解。尤其是对于社会弱势群体而言，如能有更多机会走出其惯常的生活环境，则不仅能够舒缓心情，缓解和消除各种负面情绪，更能够激发社会参与热情，提高自我能动意识。另一方面，国内外诸多研究证明，旅游发展可通过经济、政治和社会文化三个维度促进社会融合，就经济而言，旅游能使更多群体获得参与经济发展的机会，提高收益，提升技能，增加就业；就政治而言，旅游激发人们对社会事务、政策制定的参与热情，并提升其参与能力；就社会文化而言，旅游能够促进价值观的认同，提高对社会的认可度、参与度和融合度。

在全面建成小康社会、建设富强民主文明和谐美丽的社会主义现代化强国的过程中，要完善各种制度安排，提高社会各个群体的旅游活动（作为旅游者）和旅游经营（作为从业者）的参与度，发挥旅游连接不同群体、增进社会融合的黏结剂作用，使更多人从旅游发展中拥有获得感、公平感和幸福感。

（三）深化改革的突破口

改革是当代中国最鲜明的时代特征。党的十八大以来，以习近平同志为核心的党中央从完善和发展中国特色社会主义制度、推进国家治理体系和治理能力现代化的总目标出发，对新时期全面深化改革进行了总体设计、系统布局、统筹谋划和整体推进。截至 2017 年 8 月，中央全面深化改革领导小组已召开 38 次会议，共出台各项改革方案、政策和文件 1200 多项。

旅游是一个综合性和关联度很强的领域。近年来，旅游业与相关产业的融合度越来越高，旅游发展对社会经济文化生态各个领域的辐射越来越广、影响越来越大，因此往往能够成为推动全面深化改革的突破点。近年来，土地、税收、融资、PPP、以国家公园为主体的自然资源管理体制以及包括旅游发展委员会、旅游警察、旅游巡回法庭等在内的"1＋3＋N"旅游综合治理体系改革，就生动地体现了旅游在带动甚至倒逼相关领域改革方面的重要作用。

未来，旅游还将加快与交通、体育、教育、医疗、金融、公安、外交、科技、航空等领域的融合，并促进其发展与改革。与此同时，旅游也应进一步推进自身领域的深化改革，在旅游治理体制机制改革、旅游市场监管改革、导游管理体制改革、旅行社体制改革、景区管理体制改革、旅游统计体系改革和旅游国有企业改革等方面取得更大进展。

（四）对外开放的前沿地

党的十九大报告指出，"中国开放的大门不会关闭，只会越开越大"，要"推动形成全面开放新格局"，"要以'一带一路'建设为重点，坚持"引进来"和"走出去"并重，遵循共商共建共享原则，加强创新能力开放合作，形成陆海内外联动、东西双向互济的开放格局"。

旅游业是我国最早开放的产业领域。改革开放之初，我国旅游业就是利用外资最快、最多的行业。从1984年第一家外资饭店到1998年第一家外商投资旅行社，旅游一直是吸引外商直接投资（FDI）的重要领域，也是我国服务业对外开放程度最高的领域。

未来，旅游业要进一步推动形成全面开放新格局。要大力推进与"一带一路"沿线国家和地区的合作与交流，推动建立与沿线国家和地区的旅游合作机制，推动沿线国家签证便利化以及在航权开放、证照互认、车辆救援、旅游保险等方面的合作；推动大国旅游合作向纵深发展，深化与周边国家旅游合作，加强与中东欧国家旅游合作，扩大与传统友好国家和发展中国家的旅游交流；推进与周边国家的跨境旅游合作区、边境旅游试验区建设。

（五）区域发展的联动机

由于自然、历史和政策的因素，我国社会经济发展呈现东高西低的特征；而城乡有别的资源配置和城乡分割的发展模式，也加剧了城乡二元分化。缩小区域差距和城乡差距是解决我国发展不平衡不充分的一项重要任务。

旅游发展能够促进旅游消费和投资从经济发达地区流向落后地区，实现财富在经济发达地区和落后地区之间的转移；发展旅游，有助于促进区域之

间、城乡之间的良性互动；旅游合作是区域合作的重要载体。近年来随着国家高铁线路的不断完善、航空线路的不断丰富，我国区域旅游呈现更加多样化和均衡化的发展格局。

未来，随着"一带一路"倡议、京津冀协同发展战略、长江经济带战略的推动，旅游将进一步形成东中西互动、优势互补、共同发展的格局；随着乡村振兴战略的实施、特色小镇建设的推进，旅游将在构筑新型城乡关系、促进城乡一体化发展方面发挥更大作用。

（六）现代经济的创新者

我国已走过了依靠要素驱动和投资驱动来拉动经济增长的阶段，经济进入新常态，经济增长正在向创新驱动转变。党的十九大报告强调，"创新是建设现代化经济体系的战略支撑"，要加强相关研究，加强国家创新体系建设，深化科技体制改革，倡导创新文化，并加强人才培养，加快建设创新型国家。

我国旅游发展也处于动能转换时期。过去三十多年时间里，旅游业增长速度显著高于国民经济增长速度，也显著高于全球旅游平均增速，其核心驱动力经历了两个阶段的变化：第一阶段是以开放为核心驱动力，包括向境外游客开放目的地和向各类资本开放旅游产业；第二阶段是以消费为核心驱动力，中国人旺盛的旅游消费不仅推动了国内旅游的发展，也成为改变国际旅游格局的重要力量。当前和未来一段时期，中国旅游发展必须转到创新驱动上来，通过创新实现效率提升和质量提升。

未来，要特别关注旅游业创新问题，既包括企业层面的产品/服务创新、管理创新、流程创新、技术创新、营销创新，也包括行业层面的竞争创新，更包括政府层面的制度创新、政策创新、治理创新以及上述所有创新的组合、集成与协同。要研究制定中国旅游创新发展战略；建立国家级旅游创新平台和高层次创新决策咨询机制；对全国旅游业创新现状、企业创新面临的问题、创新政策等进行系统研究；出台相关政策，支持旅游领域的"大众创业、万众创新"。

（七）生态文明的引领者

党的十九大报告指出，"人与自然是生命共同体"，要"加快生态文明体制改革，建设美丽中国"，要"建立以国家公园为主体的自然保护地体系"。生态文明是对传统工业文明进行反思的产物，是对当前全球日益严重的生态环境问题所做出的实践反思和理论应答。生态文明以尊重和维护自然为前提，本着为当代人和后代人负责的宗旨，引导生产方式、生活方式和消费模式的转变。

与其他产业相比，旅游业是资源节约型与环境友好型产业，是推动生态文明建设的重要抓手。恰当的、适度的旅游发展对于生态涵养、生态保护乃至生态文明建设具有不可替代的重要作用。近年来，我国各级政府高度重视旅游发展中的环境保护问题，2013年通过的《旅游法》对承载力等做出了规定；国家旅游局和环保部合作开展生态旅游的标准制定和示范区评定工作；功能分区、环保建筑、生态厕所、生态步道、生态车辆等得到广泛采用；旅游成为践行"绿水青山就是金山银山"的最佳路径。

未来，要结合生态文明建设的总体要求，研究制定适合中国国情的可持续旅游发展条例、相关细则及配套的标准和认证体系；要按照《建立国家公园体制总体方案》的要求，推进国家公园体制的建立和完善；要建立全国重点旅游景区监测和预警系统，做好高峰期的客流引导和风险防范；要加大对游客的生态文明教育和引导。

（八）现代治理的折射器

实现国家治理体系和治理能力现代化是社会主义现代化的重要内容。国家治理体系和治理能力是一个国家制度制定和执行能力的集中体现。国家治理体系是在党领导下管理国家的制度体系，包括经济、政治、文化、社会、生态文明和党的建设等各领域体制机制、法律法规安排；国家治理能力则是运用国家制度管理社会各方面事务的能力。建立与社会经济发展、政治发展和文化发展要求相适应的现代治理体制是社会经济诸多领域的重要任务。

旅游涉及面广、综合性强，在一定程度上，旅游治理能力和治理体系是国家治理能力和治理体系的综合折射。随着我国旅游业的快速发展，个性化、散客化成为大众旅游行为的普遍特征，产业融合、无边界化成为旅游供给体系的普遍趋势，因此，政府部门之间的协同以及政府与企业、行业协会、当地居民和游客的共同治理变得更加重要。近年来，相关部门积极推动旅游综合治理体制改革，在旅游综合执法、旅游市场监管方面取得了突破。

未来，要进一步完善旅游业现代治理的组织体系、制度体系、运行体系、评价体系和保障体系，突出治理主体多元化，充分发挥政府机构、社会组织、行业协会、社会大众、旅游者等的作用，综合运用法律、行政、经济、社会等各种手段，建立立体、高效的旅游治理体系，全面提升旅游治理能力，并借此促进国家治理体系和治理能力的现代化。

（九）人类命运共同体的构建者

当今世界正处于大发展大变革大调整时期。人类社会既高度依存，又矛盾丛生。一方面，在世界多极化、经济全球化、社会信息化、文化多样化的背景下，各国之间相互依存，全球命运休戚相关。另一方面，世界经济增长乏力，发展鸿沟日益突出，全球治理面临困境，公平赤字不容忽视，兵戎相见时有发生，恐怖主义与难民危机持续蔓延，气候变化挑战空前。面对"世界怎么了、我们怎么办"这一重要问题，以习近平同志为核心的党中央做出了"构建人类命运共同体"的明确回答，呼吁各国人民同心协力，建设持久和平、普遍安全、共同繁荣、开放包容、清洁美丽的世界。

旅游在构建人类命运共同体方面，具有独特作用：旅游的持续增长将助力全球经济复苏；旅游的格局变化将促进全球区域平衡；旅游的广泛参与有利于消除贫困；旅游的互动交流可促进全球伙伴关系的发展；旅游的生态友好有利于缓解全球生态危机。中国是全球第三大入境旅游目的地和第一大出境旅游消费国。随着中国游客走向海外，越来越多的中国企业也开始"走出去"，中国从曾经的热门旅游投资目的地国转变成为新兴的旅游对外投资国；中国推动并参与了东南亚、东北亚以及"一带一路"旅游区域合作；

世界旅游城市联合会、国际山地旅游联盟、世界旅游联盟等由中国发起的国际性旅游组织在推动全球旅游发展方面作用越来越大；中国学者在全球旅游研究中发出越来越响亮的声音，成果数量和研究质量同步提升。

面向未来，旅游应在构建人类命运共同体方面发挥更大作用：要加强与世界各国在政府、业界、民众、媒体和教育等层面的旅游交流；要通过政府、国际组织、行业协会、旅游企业、民众等的共同努力，全面提升中国旅游的综合影响力；要在既有资源优势和市场优势的基础上，通过资源、市场与资本、管理、人才等各方面要素的结合，在发展理念、道德准则、公共政策、商业模式、对外投资、产品类型、商业模式、服务标准等各方面发挥引领作用；要充分发挥世界旅游联盟、世界旅游城市联合会、国际山地旅游联盟等机构的作用，积极参与国际旅游规则的制定，引导全球旅游发展新理念和新模式的形成。

参考文献

习近平：《决胜全面建成小康社会　夺取新时代中国特色社会主义伟大胜利》，2017年10月18日中国共产党第十九次全国代表大会报告。

宋瑞主编《2016～2017年中国旅游发展分析与预测》，社会科学文献出版社，2017。

宋瑞：《新时代赋予旅游业新使命》，《中国旅游报》2017年10月27日。

IMF, *World Economic Outlook*, *October 2017*, *Seeking Sustainable Growth*：*Short-Term Recovery*, *Long-Term Challenges*, https：//www. imf. org/en/Publications/WEO/Issues/2017/09/19/world – economic – outlook – october – 2017，2017 – 12 – 10.

World Bank, *Global Economic Prospects*, *A Fragile Recovery*, https：//openknowledge. worldbank. org/bitstream/handle/10986/26800/9781464810244. pdf，2017 – 12 – 10.

G.2
2017年中国旅游发展十大热点

中国社会科学院旅游研究中心*

摘　要：　2017年中国旅游发展十大热点为：十九大报告指引旅游新发展；世界旅游联盟成立引发期待；国家公园建设迈出重要步伐；乡村旅游助力乡村振兴战略；特色小镇破解城乡二元难题；多因素影响中日韩旅游遇冷；体育旅游共同构筑幸福产业；民宿投资热潮日渐趋于理性；质量事件频发凸显酒店困境；旅游屡屡成为热播综艺主题。

关键词：　中国旅游　体育旅游　乡村旅游　特色小镇

　　对中国旅游发展年度热点事件进行梳理和评述，是"旅游绿皮书"过去十余年的惯例做法。2017年又是我国旅游发展的高潮期，涌现了诸多热点事件，值得关注。为系统回顾和全面分析这些事件，中国社会科学院旅游研究中心于2017年9～11月组织特约研究员推荐、遴选出2017年中国旅游发展十大热点事件，并对其进行点评。需要说明的是，对热点的选择主要基于该事件所涉及问题的复杂性、社会的关注度以及对未来发展可能带来的影响。因此，既不追求逻辑体系上的关联性和正负影响上的平衡性，也不刻意回避某些热点之间可能存在的交叉。

---

*　执笔人均为中国社会科学院旅游研究中心研究人员，依次为宋瑞、杨丽琼、宋子千、窦群、吴金梅、杨劲松、曾博伟、张树民、秦宇、金准。策划：宋瑞、吴金梅、金准、宋子千；总纂：吴金梅、宋瑞。

热点一：十九大报告指引旅游新发展

（一）热点事件

2017年10月18日，备受瞩目的中国共产党第十九次全国代表大会在北京召开。习近平总书记作了题为《决胜全面建成小康社会　夺取新时代中国特色社会主义伟大胜利》的报告。

党的十九大报告围绕中国特色社会主义新时代提出了一系列新思想、新论断、新目标和新部署。报告指出："经过长期努力，中国特色社会主义进入了新时代，这是我国发展新的历史方位"；"中国特色社会主义进入新时代，我国社会主要矛盾已经转化为人民日益增长的美好生活需要和不平衡不充分的发展之间的矛盾"；未来要"贯彻新发展理念，建设现代化经济体系"，要"深化供给侧结构性改革"、"加快建设创新型国家"、"实施乡村振兴战略"、"实施区域协调发展战略"、"加快完善社会主义市场经济体制、推动形成全面开放新格局"。这些重要论断和部署将对包括旅游在内的社会经济各个领域产生重大而深远的影响。

（二）事件点评

党的全国代表大会主报告与各次全会决议主要着眼于发展全局，一般不涉及各部门具体工作内容。党的十九大报告虽然没有出现"旅游"二字，但是为旅游指引了新的方向，也提出了新的要求。

旅游是人民美好生活需要的重要标志和社会经济发展的重要领域，一方面，在消除"人民日益增长的美好生活需要和不平衡不充分的发展之间的矛盾"这一社会基本矛盾方面负有不可替代的责任；另一方面，也承担着如何解决自身发展不平衡不充分从而更好地满足人民日益增长的美好旅游生活需要的任务。作为服务业中增长速度快、外向性强、带动性大的行业，旅游能否通过自身的创新发展以及供给侧结构性改革，为建设现代化经济体

系、促进国民经济高质和高效增长做出贡献；乡村旅游如何在乡村振兴战略中发挥催化剂的作用，如何通过旅游合作推动区域协调发展战略的实现；在生态文明体制改革的大背景下，旅游如何推进绿色发展，不仅实现自身的可持续发展，也推动整个社会经济的可持续发展；作为综合性很强的社会经济领域，如何通过旅游治理体系的完善和治理能力的提升，推动共建共治共享社会治理格局的形成；在世界日益关注中国、中国旅游不断走向世界的背景下，旅游在推动形成全面开放新格局方面如何发挥更大作用；在实现"两个一百年"奋斗目标、建立中国特色社会主义强国的过程中，应该如何确定旅游的功能、定位、角色……这些都是值得思考的重要问题。

（三）重要启示

中国共产党第十九次全国代表大会，是在全面建成小康社会决胜阶段、中国特色社会主义进入新时代的关键时期召开的一次十分重要的大会。长达三万多字的十九大报告，不仅聚焦当下，也着眼于未来，是指引我国社会经济发展的总纲领。在新的时代背景下，中国旅游为何发展、如何发展，是否需要以及如何调整我们的发展目标、发展思路、发展战略、发展方式、发展重点和发展节奏，如何最大限度地发挥旅游在全面实现小康社会、进而全面建设社会主义现代化强国中的综合作用，需要我们做出明确的回答。

（执笔：宋瑞，中国社会科学院旅游研究中心主任、研究员）

热点二：世界旅游联盟成立引发期待

（一）热点事件

2017 年 9 月 11 日，世界旅游联盟（World Tourism Alliance，WTA））第一届会员全体大会在四川省成都市召开，标志着由中国旅游协会发起的世界旅游联盟正式成立。出席联合国世界旅游组织第 22 届全体大会的 137 个国家的旅游部长、代表及 41 个国际组织负责人共同见证了世界旅游联盟的诞生。

根据世界旅游联盟的介绍，该机构是全球旅游领域的第一个全球性、综合性、非政府、非营利国际组织。会员包括各国全国性旅游协会、有影响力的旅游企业、智库和研究机构等，以及国际组织负责人、一些国家部分前政要、卸任旅游官员、旅游企业负责人和著名学者等。联盟总部和秘书处设在北京。

世界旅游联盟以"旅游让世界更美好"为核心理念，以旅游促进发展、旅游促进减贫、旅游促进和平为目标，加强全球旅游业界的国际交流，为全球旅游业界搭建一个共商、共建、共享的平台，推动全球旅游业可持续、包容性发展。

截至目前，世界旅游联盟共有来自中国、美国、法国等 29 个国家和地区的 89 个创始会员单位，其中包括中国香港和中国澳门企业成员单位在内的境外会员单位占比超过 60%。

（二）事件点评

当前，国际旅游业发展机遇与挑战并存，国际非政府组织已成为全球旅游治理体系的重要力量。由中国旅游协会发起成立的世界旅游联盟，搭起了中国旅游组织与世界旅游组织交流与合作的平台，也引发各国旅游部门、旅游企业以及联合国世界旅游组织、世界旅行与旅游理事会等旅游国际组织、全球旅游媒体的普遍关注。

（三）重要启示

旅游业是当今世界规模最大、发展最快、关联最广的综合性产业，是促进经济发展、推动国家交往的重要途径，有助于加强人与人之间的沟通，构建人类命运共同体。旅游业是世界公认的就业机会多、综合效益高的产业，是现代服务业的重要组成部分，也是许多国家产业结构调整的重要方向，大

力发展旅游业正在成为世界各国增强综合竞争力的战略选择。

随着中国旅游力量的不断崛起，中国在世界旅游业中的地位不断提升，中国旅游影响力正与日俱增。世界旅游联盟以及此前由中国发起成立的世界旅游城市联合会、国际山地旅游联盟等国际旅游组织成为中国参与全球旅游发展的重要平台。未来，我们期待这些国际性非政府组织进一步拓展中国旅游的国际发展空间、参与国际旅游规则制定；期待通过这些平台，加强与国际旅游界的交流与合作，构建更加公平、合理的国际旅游新秩序，推动全球旅游健康持续发展。

（执笔：杨丽琼，中国旅游研究院副研究员、
中国社会科学院旅游研究中心特约研究员）

热点三：国家公园建设迈出重要步伐

（一）热点事件

2017年3月，李克强总理在政府工作报告中提出：要出台国家公园体制总体方案，为生态文明建设提供有力制度保障。2017年6月，中央全面深化改革领导小组第三十六次会议审议通过《祁连山国家公园体制试点方案》。2017年7月，中央全面深化改革领导小组第三十七次会议审议通过《建立国家公园体制总体方案》。2017年8月，我国首份国家公园地方性法规——《三江源国家公园条例（试行）》开始施行。2017年9月，中共中央办公厅、国务院办公厅印发《建立国家公园体制总体方案》。2017年10月，习近平总书记在党的十九大报告中强调："构建国土空间开发保护制度，完善主体功能区配套政策，建立以国家公园为主体的自然保护地体系"。

（二）事件点评

建立国家公园体制是党的十八届三中全会提出的重点改革任务之一。

2015 年 1 月，国家发改委等 13 个部委联合下发《关于印发建立国家公园体制试点方案的通知》，在青海等 9 个省份开展为期 3 年的试点。试点以来，国家公园体制建设取得了重要进展，青海三江源、湖北神农架、福建武夷山、浙江钱江源等先后确立了国家公园试点方案。《建立国家公园体制总体方案》的出台，标志着试点工作取得了重要成就，也意味着国家公园体制顶层设计初步完成，进入全面推进的新阶段。

《建立国家公园体制总体方案》确立了国家公园体制建设的指导思想和基本原则，界定了国家公园的内涵，并就建立统一事权和分级管理体制、建立资金保障制度、完善自然生态系统保护制度、构建社区协调发展制度等做了具体规定，这对于国家公园体制的实质性推进具有重要指导意义。值得关注的是，有关国家公园和自然保护区、风景名胜区等自然保护地之间的关系，自然资源保护和人文资源保护之间的协调，国家公园产权和事权的划分，乃至国家公园的经费来源等问题，都还需要进一步探索。

（三）重要启示

国家公园制度源于美国，是国际上比较通行的对珍贵自然人文资源进行保护利用的做法。以美国为代表的国家公园制度取得了一些成功，但是也存在经费不足、保护乏力等问题。中国要建立的国家公园体制既需要借鉴国际经验，也应具有新时代的中国特色。中国的国家公园在强调对自然生态系统原真性、完整性进行保护的同时，还坚持国家所有、全民共享、世代传承。不能把建立国家公园体制看作单独的改革任务，而要认识到这是我国生态文明制度建设的重要内容。国家公园是荣誉、是机遇，但也是责任、挑战。建立国家公园体制的一个重要目标是解决交叉重叠、多头管理问题，而不是增加"牌子"及管理机构。各地既要争取将有代表性的自然遗产纳入国家公园体系，又要切实认清自身的条件，了解建立国家公园的意义，不能搞一阵风。

（执笔：宋子千，中国旅游研究院研究员、
中国社会科学院旅游研究中心特约研究员）

热点四：乡村旅游助力乡村振兴战略

（一）热点事件

2017 年 10 月 18 日，习近平总书记在党的十九大报告中指出，要实施乡村振兴战略；2017 年 10 月 19 日，习近平总书记参加十九大贵州省代表团讨论，遵义播州区枫香镇花茂村支书潘克刚介绍，农家乐旅游已经成为村里致富新路。习近平总书记指示，既要鼓励发展乡村农家乐，也要对乡村旅游做分析和预测，提前制定措施，确保乡村旅游可持续发展。在此之前，2015 年、2016 年，中央一号文件均提出要发展乡村旅游；2017 年乡村旅游继续保持快速发展，呈现出远超一般旅游业态的蓬勃活力。

（二）事件点评

发展乡村旅游是实施乡村振兴战略的重要手段和途径。近年来，乡村旅游发展已经成为农村发展、农业转型、农民致富的重要渠道。为了更好地推动乡村旅游的可持续发展，继而振兴乡村，要努力促进"旅游＋农业＋互联网"协调发展，推动乡村旅游与旅游电商等搭建紧密合作关系，促进乡村旅游提档升级。在事关乡村旅游发展的土地使用政策方面，落实长期租赁、先租后让等保障政策，允许村民利用自有住宅或者其他条件依法从事乡村旅游经营。党的十九大继续释放了国家在土地政策方面将大力、长期支持乡村旅游发展的信号，这让乡村旅游发展吃了定心丸。大力提倡"景区带村"的乡村旅游发展模式，强化"景区带村"辐射作用。大力推进我国乡村旅游的国际化进程，把"中国美丽乡村"的牌子打出去。尽管我国乡村旅游发展规模很大，但整体上还缺少在国际市场的整体形象和品牌。需要充分发挥我国发展乡村旅游的综合优势，培育具有鲜明中国特色的乡村旅游品牌。

（三）重要启示

伴随全国各地发展乡村旅游的人才和创新发展需求，为了在发展乡村旅游中不断培育精品，到国际、国内乡村旅游发达地区交流、培训蔚然成风。事实证明，借鉴学习固然重要，但是，对接当地具体条件，弘扬本地文化，努力促进乡村旅游"更接地气"，打造自身品牌，这才是避免"东施效颦"、实现弯道超车的长久之计，也是实现乡村振兴的根本所在，更是落实中央对乡村旅游可持续发展要求的基础所在。

（执笔：窦群，北京联合大学旅游管理系教授、
中国社会科学院旅游研究中心特约研究员）

热点五：特色小镇破解城乡二元难题

（一）热点事件

2017年8月22日，住房和城乡建设部公布了第二批276个特色小镇名单，加上2016年10月公布的第一批127个特色小镇，我国的特色小镇总数已达403个。这些或耳熟能详或未曾听闻的小镇一上榜，便迅速成为旅游者热搜的目的地。住房和城乡建设部、国家发展改革委、财政部2016年7月正式发布了特色小镇纲领性文件《关于开展特色小镇培育工作的通知》，提出到2020年要培育1000个左右各具特色、富有活力的特色小镇，并提出"特色鲜明的产业形态、和谐宜居的美丽环境、彰显特色的传统文化、便捷完善的设施服务、充满活力的体制机制"五大培育要求。此后，多部委、各省份纷纷出台了特色小镇建设政策指导和培育目标，全国掀起特色小镇建设热潮。

（二）事件点评

目前，社会各界对特色小镇的建设给予了极大关注：政府找到了提升改

造小镇的模式，企业看到了投资发展的空间，百姓对产城融合的美丽家园充满了向往。从政策层面而言，特色小镇的培育是供给侧结构性改革和新型城镇化发展的重要抓手，是二元化难题的破解之道；从社会层面，特色小镇是"产、城、人、文"四位一体的新型空间、新型社区，这种新型社区会给人的生活方式、生产方式带来一系列的综合性改变；从生活层面，特色小镇的建设，符合现代人既要在市场大潮中激情创新又想在优美环境中诗意生活的追求；从文化层面，特色小镇以特为引领，完美实现文化传承与创新的结合。

（三）重要启示

我国特色小镇建设源于两个大的背景：一是我国经济步入新常态，需要新的增长点，推动供给侧结构性改革；二是我国人口向大中城市集中，小城镇建设普遍存在发展相对滞后、发展动力不足、产业发展薄弱、人才流失严重等问题。浙江省的实践探索为解决这两个问题提供了有效思路，并受到高度重视。

经过几年的发展，一些特色小镇取得了成功，也出现了以小镇建设之名进行房地产开发、文旅类特色小镇比重偏大、产业发展引领作用不强等问题。特色小镇的可持续发展值得深入研究。

（执笔：吴金梅，北京新奥集团副总经理、

中国社会科学院旅游研究中心副主任）

热点六：多因素影响中日韩旅游遇冷

（一）热点事件

2017 年以来，受"萨德"事件影响，中韩旅游双向交流遭受挫折，尤其是访韩中国游客数量锐减。据韩国法务部出入境与外国人政策本部数据显示，2017 年 1～8 月，赴韩中国人累计为 302.2 万人次，仅为上年同期的

52.6%。2017年国庆期间，中国出游游客数量再创新高，而赴韩游客数量却出现大幅下降。韩国曾经是吸引中国出境游客最多的目的地，中国游客数量的大幅减少，使得韩国免税店等涉旅行业遭受重创。同期，韩国访华入境游客数量也出现下滑，中韩旅游双向交流遇冷。与此同时，中日围绕历史问题、钓鱼岛主权问题等的争议，使得中国访日游客数量的不确定性加剧。

（二）事件点评

旅游业易于受到多种因素影响，国家之间的关系更是国际旅游交流中的重要因素。中日韩旅游交流的现状虽是多种复杂因素共同作用的结果，但国家关系的影响不能忽视，其影响程度需要审慎评估。从总体环境来看，良好的交流环境对于国际旅游至关重要；从旅游业界来说，也需要有一定的敏感度，对敏感区域和热点问题有所准备。

（三）重要启示

旅游是传播文明、交流文化、增进友谊的桥梁，旅游是增进人民亲近感的最好方式。旅游的综合特性和亲善本质有利于促进民众间的理解和认同，构建利益共同体，形成更有效率的人文交流，夯实多方的利益基础。其本质特性对各个国家找到利益重合点具有独特作用。中日韩旅游的遇冷，是中日韩旅游交流历史进程中的一个暂时现象，而环境的改善有赖于日韩两国的正确对待。

（执笔：杨劲松，中国旅游研究院副研究员、
中国社会科学院旅游研究中心特约研究员）

热点七：体育旅游共同构筑幸福产业

（一）热点事件

2016年12月22日，国家旅游局和国家体育总局联合发布《关于大

力发展体育旅游的指导意见》，这是两部门在多年合作后正式联合发布的第一个体育旅游的政策文件。该文件提出：到 2020 年，在全国建成 100 个具有重要影响力的体育旅游目的地，建成 100 家国家级体育旅游示范基地，推出 100 项体育旅游精品赛事，体育旅游总人数达到 10 亿人次，占旅游总人数的 15%，体育旅游总消费规模突破 1 万亿元。2017 年 1 月、2 月、3 月国家主席习近平先后三次考察冬奥会举办场地，听取冬奥会筹办工作情况。2017 年 5 月 9 日，国家体育总局办公厅下发《关于推动运动休闲特色小镇建设工作的通知》，并于 8 月确定了第一批 96 个试点运动休闲特色小镇。2017 年 7 月 6 日，国家体育总局和国家旅游局联合主办的首届全国体育旅游产业发展大会在江苏无锡举行，并联合发布了首批"国家体育旅游示范基地"创建单位名单、首批"国家体育旅游精品赛事"名单以及《"一带一路"体育旅游发展行动方案》。2017 年 9 月 18 日，浙江省成立了全国首家体育旅游产业社会组织——浙江省体育旅游产业促进会。

（二）事件点评

在国家领导对体育旅游高度重视以及国家体育总局和国家旅游局等行业主管部门大力推动下，体育旅游逐渐从个别企业、个别地区的行为，变成国家层面积极促进、热点地区积极响应、体育旅游企业积极发展的共同行为。更为重要的是，政府层面的全方位介入，为整个体育旅游产业的发展形成了良好的社会氛围，并指明了体育旅游下一步发展的重点和方向。这有助于增强体育旅游企业的信心，做大体育旅游市场。社会组织的成立，将有利于形成体育旅游发展的合力。

（三）重要启示

体育与旅游关系密切，体育、旅游都与民众的生活息息相关；体育、旅游都是"扩内需、促消费"的重要领域；体育、旅游都属于体验经济和幸福产业，二者的结合符合时代发展的需要。从发展角度看，体育是旅游业最值得充分利用的资源，旅游则是体育业最好的市场渠道，体育和旅游具有很好的互补性，二者之间的融合发展具有天然的优势。未来二者之间的融合发展将进一步深化，体育旅游必将迎来更大的发展空间。

（执笔：曾博伟，北京联合大学教师、
中国社会科学院旅游研究中心特约研究员）

热点八：民宿投资热潮日渐趋于理性

（一）热点事件

2017 年，民宿、客栈、房车等特色住宿产品（以下统称"民宿"）纷纷走向旅游住宿业舞台的中心，受到旅游者、投资者、管理者的热切关注。截至 2016 年底，全国客栈民宿类住宿已有 5 万多家，主要分布在长三角、珠三角和西南旅游业发达的省份，形成了十个左右的集聚区域。民宿从业者从 2012 年的不到 10 万人发展到 2016 年的 90 万人。民宿的文化氛围与影响力的扩大，甚至一度引领和创造了新的消费取向，原来的为"一片景，找一张床"在某些地方甚至成了"为一张床、赴一座城"。

2017 年 8 月，国家旅游局发布《旅游民宿基本要求与评价》（LB/T 065 - 2017）。该标准规定了旅游民宿的定义、评价原则、基本要求、管理规范和等级划分条件。

（二）事件点评

民宿客栈等非标住宿业的兴起和爆发，有其深刻时代背景。一是国家法规政策的催生。2016 年中共中央 1 号文件明确提出"有规划地开发特色民宿"，此后国家先后出台了一系列相关政策。二是经济新常态的蔓延辐射。"大众创业、万众创新"的国家战略带来了个体投资的多元化，为以创新、文化、低门槛、中小资金量的民宿产业提供了投资土壤。三是中产阶层情怀

的急剧释放。我国中产阶层随着家庭资本和财富增长及自信的双重叠加，逐渐成为投资民宿的主力军。民宿的爆发式增长，也出现了一些问题，例如区域上同质化竞争严重、地租随意上涨和建设成本上不经济、产品设计和服务上过度强调个性而忽略必要关键性细节等。

（三）重要启示

经过几年的快速发展，民宿业现已进入理性发展阶段，需要从多个方面深入思考。民宿的多样化、文艺范儿、自然取向，对中国旅游住宿业有很大贡献。而民宿发展中的问题是必须正视的。未来，要重点关注如下四个问题。一是旅游投资需要回归理性。"诗和远方"的情怀是催生民宿发展的动力源，但所有的旅游投资，都要情怀让位于理性。二是经营上需要尊重规律，在追求文化情调的同时，对土地租金、建设投入、市场预期、流动成本等方面的把控能力，是民宿等非标住宿经营的关键，民宿的区位周边是否毗邻大城市、背靠大景区、根植于大目的地，应是民宿成功与否的更核心要素。三是服务上需要强调质量。民宿主人的价值观和性格魅力对于民宿的成功至关重要，但更重要的是高质量的服务。目前很多民宿在公共空间设计、房屋隔音、居住卫生、可参与活动等方面仍然普遍存在短板，必须补足。四是政府要加强监管，以恰当的方式推进非标住宿的标准化管理。

（执笔：张树民，中景信集团副总经理、
中国社会科学院旅游研究中心特约研究员）

热点九：质量事件频发凸显酒店困境

（一）热点事件

2017 年 9 月 4 日，国内评测机构"蓝莓评测"在新浪微博上发布了一篇名为《五星级酒店，你们为什么不换床单?》的博文，并附有一段长度达6分多钟的视频。该机构在文章和视频中声称，他们经调查发现，北京 W 酒店、北京三里屯洲际酒店、北京希尔顿酒店、北京 JW 万豪酒店以及北京香格里拉饭店等五家五星级酒店都没有按照"一客一换"的要求更换床上用品，也没有对洗手池、马桶盖等卫生设施进行彻底清洁。无独有偶，同一天，北京市卫生和计划生育监督所发布消息显示，在刚刚结束的全市快捷酒店卫生专项监督检查工作中，包括如家、七天、速 8 等在内的 35 家快捷酒店因卫生不合格被北京市卫生和计划生育监督所约谈、通报。主要问题包括卫生检测指标不符合国家卫生标准，未按照规定对顾客用品用具进行清洗、消毒、保洁等。35 家单位被责令整改并拟罚款 6.9 万元。上述事件引起社会公众的强烈关注和讨论。

（二）事件点评

其实，这些问题在最近几年屡见不鲜。为何同类事件在这几年会集中爆发？表面上看都是质量标准和执行的问题，但是仔细查看，这些事件涉及的酒店中，高端酒店都是由国际连锁的酒店管理公司运营，快捷酒店中也有相当大一部分由国内知名的经济型酒店连锁品牌公司运营，应该说这两类企业在目前国内同类型酒店企业中，企业标准较高（很多企业的内部标准高于国内同档次的星级评定标准）、执行得也较好。因此，还需要较深入地思考这些事件大面积产生的共性因素。我们认为，酒店业中产品价格和成本的背离，是出现上述问题的深层次原因。2010~2016 年，全国五星级饭店的平均房价分别是 664.6 元、688.56 元、710.20 元、687.36 元、678.73 元、655.66 元和 626.27 元。也是这几年，经济型酒店市场中，如家的全国平均房价从 175 元下降到 171 元，汉庭的全国平均房价从 197 元下降到 185 元。而同一时期，全国城镇居民的可自由支配收入从 19109 元提高到 33616 元，农村居民的可自由支配收入从 5919 元提高到 12363 元。除了房价下降与收入上涨外，这段时期，酒店经营的人力、能源等各类成本也有较大幅度的上升。以员工工资为例，2010~2016 年，全国各省份的最低工资标准大约都

翻了一番。可以看出，在这样的形势下，要保持较高水平的服务质量，是一个巨大的挑战。

（三）重要启示

供给过剩、低水平同质竞争激烈是酒店业中价格无法提升的主要外因。查看 2016 年全国星级饭店的平均出租率，只有 54.73%。也就是说，全国星级饭店有将近一半的客房是空置的。目前市场中一些创新性强的酒店企业通过差异化策略走出了恶性竞争，但是这样的企业毕竟是少数。只有探索系统性改善行业供求结构的战略途径，解决供给过剩问题，才能找到解决质量问题的根本办法。

（执笔：秦宇，北京第二外国语学院酒店管理学院教授、

中国社会科学院旅游研究中心特约研究员）

热点十：旅游屡屡成为热播综艺主题

（一）热点事件

2017 年，旅游屡屡成为热播综艺的主题。据新浪微舆情发布的 2017 年上半年百大热门综艺榜单，第三位的《奔跑吧兄弟》，第七位的《花儿与少年》，第十三位的《二十四小时》，第十五位的《旅途的花样》，第二十四位的《向往的生活》，第四十三位的《食在囧途》，第四十九位的《爸爸去哪儿》，第五十位的《我们十七岁》，或以景区为场景，或以旅游为主题，下半年更迎来《中餐厅》《亲爱的客栈》《青春旅社》《食验宿》《三个院子》等多档与旅游相关的节目扎堆播出。旅游真人秀类、餐饮民宿经营类、景点游戏类、野外生存类成为涉旅综艺的四种热门形式。旅游正在成为综艺的重要选题，并取得了普遍较为良好的收视率和网络传播度，成为 2017 年值得关注的文化现象。

（二）事件点评

一系列旅游热播综艺的出现，从两个方面说明了旅游业的重要性。

一方面，说明旅游正成为人民日益增长的美好生活需要。综艺强调的是娱乐功能，我国的综艺还具有很强的正能量引导功能，旅游成为热门综艺的主题，取代了曾经最为热门的舞台上的载歌载舞，成为民众普遍喜爱的娱乐内容，说明旅游已经成为新生活的一种符号、一种风向、一种向往和一种价值观，在青山绿水的景区里旅游、经营、斗智斗勇、锻炼意志，触到了百姓最易产生共鸣的部分。旅游综艺的热播，彰显了社会的进步和发展，说明旅游已经成为最值得期盼和追随的生活方式，并进而演化为一种新时代的集体意识乃至集体无意识。

另一方面，显示了旅游产业吸引双创的功能已深入人心。大量的餐饮民宿经营类项目一起挤上银屏，说明这些行业本身的进入门槛不高，明星或者普通老百姓稍加培训点拨就可上手经营，并秀得有身有色、有模有样。但与此同时，仔细观察这些节目，可以发现参与者的水准参差不齐，进步速度也各不相同，创意点子更是五花八门，可见旅游产业的发展不平衡。门槛低、创意发挥空间大、技巧精湛，是旅游行业的普遍特点，也正契合国家大力推进的大众创业、万众创新的要求。各种节目不约而同地选择旅游业作为明星和百姓竞技的舞台，让他们比试经营一家客栈或者一家餐厅，从一个侧面体现了在旅游业中创业创新已经成为"双创"的一个代表、一种缩影，其发挥的作用已深入人心。

（三）重要启示

党的十九大报告指出，中国特色社会主义进入新时代，我国社会主要矛盾已经转化为人民日益增长的美好生活需要和不平衡不充分的发展之间的矛盾。我们通过一年热播的旅游主题综艺，能够直接感知人民群众对美好生活需要的强烈程度，进而也能感知，正因为百姓享受旅游的权利仍然不平衡、不充分，才使他们愈加向往旅游，期待在屏幕上看到旅游。因此，尽力地改

革旅游业，提高旅游的公共供给水平，减少百姓参与旅游业的障碍，填补百姓对旅游的强烈向往和不足的发展现状之间的缺口，是旅游业下一步的发力方向。此外，随着服务社会的到来，旅游业的优势和功能正越来越广泛地被认识，在新的发展阶段，我们需要更多地去开发旅游业的这种潜能，去提高旅游业的战略价值。

（执笔：金准，中国社会科学院旅游研究中心秘书长）

年 度 主 题

Annual Theme

G.3
新时代下中国旅游的改革与创新

宋　瑞*

摘　要： 党的十九大报告指出，"中国特色社会主义进入新时代，我国社会主要矛盾已经转化为人民日益增长的美好生活需要和不平衡不充分的发展之间的矛盾"。旅游作为人民美好生活需要的重要内容和社会经济发展的重要领域，在新的时代背景下，应调整发展思路和发展方式，从强调经济功能转向突出综合功能，从强调增长速度转向突出发展质量，从学习国际经验转向形成国际经验。为加快推进旅游改革与创新，建议特别关注如下八个问题：明确旅游的产业和事业双重属性；保障公民休假权和旅游权；以国家公园建设为契机，研究景区管理体制分类改革；建立现代化的旅游治理体系；改革旅游统

---

*　宋瑞，中国社会科学院旅游研究中心主任，中国社会科学院财经战略研究院研究员，长期从事旅游可持续发展、旅游政策以及休闲基础理论与公共政策等方面的研究。

计和考核体系；完善旅游公共服务体系；构建旅游产业创新体系；完善旅游改革创新顶层设计。

关键词：　旅游改革　国家公园　旅游治理

一　新时代与中国旅游的改革与创新

党的十九大报告描绘了中华民族伟大复兴的宏伟蓝图，提出了一系列新思想、新论断、新目标和新部署，对包括旅游在内的社会经济诸多领域也提出了新的要求。

（一）中国特色社会主义进入新时代

党的十九大报告指出，经过长期努力，中国特色社会主义进入新时代。这意味着中华民族迎来了从站起来、富起来到强起来的伟大飞跃，迎来了实现中华民族伟大复兴的光明前景；也意味着中国特色社会主义道路、理论、制度、文化不断发展，为解决人类问题贡献了中国智慧和中国方案。对应中国特色社会主义新时代的特征和要求，应尽快明确旅游业的新使命和新任务，最大限度地发挥旅游在全面建成小康社会和建设社会主义现代化强国中的独特作用。

十一届六中全会以来，我国社会主要矛盾一直是"人民日益增长的物质文化需要同落后的社会生产之间的矛盾"。党的十九大报告指出，"我国社会主要矛盾已经转化为人民日益增长的美好生活需要和不平衡不充分的发展之间的矛盾"。这一重大论断为制定党和国家大政方针提供了重要依据，也明确了社会经济各领域的发展目标。旅游是人民美好生活需要的重要组成部分，根据社会主要矛盾的转化，要深入研究旅游在满足人民美好生活需要方面的重要作用、面临的制约和提升路径，重点解决人民日益增长的美好旅游生活需要和不平衡不充分的旅游发展之间的矛盾，并通过各种改革创新，使旅游在满足人民美好生活需要方面发挥更大作用。

党的十九大报告提出，"从十九大到二十大，是'两个一百年'奋斗目标的历史交汇期"，"从 2020 年到本世纪中叶可以分两个阶段来安排。第一个阶段，从 2020 年到 2035 年，在全面建成小康社会的基础上，再奋斗 15 年，基本实现社会主义现代化……第二个阶段，从 2035 年到本世纪中叶，在基本实现现代化的基础上，再奋斗 15 年，把我国建成富强民主文明和谐美丽的社会主义现代化强国"。在这一新的历史征程中，要结合旅游发展的"三步走"战略，全面提升旅游发展的质量和效率，扩大旅游业的综合影响，促进旅游治理能力与治理体系的现代化，实现从世界旅游大国向世界旅游强国的转变，为建设富强民主文明和谐美丽的社会主义现代化强国贡献力量。

（二）中国旅游改革进入攻坚克难期

旅游业是我国改革开放的排头兵。旅游发展史在一定程度上也就是旅游改革史。经过近 40 年的改革发展，我国的旅游体制机制逐步理顺，旅游政策环境不断优化，旅游产业体系基本成形，旅游生产力得到初步释放。与此同时，我们也应看到，随着旅游的纵深发展和改革的全面推进，旅游改革也进入了深水区，面临错综复杂的利益格局，一些重大改革不仅涉及切实的利益调整，而且牵一发而动全身。一些改革是旅游部门能够推动的，也有一些改革涉及国家层面的顶层设计。例如，国家公园体制的建立，事关整个自然资源管理体制的调整；旅游土地制度的综合设计，与农村集体建设用地改革、"多规合一"的推进等密切相关；即使是旅游市场秩序的规范和优化，也需要多部门的通力配合。旅游业发展早期，由于体量较小、涉及面较窄，对其他部门的影响也不大，因此有较大的改革空间。时至今日，旅游业的规模、影响已不容小觑，旅游改革与发展的一举一动都可能涉及其他部门，所面临的压力也就更大。从这个角度来看，中国旅游改革进入了攻坚克难时期。

（三）中国旅游改革取得一定进展

在全面深化改革的背景下，近年来旅游系统迎难而上，加快了改革

步伐。以国家级旅游业改革创新先行区创建工作为例，2015年底至今，国家旅游局先后批准两批共计41个国家级旅游业改革创新先行区，以"创新统筹职能、创新政策措施、创新产业引导"为指引，以市县政府为改革主体，以旅游业体制机制为改革内容，以实现旅游目的地整体发展为主要目标，加快推进旅游相关领域的改革工作。两年来各先行区围绕创建工作，在如下五个方面取得了初步成效。其一，形成党委政府主要领导牵头的旅游产业发展领导机制。截至2017年12月，全国共有25个省份、155个市成立了旅游发展（和）改革委员会。其二，围绕"1+3+N"，推动旅游综合治理体制的形成，各地分别设立了旅游警察大队、旅游工商分局、旅游巡回法庭、旅游物价巡查大队、旅游食品安全巡查大队、文明旅游工作办公室、全域旅游服务中心等机构。其三，以"厕所革命"为代表，各地加大旅游公共服务设施和服务体系建设。截至2017年10月，全国已完成新改建旅游厕所6.8万座。"厕所革命"覆盖全国3000多家4A级以上旅游景区、370多个重点旅游城市、500多个国家全域旅游示范区创建单位、9200多家金牌农家乐和2万多家乡村旅游重点村，并形成了一些新的模式。其四，围绕"多规合一"，各地采取因地制宜的做法。例如，浙江、江西、内蒙古等省份以及沂南、敦煌等先行区积极推动以旅游业为引领的"多规合一"，推动国土、发改、住建、交通等部门规划与旅游产业规划有效衔接。海南抓住"多规合一"试点契机，把省级各类旅游发展规划和19个市县的旅游发展总体规划融入全省总规划。鄂尔多斯、青岛等先行区将旅游部门增列为规划委员会成员单位，在编制重大规划、实施重大项目时，征求旅游部门意见。其五，以景区管理体制改革为突破口，加快旅游供给侧结构性改革的步伐。各地积极探索景区管理权、所有权与经营权相分离的模式，推动国有及国有控股景区管理权、经营权分离，实现国有资源与社会资本的优化配置组合。浙江、甘肃等省份还积极推动大景区建设。例如，甘肃省推动18个大景区管理体制改革，将涉及省直部门管理的林业资源分别整合下放到相关的5个大景区管委会管理。

二 新时代下中国旅游发展的新思路

党的十九大报告指出，中国特色社会主义进入新时代。在决胜全面建成小康社会，进而建设社会主义现代化强国的过程中，人民日益增长的美好生活需要和不平衡不充分的发展之间的矛盾愈发凸显；在中国日益走近世界舞台中央、不断为人类做出更大贡献的背景下，国际社会在解决各类世界性问题时将对中国怀有更多期待。面对社会发展新矛盾和国际舞台新角色，旅游业也应在发展思路上做出新的调整。

（一）从强调经济功能到突出综合功能

改革开放之初，我国旅游发展主要关注入境市场，强调创汇功能；20世纪90年代国内旅游兴起后，扩大国内消费、带动经济增长成为主要任务。时至今日，随着经济建设、政治建设、文化建设、社会建设、生态文明建设"五位一体"以及全面建成小康社会、全面深化改革、全面依法治国、全面从严治党"四个全面"和创新、协调、绿色、开放、共享"五大发展理念"等一系列新思想、新理念、新战略的提出，发展旅游应该逐步超越创造外汇收入、刺激国内需求、带动经济发展的经济功能，而更加强调其满足民生需求、实现社会和谐、促进文化发展、平衡区域发展、保护生态环境、提升国家形象的非经济功能。特别是面对"人民日益增长的美好生活需要和不平衡不充分的发展之间的矛盾"这一社会基本矛盾，要高度重视旅游对解决这一矛盾的独特作用，同时高度关注旅游发展中的社会公平和国民福祉问题。要充分发挥旅游作为美好生活风向标、社会融合黏结剂、深化改革突破口、对外开放前沿地、区域发展联动机、现代经济创新者、生态文明引领者、现代治理折射器、人类命运共同体构建者的重要作用。

（二）从强调增长速度到突出发展质量

改革开放以来，我国旅游业实现了产业规模的扩大和经济影响的提升。

然而，与惊人的发展速度和急剧的外延扩张相比，旅游的产业结构、服务质量、运行效率还有很大改善空间。当前，我国经济正处在转变发展方式、优化经济结构、转换增长动力的攻关期。与之相应，旅游的发展方式也需要从追求速度和数量的外延式增长向追求效益和质量的内涵式发展转变。从数量、规模、速度到质量、内涵、效率的转变，既是一个自然而然的过程，也需要政府的积极引导。要通过调整旅游发展绩效评估、政府考核体系、产业政策着力点等方式，通过各种创新组合，改变旅游发展主要靠资源、劳动力和资本等要素大量投入的状况，形成主要依靠技术创新、人力资本积累、资源融合、规模效益、学习效应等因素形成的旅游增长驱动模式，提升中国旅游业发展的效率和质量。

（三）从学习国际经验到形成国际经验

改革开放至今，从早期的饭店建设、旅游教育到后来的智慧旅游、在线旅游等，了解、学习、借鉴国际经验尤其是西方发达国家和旅游发达国家的经验，是我国旅游业实现成长的重要方式之一。随着对中国社会发展现实更深入的分析和对国际社会更广泛的观察，我们越来越清楚地看到，国外的旅游发展固然在理念和技术上有诸多可资借鉴之处，但中国的人口规模之庞大、地域差别之明显、群体差异之悬殊、发展路径之独特均非其他各国可比。在遵循旅游发展一般规律的同时，我们也需要探索更多符合中国社会经济现实和发展目标的新理念和新路径。不管是在理念层面还是技术层面抑或操作层面，都需要依靠更多的中国智慧。中国智慧不仅可以解决中国的现实问题，也可能会给其他发展中国家带来重要影响。

三　新时代下中国旅游改革与创新的若干重要问题

根据新的发展思路，当前和未来一段时期，为更好地推进我国旅游的改革与创新，需对如下问题进行深入研究。

（一）明确产业和事业双重属性

新中国成立以来，我国旅游业经历了从事业到产业的转变。当前及未来一段时期，要从实现社会主义现代化和中华民族伟大复兴的目标出发，围绕全面建成小康社会，重新明确旅游产业和事业的双重属性。对于旅游产业和事业双重属性的确定，就是要在关注旅游的经济效益之外，更加关注旅游在改善民生福祉、实现社会和谐、平衡区域发展、促进文化发展、保护生态环境、提升国家形象等方面的作用；除在竞争性领域发挥市场配置资源的决定性作用外，更加强调政府在保障公民休假权利和旅游权利等方面的重要作用；除依赖丰富多样的商业服务之外，更加重视公共设施和公共服务的建设；除关注旅游发展中的效率问题外，更加重视旅游发展中的公平问题。

（二）保障公民休假权和旅游权

旅游是人民生活水平提升的重要标志，也是其美好生活需要的重要组成部分。从"人民群众美好生活需要"这一角度出发，我国旅游发展的不平衡不充分主要体现在两个方面：一是旅游尚未成为所有人普遍参与的社会活动；二是旅游尚未成为人们可自由安排的生活内容。在全面建成小康社会过程中，要高度重视人民群众的休假权利和旅游权利，推动带薪休假的全面落实并制定相应的旅游援助政策，使更广泛的民众享有旅游的权利，使旅游者更加自由地享受旅游的乐趣。在全面落实带薪休假制度方面，中央是否可以考虑成立跨部门工作委员会，将休假制度与税收、财政、劳动保障、民生等结合在一起予以综合调控；面对"2020年全面实施带薪休假制度"的承诺，是否能够尽快公布详细的调查结果和实施方案；各地是否能够建立部门联动机制，将用人单位签署劳动合同、执行带薪年休假情况与其履行纳税等法律义务同等对待。在建立旅游援助制度方面，是否能够借鉴法国、西班牙、意大利、比利时等国家的经验，利用财政资金给目标群体发放"度假券"，并通过与各类公共和商业机构合作等方式，资助老人、贫困家庭、残障人士和其他弱势群体外出旅行……这些问题值得思考。

（三）研究景区管理体制分类改革

目前我国约有 2 万家景区，其中 A 级景区 5000 余家，从核心资源属性、景区管理体制和景区资源级别三个维度来看，各有不同①。对于以自然和历史文化资源为依托且资源级别较高的景区而言，如何清晰界定政府与市场的边界和责权，如何合理划分中央政府与地方政府的事权，一直是个难题。从 20 世纪 90 年代初各地推崇的"两权分离""三权分离""特许经营"到后来的"政府回购"热潮，再到近几年各地推进的大景区管理体制改革，都说明了这个问题的复杂性和曲折性。国家公园制度作为我国自然资源管理体制改革的主体，是生态文明体制改革的重要内容，将在那些"既具有极其重要的自然生态系统，又拥有独特的自然景观和丰富的科学内涵"的地方推进。国家公园"属于全国主体功能区规划中的禁止开发区域，纳入全国生态保护红线区域管控范围，实行最严格的保护"。随着《建立国家公园体制总体方案》的实施，将改变目前分头设置自然保护区、风景名胜区、文化自然遗产、地质公园、森林公园的现状，构建以国家公园为代表的自然保护地体系，同时带来自然资源管理方式、监管机制、资金投入和使用机制、差别化保护方式、考核问责制度、生态补偿制度、社区共管制度等一系列制度改革。尽管适合做国家公园的景区数量不多，但国家公园体制的建立，将引发旅游景区在资源利用、管理体制等方面的系统性变化。在此背景下，研究制定不同属性、级别旅游资源的管理制度，推动分级分类的景区管理体制改革，很有必要。

（四）建立现代化的旅游治理体系

针对旅游的综合性甚至无边界特征，如何构建与之相适应的旅游治理体制，是近年来我国旅游领域改革的重点。以"1 + 3 + N"旅游综合治理体系

---

① 宋瑞、孙盼盼：《资源属性、管理体制、景区级别与门票价格——基于5A级景区的实证研究》，《中国社会科学院研究生院学报》2014 年第 1 期。

建设为代表，近年来旅游部门积极努力，在一定程度上解决了地方政府层面的机构升级和部门综合管理问题。未来，还需要从制度层面上研究如何充分发挥机构的职能，并从理论层面上系统研究旅游治理能力和治理体系现代化的具体含义和实现路径。旅游治理体系和治理能力现代化意味着治理主体的多元化和治理手段的综合化。如何发挥政府机构、社会组织、行业协会、社会大众、旅游者等的作用，综合运用法律、行政、经济、社会等各种手段，建立立体、高效的旅游治理体系，如何构建旅游业现代治理的组织体系、制度体系、运行体系、评价体系和保障体系……这些都是值得研究的问题。

（五）改革旅游统计和考核体系

根据旅游发展功能的调整，要加快旅游统计体系和考核体系的改革。要在旅游统计体系和考核体系中引入可持续发展的理念和指标。在旅游统计体系中，不仅要有经济性指标（如旅游收入、旅游消费、旅游税收、旅游企业利润等）和数量型指标（如旅游接待人次、旅游行业规模、旅游就业人数等），而且要有非经济性指标和质量型指标；不仅要列出经济成本，也要计算社会成本和生态成本；测算旅游影响时，不仅要测算经济影响，更要评估综合影响。在考核政府政绩时，要制定并推行更加全面的评价和考核指标，综合考虑旅游的社会效益、经济效益和生态效益，将旅游发展综合指标体系纳入政府年度目标考核。

（六）完善旅游公共服务体系

这些年国家一直强调基本公共服务均等化，包括基本文化公共服务的均等化；与此同时，以"厕所革命"和旅游信息服务中心为代表的旅游公共服务建设也有了很大进展。不过在理论和实践层面，仍有一些问题值得研究。例如，如何界定和定位旅游公共服务，如何实现旅游公共服务与其他公共服务的对接，各地如何统筹考虑旅游公共服务设施适用的人口规模、根据自身的情况建设完善高效的旅游公共服务体系，如何创新旅游公共产品和服务的供给模式，形成一套较为完善的建设、运营和维护机制，等等。

（七）构建旅游产业创新体系

习总书记曾经有个非常形象的比喻，创新是发动机，改革是点火器。在旅游改革创新的推进过程中，要正确处理好以政府推动为主的改革工作与创造社会参与、激发社会创新之间的关系。要把改革和创新放在同等重要的位置上来看待。从工作层面上看，目前创新还未系统性地进入旅游部门的工作日程。未来，要高度重视旅游创新，并将其与改革同步推进；要通过政府所推动的各项制度改革来激发全社会参与旅游和不断创新的热情，为社会参与、大众创业、万众创新创造更加宽松、便利、友好的环境；要梳理、清点目前有哪些环节、要素制约了全社会对旅游发展、创新的参与，下大力气围绕这些问题，进行政府层面的改革；要研究制定中国旅游创新发展战略；要建立国家级旅游创新平台和高层次创新决策咨询机制；要建立激发旅游创新创业活力的综合创新体系，借助新的政策、新的方式、新的逻辑、新的资本来打破传统产业格局，实现产品创新、业态创新、技术创新、主体创新、制度创新、服务创新的全面变革，提升旅游发展效率。

（八）完善旅游改革创新顶层设计

目前国家级旅游业改革创新先行区创建工作推进已有两年时间。41 个先行区按照创建方案分别制订了具体实施方案，也采取了很多措施。不少地方在完成规定任务、商定任务、自选任务的基础上，还有一些创新举措。国家旅游局相关部门也正在对实施情况进行督导。这些先行区取得了哪些成效，哪些改革举措具有可复制、可推广价值，哪些做法可能会带来一些问题，我们能从先行区的个案研究中发现哪些共性和规律，这些规律能否以及如何上升为我国旅游改革创新的顶层设计，这些问题都值得关注。

参考文献

习近平：《决胜全面建成小康社会　夺取新时代中国特色社会主义伟大胜利》，2017

年 10 月 18 日中国共产党第十九次全国代表大会报告。

宋瑞、孙盼盼：《资源属性、管理体制、景区级别与门票价格——基于 5A 级景区的实证研究》，《中国社会科学院研究生院学报》2014 年第 1 期。

宋瑞主编《2015～2016 年中国旅游发展分析与预测》，社会科学文献出版社，2016。

国家旅游局：《先行先试，率先突破——全国旅游业改革创新奠定做法和工作推进情况汇编》，中国旅游出版社，2017。

深 化 改 革

Deepening of Reform

G.4
中国国家公园与旅游的关系解析

——基于《建立国家公园体制总体方案》的思考

苏 杨*

摘　要： 中国的国家公园里能不能发展旅游？这个问题曾经有很多答案。目前主流认识是"国家公园不是搞大旅游"，这实际上是旅游的词义被弱化导致的后果。完整的旅游概念应该包括两个方面：一方面，旅游包括了事业和产业，事业部分是典型的以"为人民服务"为主体的活动，即便是产业，也包括了诸多对区域发展有全面带动作用但又不会增加环境负担的业态；另一方面，国家公园的旅游以事业形态为主，产业形态部分应以具有带动作用的生态旅游的方式进行。《建立国家

---

* 苏杨，国务院发展研究中心研究员，《管理世界》杂志社副总编辑，长期从事资源、环境政策等方面的研究。

公园体制总体方案》明确提出，在保护的前提下，不仅国家公园内可以发展旅游，国家公园外还可以引导鼓励建设特色小镇，以彰显国家公园的全民公益性，并疏解国家公园内部客流过大带来的影响。

关键词： 国家公园　旅游　特色小镇

说到国家公园与旅游，那真是剪不断，理还乱，别是一般滋味在心头。中国的国家公园里能不能发展旅游？这个问题曾经有很多答案。不少人，特别是部分领导认为"国家公园不是搞大旅游"，把旅游视作消耗（至少是"磨损"）资源因而直接影响所保护的对象。随着《建立国家公园体制总体方案》（以下简称《总体方案》）的出台，国家公园与旅游的关系再次引发讨论，在此有必要做一些辨析。

一　旅游的词义弱化导致旅游在国家公园领域被污名化

从中国国家公园的发展历程看，旅游一直是一个不可或缺的角色和无法回避的问题。早在 2008 年，国家环保总局和国家旅游局就从中央部委层面挂牌了一个"汤旺河国家公园"（其后被并入伊春国家公园体制试点区，并"无疾而终"）。党的十八届三中全会确定"建立国家公园体制"以后，在国家层面体现国家公园要求的第一个文件是 2014 年 8 月出台的《国务院关于促进旅游业改革发展的若干意见》，其中提出，"稳步推进建立国家公园体制，实现对国家自然和文化遗产地更有效的保护和利用"。其后的发展，也让许多地方政府觉得国家公园是一种国家顶级景区，许多地方虽没大干却很快上马，自行挂上了许多牌子。很多地方领导视国家公园为旅游发展机遇，但好景不长，旅游被迅速推到了国家公园的对立面。然而，2015 年 1 月十三部委的《国家公园体制试点方案》

和 2015 年 9 月中央的《生态文明体制改革总体方案》出台后，明确了国家公园"保护为主、全民公益性优先"和"实行更严格的保护"的原则。多个部级领导在"两会"答记者问等重要场合也反复强调，"国家公园不是搞大旅游"。这样一来，一些地方政府就改变了想法和做法。例如，浙江开化"国家东部公园"在被列入中央试点成为钱江源国家公园体制试点区后，迅速改变了相关提法，在说法和做法上都全面向生态保护为主转轨。中央通过试点实施方案的第一个国家公园试点区——三江源，其局长李晓南在接受记者采访时也明确表示："在严格生态保护的前提下，可在园区周边开展适度的商业开发，但其规划要与国家公园规划相一致、相协调。国家公园以国家投入为主，不搞门票经济，仅开展限制性的访客预约的生态体验"。显然，这是将国家公园和旅游景区完全划清界限，甚至不提旅游了：旅游变成了生态体验，游客变成了访客。这种说法在《三江源国家公园条例（试行）》中还得到了固化——这个条例全文没有"旅游"二字。这是中国国家公园体制试点中的一个有趣的反转，曾经多少地方因为旅游而对国家公园趋之如鹜；仅一年的时间，参与国家公园体制试点的各方就在口头上对旅游唯恐避之不及了，似乎在国家公园试点中一提旅游就是大逆不道。何以至此？原因有二：一是旅游的词义被弱化，二是真正的旅游太难搞。

对旅游的嘴上回避，其实有一个学术解释——词义外延的弱化。例如把计划生育弱化理解为一孩政策。同样的情况也存在于旅游上。直至20 世纪 70 年代，旅游仍然是事业，以接待为主的事业。在"以经济建设为中心"的政绩观下，旅游迅速成了大众观光旅游产业的代名词，旅游因而被地方政府基本等同于大众观光旅游产业，以致让大家都形成了错误的印象——国家公园和旅游水火不容。严格说来，只要是游客与目的地吸引物之间的非生产性活动，都可以叫旅游。也因此，旅游可分为事业和产业，事业的主体可能不是观光而是休闲、游憩、生态体验、教育等，是典型的以"为人民服务"为主体的活动，可以通过生态保护成果给公众带来获得感；即便是产业，也包括了诸多对区域发展有全面带动作用但又不会增加环境负担的业态。其实，官方文件中对旅游和游客的定义一直秉承着这样的理解，如《国家旅游及相关产业统计分类（2015）》中就明确了"游客是指以游览观光、休闲娱乐、探亲访友、文化体育、健康医疗、短期教育（培训）、宗教朝拜，或因公务、商务等为目的，前往惯常环境以外，出行持续时间不足一年的出行者"，显然，这样的游客中可以成为许多地方搞旅游大开发的顾客的是少数，而考虑国家公园"生态保护第一"的要求，即便是大众旅游产业，也应该呈现为生态旅游这样的业态。要真的执行这样的标准，旅游和生态保护应该是"亲家"。只是这些年来"以经济建设为中心"，旅游产业中大众观光旅游发展最快也最省事——围个景区建个索道或栈道然后收门票，这样"为人民服务"的词义就被弱化，无论是公众还是领导，他们心目中的旅游，就只限于大众观光旅游产业了，顶多考虑一下业态升级，和全域旅游对应，加点度假休闲，仍然局限于非公益性的、缺少技术含量的大众旅游产业。而暂时看不到经济效益低、覆盖面广泛的旅游事业（如美国国家公园体系中的国家游憩区和徒步道及相关科普设施的建设）和技术含量高、消费者难以培养的产业形式——生态旅游，它们都被边缘化了。相应地，旅游词义也相应弱化。

　　而让国家公园与旅游从亲家变冤家，还有一个原因：各地此起彼伏的国家公园挂牌行为，其主要在西部省份。无论是企业挂牌的昆仑"国家公园"，还是地方政府挂牌的黄果树"国家公园"和坎布拉"国家公园"，以及还有西藏这样的省级政府为拉动旅游业发展自行挂牌了纳木错、珠穆朗玛和雅鲁藏布大峡谷3个"国家公园"。这些冒牌的国家公园仅仅将这四个字当作一块旅游牌子，且完全没有管理体制改革，自然完全没有体现国家公园"保护为主、全民公益性优先"的功能定位。当然，这些零乱的挂牌没有规模效应，还没有让公众产生明显的错觉。成规模且有影响的是前些年云南进行国家公园试点时（有国家林业局的批复公函作为支撑），将国家公园直接作为一种大众观光旅游产业品牌所开展的有关工作。所以，还需要辨析什么是国家公园的旅游。

二 国家公园旅游显著区别于大众观光旅游

考虑到未来国家公园与自然保护区的关系（党的十九大报告明确指出，国家将"建立以国家公园为主体的自然保护地体系"，而中国目前的两类法定自然保护地分别是自然保护区和风景名胜区），可以先看下自然保护区与旅游的关系：《自然保护区条例》列出了十项禁止行为（第二十六条，禁止砍伐、放牧、狩猎、捕捞、采药、开垦、烧荒、开矿、采石、挖沙等活动），几乎要把自然保护区搞成禁区，但也明确了"缓冲区外围划为实验区，可以进入从事科学试验、教学实习、参观考察、旅游以及驯化、繁殖珍稀、濒危野生动植物等活动"，并在第二十二条"自然保护区管理机构的主要职责"中列有"（五）进行自然保护的宣传教育；（六）在不影响保护自然保护区的自然环境和自然资源的前提下，组织开展参观、旅游等活动"等具体条目。按照真正的旅游定义，这些都属于旅游。而《风景名胜区条例》更开篇即指明"本条例所称风景名胜区，是指具有观赏、文化或者科学价值，自然景观、人文景观比较集中，环境优美，可供人们游览或者进行科学、文化活动的区域"，并说明"风景名胜区管理机构应当根据风景名胜区的特点，保护民族民间传统文化，开展健康有益的游览观光和文化娱乐活动，普及历史文化和科学知识"。总结一下，既有的法定保护地依法就可以开展旅游，且其是保护地管理机构应有的职责。那么为何依法可以开展的活动成为禁忌了呢？是否有前车之鉴？下面以云南省为例，看看大家以为的国家公园的旅游是什么样的。

云南的国家公园试点工作应该是有设计、有计划、有创新的，按照研究—试点—规划—标准—立法—推广的模式有序开展，也进行了一些体制改革，如整合了一些保护地机构，出台了地方法规和标准（如《云南省国家公园管理条例》《国家公园基本条件》《国家公园标志系统设置指南》等），印发了"国家公园"建设发展规划，成立了由多个部门组成的"国家公园专家委员会"。云南全省经批准设立的"国家公园"已有13处，这些"国家公园"全部是在自然保护区基础上设立的，其中影响最大的是后来被列入中央试点的香格里拉普达措。

早在 2005 年，云南迪庆州政府便开始探索国家公园管理模式，成立碧塔海景区管理局和属都湖景区管理局；2006 年 8 月，普达措"国家公园"正式对外开放。同时，迪庆州政府成立"香格里拉普达措国家公园管理局"。但其前期发展情况，基本就是个典型的、较成功的旅游景区。2012 年 11 月，普达措"国家公园"成为国家 5A 级旅游景区，当年旅游业收入突破 2 亿元；2013 年 5 月，云南省城市投资建设集团有限公司入股迪庆州旅游投资集团。2016 年，当地旅游业收入达到 3.26 亿元，最大日接待游客数量 1.7 万人。云南自身总结经验时认为：通过改革，实现了自然保护区、风景名胜区等资源的整合，普达措旅业分公司接手负责旅游开发事宜；林业部门回归保护森林资源的职责；州国家公园管理局负责规划等事宜，实现了监管和经营的分离，对旅游业的管理更加规范；实现社区反哺，对村民进行资金补贴，提高了村民生活水平，调动了社区生态保护的积极性；实现了与水利局、环保局等相关部门的监测资料共享。

应该说，云南的探索有可取之处，但其保护区管理的"权、钱"相关制度并未调整，生态保护仍然依赖旅游收入"反哺"、发展标准基本对标《国家 5A 级景区评定标准》，发展目标也仍然看重游客量和门票收入，这当然会让许多人对国家公园产生了错觉——这不就是个更规范且考虑了一点区域带动的旅游景区吗？加之国家公园的名头的确太响亮，所以迄今仍有许多省对国家公园的理解仍然局限于大众旅游产业。例如，陕西省《"十三五"文化和旅游融合发展规划》中明确"将黄河国家公园打造成为中国文化旅游名片、晋陕旅游第一目的地"，北京市旅游发展委员会领导在首都旅游发展论坛上认为"旅游业是北京建设国际一流和谐之都的重要产业和京津冀协同发展的纽带……大力推进北京长城国家公园试点工作，突出八达岭、慕田峪、古北口等长城文化旅游品牌，打造以历史文化体验为特点的旅游休闲品牌"。国家公园到底是不是旅游品牌呢？可以比较一下迄今仍然高大上的 5A 级旅游景区。对许多地方官员来说，刚听到"国家公园"这个名词时，

也习惯性认为国家又搞了一块旅游牌子，完全不考虑党的十八届三中全会文件中还有"体制"这两个字，许多地方趁机加挂牌子（如前述的西部多个省份）。《建立国家公园体制试点方案》出台后，很多地方也没有充分理解其中所提的"保护为主、全民公益性优先"，还在积极争取国家公园体制试点，直到中央全面介入国家公园体制试点、明确了"生态保护第一"，才发现国家公园不只是块牌子、国家公园体制建设沉甸甸。祁连山事件发生和《建立国家公园体制总体方案》提出"最严格的保护"后，许多地方政府被吓得 180 度调头，认为国家公园碰不得，因为其中搞不了开发、国家公园是可能炸掉乌纱帽的雷区。

其实，云南"国家公园"搞的这种旅游并非世界公认的国家公园旅游。我们可以稍微了解一下国际上的国家公园旅游。

在理论层面上，IUCN 的保护地分类体系中已经做了定义。IUCN 在 2013 年的定义中指出，"国家公园"是指"大面积的自然或接近自然的区域，设立的目的是为了保护大规模（大尺度）的生态过程，以及相关的物种和生态系统特性。这些保护区提供了环境和文化兼容的精神享受、科研、教育、娱乐和参观机会的基础"。IUCN 六个专业委员会之一的保护地委员会主席哈罗德·艾兹维克的观点如下："将第 II 类保护区和其余类型区分开来，并使其成为一个真正的国家公园的主要标准，就是游客利用……是旅游业决定了什么才是国家公园"。

在实践层面上，美国国家公园体系对周边发展的带动作用是巨大的。虽然其门票价格低廉（只有少数需要收门票，而车均不到 30 美元的门票还七天有效，覆盖全体系的年票仅为 80 美元），但带动作用显著（2013 年的数据见表 1）：国家公园参观者在周边社区总共有近 146 亿美元消费支出，产生了 14.3 万个就业岗位（每年 NPS 都会发布 *National Park Visitor Spending Effects Economic Contributions to Local Communities*）。

在主要内容和旅游的公益性、科学性、参与性方面，国家公园的旅游与大众观光旅游产业有显著的区别，所需的体制机制也有很大的不同。例如，北京段长城长 629 公里，每年大约要接待游客 2000 万人次。到目前为止，

表1　美国国家公园体系401个成员的经济效益

支出构成	总支出（亿美元）	占支出比例（%）	每天每团平均消费（美元）
本地游客各项消费	8.56	5.9	40.41
非本地游客各项消费	23.82	16.3	90.79
公园内旅店住宿	4.85	3.3	391.31
露营地支出	4.23	2.9	130.46
公园周边旅店住宿	88.10	60.5	271.57
公园外露营地支出（包括停车费等）	8.55	5.9	121.64
其　他	7.62	5.2	40.47
合　计	145.73	100	132.24

长城相关景区接待过的外国政府首脑、元首有千位左右。北京段长城没有得到充分的开发与利用，攀爬长城几乎是游玩长城的全部活动内容了。对长城丰厚的文化知识和科学知识、军事价值等，很少有景区进行讲解和体验。做大众旅游的人认为司马台长城边上的古北水镇是对原生态村庄的逆袭，对传统村庄进行了本质改造，创造了长城和现代生活新的共生。但做国家公园旅游的人认为，长城只有在定位上成为中国国家公园的窗口、在形式上建成全球志愿者参与中国国家公园的平台、在业态上建立国家公园产品品牌增值体系的特许经营制、在内容上体现为多种方式的科普和休闲游憩、在机制上构建保护的成果能转化为可持续的产业收入，才真正体现了"国家所有、全民共享、世代传承"，否则国家公园提供的生态产品就可能是类型不全、种类不多，让人民群众的获得感不强。

总结一下，"国家公园不能搞旅游"和"国家公园是旅游品牌"这两种认识都有偏颇。国家公园是强调保护的，但通过成系统配套的生态文明体制建设，也有利于促进当地形成绿色发展，将保护好的绿水青山转化为金山银山。而仅有牌子的5A级旅游景区，仅仅是一个部门的价值品牌，虽然通过评级、评估、动态监测和退出机制等初步形成了管理体系，但与中央主导且未来成为自然保护地体系主体的国家公园相比，完全只是一种产业辅助手段而非发展方式。即国家公园的旅游完全不同于旅游景区的旅游，开展这样的旅游活动在主要内容和旅游的公益性、科学性、参与性方面都显著区别于大众观光旅游产业。

三 国家公园旅游需要事业和产业兼顾
且需依托国家公园特色小镇

与世界各国将国家公园作为最重要自然保护地的同时作为国民游憩地的惯例一样，《总体方案》也明确国家公园可以在保护生态的前提下开展自然观光、旅游。推敲起来，国家公园的旅游才是一种大旅游，这个"大"包括大综合、大学科、大投入。

大旅游指的是涵盖六要素、带动一大片、重点在转化的特色农牧业和高端服务业，而非靠简单的门票、索道收入就坐享其成的"词义弱化的旅游"。大学科是传统上一般旅游从未考虑也难以企及的。与国家公园的使命相对应，其科普教育、爱国主义教育的要求使得科技维度、人文历史维度的环境教育必然是多学科交叉且很多内容是创新的。例如，国家公园的旅游业态与普通的大众旅游存在显著差别，内容方面不仅包括了观鸟、观星及其他科普活动，还包括了与非政府组织、学校、志愿者等的合作机制，这样才能确保其体现全民公益性。而且，国家公园作为顶级保护地，在传统的、以自然资源为主的景区"区内游、区外住"的基础上，还可以通过国家公园产品品牌增值体系真正将资源环境的优势（绿水青山）转化为产品品质的优势并通过品牌平台固化推广体现为价格优势和销量优势（金山银山），最终在环境友好和社区参与的情况下实现单位产品的价值明显提升。这个体系应该包括产品和产业发展指导体系、产品质量标准体系、产品认证体系、品牌管理和推广体系，产品可包括农副产品、民宿、工艺品等，跨越一、二、三次产业，且可以在综合的旅游产业中整合三次产业。这种发展方式的空间基础是特色小镇，即整个品牌体系依托于国家公园周边的特色小镇，在这个范围内实现全方位的特色发展。大投入不是投入在硬件上，而是软件，不直接消耗性使用资源，要利用资源条件和信息实现转化。而且，要从普通的旅游转型升级到这样强调保护和体现公益性的旅游，本身就是内容再造和产业升级，这需要资金扶持和技术扶持。国家公园的旅游，很可能需要财政资金在前期支持，以形成绿色的、全面的旅游业态。其中的产业部分，如果某处国家公园的市场环境较好，有可能自我维持；如果条件一般，仍然需要财政支持，即其并非一种真实市场条件下的产业。从美国国家公园的情况看也是这样，真正游客组织、收益较好的国家公园，只是少数。中国由于人口密度大，再借鉴法国国家公园体制改革的经验，有可能将国家公园的旅游发展成业态更丰富、带动能力较强、经济效益好于美国的旅游。

能带动起这样覆盖广泛却又以"保护为主"的旅游，基础是国家公园体制和国家公园品牌。国家公园体制在权、钱方面的制度保障使国家公园能实现生态保护、全民公益方面的目标，而国家公园品牌则可能真正成为大旅游的顶级品牌。这个头号品牌不一定表现为纯商务角度的经济报表数据，而要考虑其社会效益和广域广义的经济效益。

总之，如果事业和产业兼顾，且能依托国家公园特色小镇和国家公园产品品牌增值体系，将真正的旅游全面发展起来，国家公园与旅游就能形成相得益彰的共生关系，在国家公园周边也才能真正构建起共同保护的环境。

参考文献

苏杨：《事权统一、责权相当，中央出钱、指导有方——解读〈建立国家公园体制总体方案〉之一》，《中国发展观察》2017 年 Z3 期。

苏杨：《中国国家公园体制试点的相关概念、政策背景和技术难点》，《环境保护》2017 年第 14 期。

弗罗斯特著，霍尔编《旅游与国家公园——发展、历史与演进的国际视野》，王连勇译，商务印书馆，2014。

陈叙图、金筱霆、苏杨：《法国国家公园体制改革的动因、经验及启示》，《环境保护》2017 年第 19 期。

G.5
中国旅游业用地政策：现状、问题和对策

宋子千*

摘　要：　随着旅游业的快速发展，旅游业用地问题日益突出。在此背景下，中央和地方出台了一系列支持旅游业发展的用地政策，旅游业用地政策环境总体向好。但由于旅游业用地政策先天不足，部分政策过于笼统和模糊，难以满足旅游发展实践的需要，特别是在大众旅游和全域旅游深化发展的情况下问题更加突出。建议加强整合性的旅游业用地政策设计，将旅游业用地作为土地制度改革的先行领域，加快政策创新，更加注重政策的可执行性。

关键词：　旅游业　用地政策　大众旅游

一　我国旅游业用地政策环境总体向好

（一）国家层面：旅游业用地问题越来越受关注

　　土地是旅游业发展最为基础也最为重要的要素之一。随着旅游业的快速发展，旅游业用地问题得到了国家层面的高度重视。2009年12月出台的

---

　　* 宋子千，经济学博士，中国旅游研究院研究员，研究方向为旅游经济与产业政策。

《国务院关于加快发展旅游业的意见》首次提出："年度土地供应要适当增加旅游业发展用地。积极支持利用荒地、荒坡、荒滩、垃圾场、废弃矿山、边远海岛和可以开发利用的石漠化土地等开发旅游项目。支持企事业单位利用存量房产、土地资源兴办旅游业。"

2013 年颁布的《中华人民共和国旅游法》明确规定："各级人民政府编制土地利用总体规划、城乡规划，应当充分考虑相关旅游项目、设施的空间布局和建设用地要求。"

2014 年 8 月出台的《国务院关于促进旅游业改革发展的若干意见》将"优化土地利用政策"单独作为 20 条政策意见中的一条，提出："坚持节约集约用地，按照土地利用总体规划、城乡规划安排旅游用地的规模和布局，严格控制旅游设施建设占用耕地。改革完善旅游用地管理制度，推动土地差别化管理与引导旅游供给结构调整相结合。编制和调整土地利用总体规划、城乡规划和海洋功能区规划时，要充分考虑相关旅游项目、设施的空间布局和建设用地要求，规范用海及海岸线占用。年度土地供应要适当增加旅游业发展用地。进一步细化利用荒地、荒坡、荒滩、垃圾场、废弃矿山、边远海岛和石漠化土地开发旅游项目的支持措施。在符合规划和用途管制的前提下，鼓励农村集体经济组织依法以集体经营性建设用地使用权入股、联营等形式与其他单位、个人共同开办旅游企业，修建旅游设施涉及改变土地用途的，依法办理用地审批手续。"

2015 年 8 月出台的《国务院办公厅关于进一步促进旅游投资和消费的若干意见》提出："鼓励民间资本依法使用农民集体所有的土地举办非营利性乡村养老机构"，"落实差别化旅游业用地用海用岛政策。对投资大、发展前景好的旅游重点项目，要优先安排、优先落实土地和围填海计划指标。新增建设用地指标优先安排给中西部地区，支持中西部地区利用荒山、荒坡、荒滩、垃圾场、废弃矿山、石漠化土地开发旅游项目。对近海旅游娱乐、浴场等亲水空间开发予以优先保障。"在上述政策文件的基础上，2015年 11 月，国土资源部、住房和城乡建设部、国家旅游局联合出台《关于支持旅游业发展用地政策的意见》，该文件从积极保障旅游业发展用地供应、

明确旅游新业态用地政策、加强旅游业用地服务监管等方面对旅游业发展用地政策做了较为系统的规定，是当前指导旅游业用地政策创新的基础性文件。2016年国务院发布的《"十三五"旅游业发展规划》中，又专门就"完善土地供给政策"做了阐述。

除了旅游方面的文件以外，一些相关文件也涉及旅游业用地问题。如2015年年底国务院办公厅印发的《关于推进农村一二三产业融合发展的指导意见》中提出："对社会资本投资建设连片面积达到一定规模的高标准农田、生态公益林等，允许在符合土地管理法律法规和土地利用总体规划、依法办理建设用地审批手续、坚持节约集约用地的前提下，利用一定比例的土地开展观光和休闲度假旅游、加工流通等经营活动。"一系列文件的出台，对于优化旅游业用地政策环境起到了很好的作用，在吉林等地的"十三五"旅游业发展规划中，都强调了上述利好。

（二）地方层面：积极响应国家政策，探索创新做法

2012年，国土资源部会同国家旅游局，在全国旅游综合改革试点城市成都、秦皇岛、舟山、张家界、桂林配套开展了旅游业用地综合改革试点。与此同时，在海南农村集体土地产权制度改革、浙江低丘缓坡荒滩等未利用土地开发利用等专项土地制度改革试点中，也大量涉及了旅游业用地问题①。这些试点形成的经验，有些已经被吸收到国家有关旅游业用地政策当中。根据国家出台的有关旅游业用地政策，各地在近年出台的各种文件如旅游条例、促进旅游消费和投资的意见、促进乡村旅游发展的意见、"十三五"旅游业发展规划等，大多也针对旅游业用地提出了支持性的政策。地方文件主要强调了国家政策的相关内容，特别集中在规划对接、建设用地指标保障、旅游厕所等基础设施用地、房车和自驾车营地用地、利用农用地和未利用地发展旅游等方面，有的还制定了具体的落地举措。

---

① 曾博伟：《旅游用地改革的路径和方向》，《旅游学刊》2017年第8期，第9~11页。

如 2013 年云南出台的《中共云南省委云南省人民政府关于建设旅游强省的意见》提出：在国家下达云南省的年度新增建设用地指标中，每年预留 1 万亩用于省委、省政府确定的重大旅游项目建设；同年江西出台的《中共江西省委江西省人民政府关于推进旅游强省建设的意见》提出：优先保证纳入省旅游规划的重点项目用地，对符合单独选址条件、投资 5 亿元以上的重大旅游项目，支持按规定程序列入省重大项目调度会调度，优先安排使用省预留新增建设用地计划指标，并纳入审批绿色通道；2017 年浙江出台的《浙江省全域旅游示范县（市、区）创建工作指南》附有一个认定条件评分表，在政策支持的 125 分中土地保障占 20 分。各地涌现了很多新的旅游业用地做法和模式。如浙江湖州通过"点状供地"解决度假项目用地，"裸心谷"项目总用地 380 亩，其中 30.45 亩的建设用地全部为点状供地方式供应，其余水面、茶园、竹林等采用租用方式进行保障①；松阳则通过"征用＋挂牌""征购＋转移""收储＋挂牌""收回＋租赁""审批＋修改"等模式较好地解决了乡村旅游土地流转问题②（见表 1）。

表 1　近年部分省份文件中的土地政策

文件名称	出台时间	用地政策内容
北京市"十三五"时期旅游和会展业发展规划	2016	落实旅游业用地保障。改革完善旅游用地管理制度，推动土地差别化管理与引导旅游供给结构调整相结合。编制和调整城市总体规划，要将旅游专项规划纳入其中，并充分考虑相关旅游项目、设施的空间布局和建设用地要求。年度土地供应要适当增加旅游业发展用地。对投资大、发展前景好的旅游重点项目，要优先安排、优先落实土地指标。支持利用荒山、荒坡、荒滩、垃圾场、废弃矿山、石漠化土地开发旅游项目。鼓励农村集体经济组织依法以集体经营性建设用地使用权入股、联营等形式与其他单位、个人共同办旅游企业。结合大兴区农村集体建设用地入市试点，探索完善旅游产业用地供给保障机制

① 国家旅游局政策法规司：《浙江湖州在旅游发展用地改革上先行先试取得突破》，http://www.cnta.gov.cn/ztwz/lvyzs/jyjl/201703/t20170303_816483.html，2017 年 7 月 3 日。

② 方臻子等：《松阳实践样本：创新供地方式 激活乡村旅游》，http://zjnews.zjol.com.cn/zjnews/lsnews/201708/t20170830_4900428.shtml，2017 年 8 月 30 日。

文件名称	出台时间	用地政策内容
重庆市人民政府办公厅关于加快乡村旅游发展的意见	2016	强化用地保障。城乡建设、国土、规划部门在制定城乡规划、土地利用总体规划时,应考虑乡村旅游发展实际需求,将乡村旅游建设用地纳入城乡建设规划、土地利用总体规划,在符合相关规划前提下,分类保障各类乡村旅游用地。实行乡村旅游用地差别化管理,采用多种方式供应建设用地。公建项目用地通过划拨方式供应;经营性项目用地采取招拍挂方式供应;亭台、栈道、厕所、步道、索道缆车等设施应符合有关规划,并按规定办理规划手续;影视城、仿古城等人造景观用地在符合城乡规划、土地利用总体规划基础上,按照相应土地供应方式办理规划手续。土地供应方式、价格和使用年限依法按旅游用地确定。科学引导和鼓励农村集体经济组织依法利用集体建设用地自办或以土地使用权与企业合作开发乡村旅游项目。发展乡村旅游涉及建设永久性餐饮、住宿用地的,支持依法办理农用地转用等审批手续。支持有条件的地方通过盘活农村闲置房屋、集体建设用地、"四荒地"、可用林场和水面等资产资源发展乡村旅游
重庆市建设国际知名旅游目的地"十三五"规划	2016	创新旅游地产开发模式,引导旅游地产由住宅房地产主导向旅游功能主导转变。创新农村土地管理制度,支持村集体和农户利用农村闲置集体建设用地、农民空置房及宅基地使用权、承包地经营权与社会投资人通过参股控股等方式合作开发旅游项目。 用好用活土地政策,强化用地保障。坚持节约集约用地,探索旅游规划与经济社会发展规划、城乡总体规划和土地利用规划"多规合一",将旅游用地纳入全市土地利用总体规划,确保旅游项目空间落地。综合运用年度计划、城乡建设用地增减挂钩、乡村建设用地和"地票"交易等政策,保障旅游业发展新增建设用地需求,年度土地供应适当增加旅游业发展用地。创新农村建设用地管理,支持农村集体经济组织依法使用农村建设用地兴办住宿、餐饮、停车场等旅游接待服务企业。支持有条件的地方通过盘活农村闲置房屋、现状集体建设用地、"四荒地"、可用林场和水面等资产资源发展休闲农业和乡村旅游。旅游景区外的旅游咨询服务中心、游客集散中心、旅游厕所、游客休憩点、旅游停车场、景观绿化等公益性基础设施建设用地,可按划拨方式提供
浙江省人民政府办公厅关于进一步促进旅游投资和消费的若干意见	2016	积极引导乡村旅游投资方向,对实施"退二进三"的厂矿企业开发乡村旅游项目,经认定后优先安排建设用地。城乡居民可以利用自有住宅或其他条件依法从事旅游经营,允许村集体及工商资本利用集体建设用地开发除房地产以外的乡村旅游项目,支持村集体与开发商股份制合作开发乡村旅游项目。农村集体经济组织以外的单位和个人,可依法通过承包经营流转的方式,使用集体所有的农用地、未利用地,从事与旅游相关的种植业、林业、畜牧业和渔业生产

续表

文件名称	出台时间	用地政策内容
浙江省旅游业发展"十三五"规划	2016	优先解决厕所用地。改革完善旅游用地管理制度，全面落实支持旅游业发展用地的政策，推动土地差别化管理与引导旅游用地供给结构调整相结合，提高旅游业用地市场配置和节约集约利用水平。对符合《划拨用地目录》的旅游配套设施项目，可以采用划拨方式供地。加大土地供给，支持重点休闲农业与乡村旅游项目建设用地。支持有条件的地方通过盘活农村闲置房屋、集体建设用地、"四荒地"、可用林场和水面等资产资源发展休闲农业和乡村旅游。支持农村集体经济组织利用非耕农用地，在不改变土地农用性质的前提下采取作价入股、土地合作等方式参与旅游开发。支持工业企业"退二进三"，充分利用闲置工业用地和厂房兴办旅游项目
安徽省人民政府办公厅关于进一步促进全省乡村旅游业提升发展的意见	2016	积极协调有关部门在土地、税费、行政审批等要素环节上扶持乡村旅游发展。用好国家、省、市、县（区）的土地流转、土地整治等政策，按照"城乡挂钩、指标周转"的要求，通过旧房集体收购和土地复垦等办法，保障乡村旅游项目建设用地。支持利用森林景观资源发展乡村旅游。鼓励利用荒山、荒地、荒滩等开发乡村旅游。对经营乡村旅游和组织农民出游的微利企业给予适当的奖励。积极协调相关部门对乡村旅游经营企业土地、消防、安全、卫生等各类许可证照办理过程中给予政策支持，构建多元化的乡村旅游发展支持政策
江西省旅游业发展"十三五"规划	2016	完善土地利用政策。认真落实国土资源部、住房和城乡建设部、国家旅游局联合印发的《关于支持旅游业发展用地政策的意见》（国土资规〔2015〕10号），并结合江西实际，从以下方面适当加大政策扶持力度。优先保证纳入省旅游规划的重点项目用地，对符合单独选址条件、投资5亿元以上的重大旅游项目，支持按规定程序列入省重大项目调度会议，优先安排使用省预留新增建设用地计划指标，并纳入审批绿色通道。五星级旅游饭店（温泉企业）和5A旅游景区、国家级旅游度假区（示范区、实验区）、旅游产业园区规划范围内的重大项目优先安排新增建设用地指标，其中经全省重大项目调度会议调度同意的用地由省里统筹优先安排。对与旅游配套的公益性城镇基础设施建设用地，以划拨方式提供。支持旅游资源丰富地区开展城乡建设用地增减挂钩试点工作，挂钩周转指标可优先用于生态旅游项目
广西旅游业发展"十三五"规划	2016	落实旅游用地政策。加快总结和推广桂林国际旅游胜地旅游产业用地改革试点经验，进一步探索旅游用地改革路径和创新模式，努力实现旅游产业在用地管控、用地保障、土地集约节约利用、耕地保护与生态文明建设等方面有新突破。参考土地利用总体规划，编制广西旅游产业用地专项规划，积极盘活存量建设用地。优先保障重大旅游项目用地需求。对旅游景区以外的游客咨询服务中心、游客集散中心、旅游公共厕所、游客休憩站点、旅游停车场、景观绿化等公益性基础设施建设用地，符合划拨用地目录的，可按划拨方式供应

续表

文件名称	出台时间	用地政策内容
青海省加快提升旅游业发展行动方案	2017	完善自驾车旅游发展的土地政策和相关支持。出台《关于加快发展自驾车旅游项目建设的意见》,对土地、融资、税收等相关政策支持予以明确。各级政府要充分考虑旅游资源所在地及其周边地区自驾车旅游建设项目的用地需要,将属于规划范围内的旅游项目建设用地及周边尚未开发的土地一并纳入开发控制性规划 强化旅游用地保障。将旅游业建设项目用地纳入土地利用总体规划和年度用地计划。符合当地土地利用总体规划的旅游项目,按建设时序及时保障用地。依法实行用地分类管理制度,多方式供应建设用地,支持使用荒山、荒坡等未利用地建设旅游项目。明确重点片区规划和重点旅游项目建设清单,完善准入退出、滚动管理机制。完善土地产权制度,探索建立农民利用集体土地参与旅游开发、分享收益的相关政策
福建省人民政府办公厅关于进一步扩大旅游文化体育健康养老教育培训等领域消费的实施意见	2017	支持旅居车营地项目建设,项目应符合城乡规划、土地利用总体规划;选址在土地利用总体规划确定的城镇规划区外的项目,其公共停车场等相关附属设施功能区可与农村公益事业合并实施,依法使用集体建设用地;选址在土地利用总体规划确定的城镇规划区内的项目,用地应依法办理转用、征收、供应手续,已供的项目建设用地不得改变规划确定的土地用途,不得分割转让和转租。支持旅游景区开发新建多功能自驾车、旅居车营地,促进旅游景区消费结构升级和旅游业态创新发展

二 我国旅游业用地政策存在的问题

(一)对旅游业用地在法律和标准上缺少明确的界定

《中华人民共和国土地管理法》第四条规定:"建设用地是指建造建筑物、构筑物的土地,包括城乡住宅和公共设施用地、工矿用地、交通水利设施用地、旅游用地、军事设施用地等",这里将旅游用地作为建设用地的一类,显然和旅游业用地的实践不符。国土资规〔2015〕10号文件提出了10多条政策,但也没有对旅游业用地做出界定和分类。2017年11月1日开始实施的国家标准《土地利用现状分类 GB/T 21010-2017》对2007年版本进行了修改,将二级类"风景名胜设施用地"从一级类"公共管理与公共服务用地"调整到一级类"特殊用地"当中,将原一级类"商服用地"下的二级类"住宿餐饮用地"细分为两个二级类,即"旅馆用地"和"餐饮用地"，并在"商服用地"下新增二级类"娱乐用地"，"指剧院、音乐厅、电影院、歌舞厅、网吧、影视城、仿古城以及绿地率小于65%的大型游乐等设施用地"，新国标考虑了一些旅游业用地形态，但是从总体上依然没有旅游业用地的分类，上面提到的几类用地也不能涵盖旅游业用地的全部。这种状况直接影响到旅游业用地政策的制定和实施，容易造成政策缺失、滞后和冲突等问题。

（二）旅游业用地政策创新力度不够

这几年出台的旅游业用地政策，相比以往的政策确实有所突破，但是和实践需求相比，仍然显得保守或滞后。如国土资规〔2015〕10 号文件提出旅游项目中属于自然景观用地及农牧渔业种植、养殖用地的按现用途管理，这在实践中已经是广为采用的做法。而其有关自驾车房车营地项目土地用途按旅馆用地管理的规定，很多业界人士则表示不理解。正如有的研究者提到的，"尽管国土部专家非常认可旅游用地的重要性，千方百计为旅游用地争取政策倾斜，国土资规〔2015〕10 号文件也确实提出了很多给予旅游业的特殊用地政策，而该文件出台后，各地的反响并不积极，很多地区感觉作用不大，甚至有些地区认为，没有这个文件还可做些突破，有了文件后就必须按照文件执行，旅游用地的难度反而增大了"①。

（三）部分旅游业用地政策较为笼统和模糊

国家层面的政策很多是原则性、方向性的，不会特别具体。然而很多地方出台的政策文件也只是把国家出台的政策重复一遍，从国家到省市甚至县，都是"鼓励""支持""应当考虑""适当增加"，究竟怎么做、做到什么程度没有具体的措施。如"编制土地利用总体规划、城乡规划，应当充分考虑相关旅游项目、设施的空间布局和建设用地要求"，这条政策业内人

---

① 戴学锋：《从全面深化改革角度看旅游用地改革的重要性》，《旅游学刊》2017 年第 8 期，第 3～5 页。

士普遍认为很重要，但究竟用什么样的机制去落实、怎样才算是真正落实，目前还没有特别好的做法。

（四）旅游业用地存在不规范现象

在各地旅游业发展用地实践中，诸如未批先建、长期用临时建筑从事接待、以旅游之名行房地产之实等不规范、打政策擦边球甚至违规的现象较为普遍。究其原因，一方面固然是部分个体或主体的逐利行为所致，另一方面和旅游业用地政策的不到位也有关系。

（五）大众旅游和全域旅游的深化发展使得用地问题更加突出

当前，我国旅游发展处于"钻石期"，正在进入大众旅游和全域旅游深化发展的新阶段，这使得旅游业用地问题的难度和复杂性进一步增加：一是旅游项目数量和规模的扩张，对于用地指标需求增大，和总体上用地指标趋紧形成明显冲突。如有数据表明，"十二五"期间，海南旅游建设用地需求量占同期建设用地需求总量的37.1%，云南旅游建设用地需求量占同期建设用地需求总量的36%[①]。二是旅游创业创新创意活跃，出现了很多新事物、新业态，大量非传统资源和非规划项目得到开发，对传统旅游业用地管理形成了持续的挑战。三是在"旅游+"理念的指导下，复合性旅游用地越来越多，对于这些类型的用地政策还需要进一步的细化。四是旅游发展向乡村地区加速延伸，大量涉及农村存量房产、农用地、宅基地和农村集体建设用地的利用等问题，亟须加快农村集体土地制度改革。

三　优化我国旅游业用地政策环境的建议

（一）对旅游业用地进行整合性政策设计

土地问题非常严肃，地方创新空间较小，从国家层面进行权威引导非常

---

① 曾博伟：《旅游用地改革的路径和方向》，《旅游学刊》2017年第8期，第9~11页。

必要。国土资规〔2015〕10 号文件有效期仅有五年，因此要尽快对《土地管理法》和土地分类国家标准等进行调整，统一旅游用地、旅游业用地、旅游业发展用地等概念的用法，明确旅游业用地的内涵、性质和分类，针对旅游业用地的规划、征收、转让、使用等分门别类制定详细政策，增加政策的科学性和前瞻性。对于旅游基础设施用地可根据其公益性考虑纳入公用设施用地进行管理。对于复合性旅游用地、旅游新业态用地可根据其对土地现状的影响，进行差别化管理。

（二）将旅游业用地作为土地制度改革的先行领域加快政策创新

旅游业用地涉及农用地、建设用地和未利用地以及全民所有土地和集体所有土地等不同类型，涵盖土地制度改革的方方面面，同时旅游业是国家战略性支柱产业，发展方式灵活，管理得当的话对资源环境破坏较小，因此可以选择旅游业用地作为土地制度改革的先行领域，试点更加积极的土地政策。如完善推广点状供地制度；根据旅游业发展的创意性，增强土地利用规划等规划中旅游用地的机动性，探索以指标控制代替规划控制；对于少硬化、不破坏耕作层的树屋、车屋、集装箱屋、生态停车场等用地方式适度放宽等。

（三）增强旅游业用地政策的可执行性

通过各种渠道，调查旅游业用地政策相关文件的实施进展，广泛了解各相关主体对于政策的认知和感受，了解各地在旅游业用地实践中的创新做法，加强规划对接、乡村旅游用地等旅游业用地热点难点问题的研究，启动对旅游业用地政策的系统评估，推动旅游业用地政策的细化和实化。

参考文献

曾博伟：《旅游用地改革的路径和方向》，《旅游学刊》2017 年第 8 期。

戴学锋：《从全面深化改革角度看旅游用地改革的重要性》，《旅游学刊》2017 年第 8 期。

方臻子等：《松阳实践样本：创新供地方式　激活乡村旅游》，http：//zjnews. zjol. com. cn/zjnews/lsnews/201708/t20170830_ 4900428. shtml，2017 年 8 月 30 日。

国家旅游局政策法规司：《浙江湖州在旅游发展用地改革上先行先试取得突破》，http：//www. cnta. gov. cn/ztwz/lvyzs/jyjl/201703/t20170303_ 816483. html，2017 年 7 月 3 日。

中国旅游 PPP 的发展、问题与思考*

李 伟　魏 翔**

摘　要： 政府与社会资本合作（PPP）方式可以缓解政府财政压力，改
进经营效率，获得政府的广泛推动。旅游 PPP 项目具有经营属
性强、收益与风险度量难度大、监管困难等特点。我国旅游
PPP 的发展面临政策法规不健全、地方政府契约精神不足、社
会资本对低收益热情不高、项目融资期限错配和资金退出渠道
单一等问题。旅游 PPP 的成功运营，需要良好的制度环境、运
营能力突出的社会资本方、合理的风险分担机制、动态的利益
协调机制、充分的信息披露制度和科学的价格形成机制。此
外，本文还提出了发展中国旅游 PPP 的具体措施。

关键词： PPP 模式　旅游项目　收益风险分担

一　引言

在我国，政府与社会资本合作模式（Public-Private Partnership，以下简
称 PPP）是为缓解政府财政压力、解决公共基础设施建设资金不足的问题而
提出来的。PPP 最早由英国政府于 1982 年提出，泛指政府与私营企业签订

---

* 本研究受北京社会科学基金项目"北京旅游发展政策、消费行为与投资效果研究"
（15JDJGB074）资助。

** 李伟，博士，北京第二外国语学院国际商学院教授，研究方向为资本市场与旅游金融；魏翔，
博士，中国社会科学院财经战略研究院副教授，研究方向为旅游与休闲经济。

长期协议，授权私营企业代替政府建设、运营或管理公共基础设施并向公众提供公共服务。财政部在《关于推广运用政府和社会资本合作模式有关问题的通知》中指出：PPP 是在基础设施及公共服务领域建立的一种长期合作关系，通常模式是由社会资本承担设计、建设、运营、维护基础设施的大部分工作，并通过"使用者付费"及必要的"政府付费"获得合理投资回报；政府部门负责基础设施及公共服务价格和质量监督，以保证公共利益最大化。伴随着 PPP 模式在道路建设、污水处理等项目上的应用，该模式也逐渐在旅游项目的开发中使用。然而旅游产业本身的特点决定中国旅游 PPP 发展的特点，厘清中国旅游 PPP 发展的特点和存在的问题，给出一套切实可行的改进建议，对中国旅游行业的持续健康发展有着重要意义。

二 中国旅游 PPP 发展状况

截至 2017 年 6 月末，国家 PPP 示范项目共计 700 个，投资额 1.7 万亿元，其中，已签约落地 495 个，投资额 12390 亿元，落地率为 71.0%。国家 PPP 示范项目中，旅游类项目 15 个，占 2.1%，落地 7 个，占落地项目的 1.4%[1]（见图 1、图 2、图 3）。国家 PPP 示范旅游项目包括湖南省 4 个，云南省 3 个，福建省和贵州省各 2 个，江苏、广东、江西、青海各 1 个。这些项目投资额最大的为 599574 万元，最小的为 15000 万元，均值为 151382 万元。在回报机制的设计上，66% 的项目采用可行性缺口补助的回报机制，34% 的项目采用使用者付费的回报机制；在合作期限上，分为 10～35 年不等；在采购社会资本的方式上，公开招标和竞争者磋商几乎各占一半；在项目具体的运作方式上，除个别项目采用"移交－经营－移交"（TOT）方式和"建设－拥有－经营"（BOO）方式以外，大部分项目选用"建设－经营－转让"（BOT）的方式进行建设。

---

① 《全国 PPP 综合信息平台项目库第 7 期季报》，http://www.cpppc.org/zh/pppjb/5422.jhtml，2017 年 12 月 7 日。

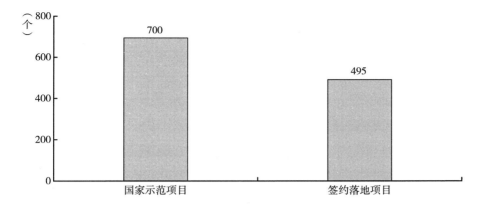

图 1　国家 PPP 示范项目

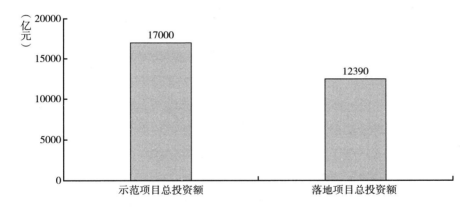

图 2　国家 PPP 示范项目投资额

截至 2017 年 6 月末，全国 PPP 入库项目共计 13554 个，投资额 16.4 万亿元，其中，已签约落地 2021 个，投资额 3.3 万亿元。全国旅游类项目入库 843 个，占入库项目的 6.2%（见图 4）。与上年同期相比，新增入库项目的 15.0%（328 个）为旅游项目，占新增项目的 7.7%。与上年末相比，新增旅游项目的投资额为 3094 亿元，合计占上半年净额的 15.0%[①]。

---

① 《全国 PPP 综合信息平台项目库第 7 期季报》，http：//www.cpppc.org/zh/pppjb/5422.jhtml，2017 年 12 月 7 日。

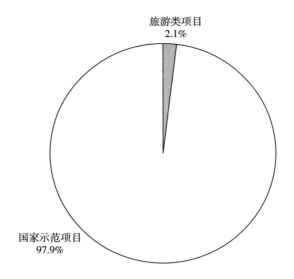

图3　国家 PPP 示范项目中旅游类项目所占比重

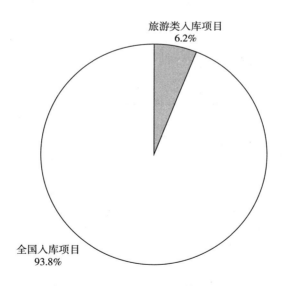

图4　全国 PPP 入库项目中旅游类项目所占比重

通过对全国旅游 PPP 示范项目和入库项目的分析,我们发现:第一,旅游项目在整个项目库中所占的比例不高。无论国家 PPP 示范项目,还是入库项目，旅游行业公司所占的比重都比市政工程、交通运输和城镇综合开发项目小很多。第二，各地区对旅游项目采用 PPP 模式的认识存在差异，各省份之间的差异很大。例如 2016 年各省份旅游 PPP 入库项目的前三名分别为贵州（159 个）、内蒙古（71 个）和新疆（63 个），而北京、上海、天津、吉林、西藏则没有旅游项目入库（见图 5）。第三，市政工程和交通工程的落地项目较多，类似度高，有较多可供借鉴的经验，而旅游类项目则相反。

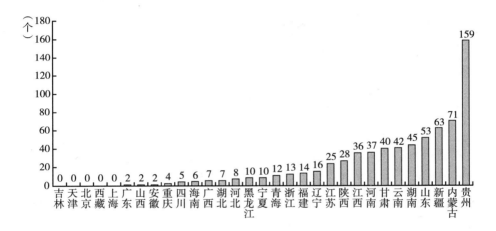

图 5　2016 年各省份旅游 PPP 入库项目的数量

三　旅游 PPP 项目的独特性

（一）经营属性较强

PPP 项目成功的关键在于项目回报机制的设计，既要保证政府公共目标的实现，又要能使社会资本收回全部成本并获得合理收益。目前项目公司的回报机制主要包括使用者付费、可行性缺口补助和政府付费等支付方式。旅游项目的经营属性相对于市政工程、交通运输等其他项目要强很多，项目经营好，项目本身的回报率就高，就能有效保证社会资本的回报并尽力降低可

行性缺口的补贴，甚至完全采用使用者付费的方式。因此，遴选具有旅游行业经验和运营能力的社会资本方就显得非常重要。

（二）收益风险分担机制

一个具有鲜明特色的文化旅游项目往往能够吸引大批游客，也决定了该项目的落地会拉动周边地产和商业价值，但投资人很难分享这部分溢出的收益，而政府往往会以就业、税收和其他形式收回。该部分的数额能否准确评估和测度直接关系可行性缺口补贴的力度和方式，这就需要旅游行业专家和财务专家的协同努力。只有将旅游投资的宏观收益进行清楚的评估才能有效设计旅游 PPP 项目的收益风险分担机制。

（三）旅游项目经营与监管问题

旅游 PPP 项目面临的经营与监管问题也具有独特性。旅游 PPP 项目的经营属性决定了其经营公司具有各种获取高收益的动机，而旅游项目经营的复杂性也决定了对其进行监管不同于市政、交通等项目。此时，如何将旅游项目的公益性与经营的营利性相结合，如何将投资的回收与合理的回报相结合，如何加强项目的监管，就成为旅游 PPP 项目的独特之处。

四 当前旅游 PPP 面临的主要问题

（一）政策和法规不够健全

旅游 PPP 模式的成功推进需要一套清晰、健全的法律法规，用以规范项目运作并减少制度摩擦。被视为 PPP 领域基本法的《基础设施和公用事业特许经营法》短期内难以出台，目前暂以《基础设施和公用事业特许经营管理办法》下发，今后再逐步完善立法；财政部、国家发改委等相关部门关于 PPP 的细化政策还在陆续制定过程中，已出台的部门规章一定程度上存在不衔接、不配套的情况。而且涉及旅游项目的独特性，更应该出台法规，为旅游 PPP 项目各参与方在行为规范、风险分担、利益分配、监督评价方面提供一定的制度保障。

从地方政府的层面来看，据不完全统计，目前仅有安徽、福建、河南等省出台了 PPP 细化政策，四川、浙江、重庆、江西等省市发布了省级示范项目，基层政府存在对旅游 PPP 项目的认识程度参差不齐、推动热情差别很大的情况，此时建立旅游 PPP 项目的示范体系和规范引领，有助于激发地方政府的热情。

（二）地方政府契约意识有待加强

PPP 项目的顺利实施有赖于各项合同对项目各方行为的约束，因此，旅游 PPP 项目各方的契约精神及对合同的遵守就成为项目顺利实施的关键。然而，一方面，我国实施旅游 PPP 项目的地方政府的财政收入并不充裕，体现在越是经济发展相对滞后的地方实施 PPP 的热情越高；另一方面，政府部门在 PPP 项目的实施中一直处于主导地位，对契约精神认识不足。项目立项时积极承诺，完成基础设施建设运营后不能按照合同约定进行支付，特别是面临地方政府换届、重大政策调整时，地方政府部门之间推诿责任现象时有发生，严重损害了社会资本方的合法权益。虽然在 PPP 项目模式下，社会资本和政府处于平等的合同主体地位，但是政府在其中的作用仍然显著，社会资本仍处于弱势地位。部分政府官员强调企业的社会责任和义务，忽略企业盈利的重要性，这就使得社会资本难以真正遵循市场经济规律做出决策。

（三）社会资本引入存在困难

旅游 PPP 项目通常具有投资额大、回报期长的特点，还往往需要深厚的行业运营背景，加之项目的论证、可行性研究等前期工作以及公共品的定价均由政府主导，因此社会资本在项目的选择上较为审慎，引资存在一定困难。此外，部分民营资本为了追求超额收益，可能出现缺乏社会责任的情况，给旅游 PPP 项目的顺利实施运行带来较大的不确定性。

（四）融资工具和融资需求期限不匹配

旅游 PPP 项目投资规模大、期限长、回报率较低，对中长期融资需求强烈。目前参与 PPP 项目的融资工具，既有银行贷款、银行理财、保险资金，也有债券等。这些融资工具的期限通常为 5 ~ 10 年，保险资金相对较长，但融资要求较高，一般项目无法满足条件。社保基金等长期资金出于安全性的考虑，进入 PPP 项目的积极性也不高。而旅游 PPP 项目的期限一般为 20 ~ 30 年，低于 20 年的 PPP 项目很少。这就形成了融资工具的期限和项目融资需求期限匹配的问题。

（五）资金退出渠道单一

金融机构投入旅游 PPP 项目的资金退出渠道单一也限制了旅游 PPP 项目的融资和落地。从金融机构参与 PPP 项目的实践来看，主要是直接对特殊目的公司（SPV）进行股权投资，或者通过基金等方式间接对 SPV 公司进行股权投资以及对项目提供贷款等。这些资金一旦投入，退出的渠道比较单一，主要是通过到期退出、约定由社会资本或政府赎回以及资产证券化的方式退出。而到期退出或赎回，对于投资者尤其是财务投资者而言，风险非常大，进而影响金融机构参与的积极性。资产证券化是解决资金退出渠道的重要手段，可以是以银行为代表的债权人发行资产支持证券，也可以是项目公司或投资人来发行资产支持证券。目前 PPP 项目已经有华夏幸福固安工业园区新型城镇化 PPP 等四个项目成功进行了资产支持专项计划，但成功案例的数量还非常有限。

五 国内外旅游 PPP 成功运作的经验

（一）良好的制度环境

旅游 PPP 项目比传统政府采购行为更加复杂，涉及财政、投融资、招投标、公共产品和服务的提供等多方面的工作，而这些工作中的责任和义务都通过一系列的法律文件规定，需要有专门针对 PPP 项目的规章制度作为引导，因此成熟完善的制度环境对旅游 PPP 项目的实施起到关键作用。制度质量对社会资本在 PPP 项目中的风险分担程度有影响，法治水平、政府效率越高，政府控制腐败和促进私人部门发展的能力越强，私人部门越倾向于选择更多的风险分担。此外，政府信用在旅游 PPP 的执行中也非常关键。旅游 PPP 项目实施过程中，政府以财政困难、换届或规划为由不履行合同会给项目带来巨大危害。

（二）社会资本良好的运营能力和资信状况

选择行业运营能力强和资信状况好的旅游企业作为社会资本方是旅游 PPP 成功的关键。旅游 PPP 项目具有投资大、周期长、参与主体多、风险大、收益不确定等特点。为了保证旅游 PPP 项目的成功实施，就必须选择运营能力、融资能力、管理能力和应对环境变化和意外能力突出的旅游企业作为社会资本方，才能使旅游 PPP 顺利实施。另外，合作企业的行业信用和声誉也非常重要。旅游 PPP 项目向社会公众提供的是旅游、休闲方面的准公共产品，如果企业为获得中标，先低价参与，中标后无法按照合同提供服务和产品，会导致项目的预期目标无法实现。

（三）合理的风险分担机制

PPP 并不意味着实现了风险从政府到社会资本的简单转移，而需要根据项目的具体情况配置风险，实现投资和管理的高效率，同时保证公众的利益不受侵害。特定的风险应当分配给最能够影响风险结果的那方以使该风险对项目的危害最小化。在旅游 PPP 项目的成功实施中，需求风险和政治风险的配置问题比较突出。实证数据表明，市场规模较大和用户购买力较强的国家更有利于 PPP 的建立。政府承担需求风险有助于满足社会资本方的参与约束条件，而社会资本方承担需求风险有助于建立最优激励机制。政治风险通常由政府及官员的行为决定，根据风险配置的一般原则，政府应当承担政治风险。

（四）动态的利益协调机制

由于 PPP 项目利益关系的复杂性和契约的非完备性，建立动态的利益协调机制就显得尤为重要。利益协调机制效果的发挥需要对政府行为进行有效的约束，可以通过建立权力清单制度来确定政府干预项目经营的条件、权限、责任等重要事项，在避免政府过度干预的同时发挥其监督职能，保证项目公共性的落实。为了鼓励社会资本方积极参与 PPP 项目，还可以设计社会资本激励制度，例如，设计旅游 PPP 项目服务和产品的定价机制和价格临时调整机制来解决政府和社会公众希望旅游和休闲服务物美价廉，而社会资本期望收益最大化从而具有涨价动机之间的矛盾。

（五）项目信息充分披露制度

充分和高质量的项目信息披露能够解决各方信息不对称的问题，吸引社会资本的加入，确保物有所值和减少腐败风险。目前，我国政府和社会资本合作中心也披露 PPP 项目信息，但主要是围绕 PPP 项目本身进行的。世界银行对 PPP 项目的信息披露则广泛得多，主要包括两个层面，其一是必须披露的信息，主要涉及制度环境信息，包括 PPP 的政治环境、法律和政策框架、过程和制度以及对商业秘密的指引等问题；其二是推荐披露的信息，主要涉及立法或政策具体规定、指引明细、采购不同阶段信息、秘密信息、标准合同规定等方面。我国可以借鉴世界银行 PPP 推荐披露的信息进行披露范围和内容的改进。

（六）科学的价格形成和财政补贴机制

形成科学的价格要考虑两个要素，一个是价格的制定要尽量减少政府的财政支出，另一个是要保证社会资本的收益。因此，定价的形成应经过政府和社会资本方的充分博弈，同时各级政府还应该建立定期审查价格的机制，加强成本监控，健全服务价格调整机制，完善价格决策的听证机制。既要保证社会公众的利益，也要使社会资本方能获得长期稳定的投资回报。对于经济效益难以保证成本支出但社会效益突出的重大群众休闲工程，应该在综合考虑产品和服务价格、投资成本、管理费用、财政长期承受能力等因素的基础上，合理提供财政补贴，形成动态调整的机制，保证项目健康运行、财政支出稳定可负担。

六　推动中国旅游 PPP 的具体建议

其一，建立旅游 PPP 示范项目体系。应该在国家层面上建立旅游 PPP 示范项目，引领或规范旅游 PPP 项目的遴选、储备和管理工作，然后逐步建立国家、省和市县三级旅游 PPP 示范项目库体系。

其二，研究制定旅游 PPP 的工作指引。鉴于旅游 PPP 项目在前期咨询工作、社会资本的行业背景、经营的属性、回报机制设计和风险分担方面的独特性，国家旅游局或行业协会应组织专家研究制定旅游 PPP 项目的工作指引，规范和指导旅游 PPP 项目的运行。

其三，建立旅游 PPP 专家咨询库。旅游 PPP 项目是综合性项目，涉及旅游行业运营、财务评估、法律合同、资产采购、金融交易和工程等一系列专业领域，建议设立旅游 PPP 专家咨询库，为各地旅游 PPP 项目的识别、准备、采购、执行和运营提供智力支持。

其四，召开旅游 PPP 专项会议。在前期财政部和国家发改委的项目库中，旅游 PPP 项目数量不多，落地执行的数量更少，加之旅游项目的分散性和多样性，旅游 PPP 项目可供参考的模式还未定型，经验也较少，各方对旅游 PPP 项目的问题还有许多不同理解和不同观点。建议召开旅游 PPP 项目研讨会，充分沟通各方观点和意见，统一思想和认识，加大旅游 PPP 项目宣传力度。

其五，设立旅游 PPP 研究课题。对旅游 PPP 项目的运营问题、财务问题、法律问题以及国际运营经验等影响旅游 PPP 项目的识别、准备、执行等环节的各方面问题进行立项研究，理论和实践相结合，全面推动旅游 PPP 项目的遴选和落地。

参考文献

Engel, E., R. Fischer, and A. Galetovic, *The Basic Public Finance of Public – Private Partnerships*, NBER Working Paper, 2009.

Hammami, M., J. F. Ruhashyankiko, and E. B. Yehoue, *Determinants of Public – Private Partnerships in Infrastructure*, IMF Working Paper, 2008.

Iossa, E., and D. Martimort, *The Simple Micro – Economics of Public – Private Partnerships*, Working Paper, 2008.

陈婉玲、曹书:《政府与社会资本合作（PPP）模式利益协调机制研究》,《上海财经大学学报》2017 年第 2 期。

罗煜、王芳、陈熙:《制度环境和国际金融机构如何影响 PPP 项目的成效——基于"一带一路" 46 国经验数据的研究》,《金融研究》2017 年第 4 期。

吕红斌:《世界银行 PPP 信息披露框架对我国的启示》,《行政事业资产与财务》2016 年第 10 期。

G.7
中国旅游统计体系改革与创新：
浙江实践

吴雪飞 *

摘　要： 旅游统计是近年中国旅游业的热点话题，各级旅游主管部门非常重视旅游统计改革创新，相继成立旅游数据中心等专门机构加以推动，国家和地方层面的旅游统计研究与创新实践不断走向深入。我国旅游业正进入全域发展的新阶段，旅游统计在产业界定、核心指标、产业测算、基层数据采集等方面面临巨大挑战，在此背景下，浙江省率先启动旅游统计改革创新，在制度设计、基层统计、产业测算和统计数据中心建设等方面大胆创新，积累了宝贵经验，对其他地区推进旅游统计创新改革有一定的借鉴意义。

关键词： 旅游统计　全域旅游　统计创新　浙江

随着我国旅游业现代化进程的加快，旅游在国民经济与国际旅游业的地位快速提升。尤其是近两年，旅游产业融合速度加快，旅游统计数据在全面真实反映旅游产业发展贡献和结构变化方面的难度越来越大。旅游统计体系无论是在方法、制度方面，还是在工作基础方面都越来越难以适应旅游业发展的新情况、新要求。厘清目前我国旅游统计体系中存在的问题，探索既能

---

* 吴雪飞，浙江旅游职业学院工商管理系主任，浙江省旅游局旅游统计数据中心执行主任，研究方向为旅游统计、旅游经济与旅游消费者行为。

解决问题又符合现实条件的改革路径显得极为必要。2015 年 1 月,国家旅游局在全国旅游工作会议上提出"旅游要发展,统计要革命"的急迫要求。浙江省率先开展旅游统计改革,在制度设计、基层统计、接轨国民经济核算体系、旅游统计数据中心建设等方面进行了不懈探索。

一 我国旅游统计体系存在的主要问题

旅游产业的全域化发展推动旅游新产品、新业态层出不穷,旅游产业的边界不断延拓,旅游业作为一个跨部门、跨行业、跨地区的综合性产业的特征全面凸显,而我国现行的旅游统计调查制度还未能完全响应旅游产业全域化发展的新特征,无论是在统计的方法、制度方面,还是在对统计数据的质量管理、处理分析、监测预测等方面,都没能做出及时调整,统计服务已经无法满足全域旅游发展的数据需求,旅游统计工作面临巨大压力。其中比较突出的问题在于总量数据的协调性、指标体系的科学性完整性和基层统计的规范性三方面。

(一)总量数据不协调

反映我国旅游业发展规模的总量指标的不协调主要表现为"横向不可比,纵向不可加"。一是全国数据和地方数据"纵向不可加",我国现行旅游统计调查制度中反映旅游业发展总量的两个主要指标"旅游总收入"和"旅游接待总人次",33 个省(区、市)公布的两项指标数据加总起来数倍于国家旅游局公布的数据。二是旅游产业测算数据与其他产业测算数据"横向不可比",目前旅游产业测算体系与我国的国民经济核算体系还没有完全接轨,旅游产业测算与其他产业测算在方法、指标内涵上不尽一致,造成国家旅游局和国家统计局分别测算的 2015 年旅游业增加值数据不一致。

(二)指标体系不完善

我国现行旅游统计调查制度所采用的旅游统计指标体系还没有完全从

"行业统计指标"转型为"产业统计指标"，目前最突出的问题有两点：一是全域旅游对经济社会的最大贡献在于其综合带动作用，但目前缺少反映旅游产业对国民经济综合贡献的指标。2015 年 8 月，国家旅游局在黄山会议上提出"旅游业增加值对 GDP 的综合贡献"这一指标，并公布了全国的数据，但测算方法对基础数据要求比较高，大部分地方目前还无法开展测算。二是指标体系没有呼应旅游产业的全域化发展格局，没有反映旅游业对社会发展贡献的指标，如居民出游率、游客满意度、旅游带动居民增收、旅游竞争力等；没有反映出境旅游市场的指标，如居民出境旅游人数、境外旅游花费、在某国停留时间等，使中国旅游服务贸易规模无法测算。

（三）基层统计不规范

在我国的旅游统计调查制度中，县级旅游行政部门和旅游企业是两个最基层的填报主体。就县级旅游行政部门而言，由于旅游统计员大多是身兼数职，缺乏专业培训，加之专项资金不足、行政考核指标不科学等，在开展旅游统计工作时对制度规范的执行往往不到位，甚至出现企业报表汇总与综合测算结果脱节的现象。就旅游企业而言，其中大部分是中小企业，内部管理不规范、统计人员流动性大、统计业务知识培训不到位、不及时等因素都造成企业报表填报不够规范，数据质量不理想。

二　浙江省旅游统计改革的创新探索

浙江省自 2012 年试点国家旅游局《国内旅游接待统计指标体系方案》以来，一直寻求在省级层面解决上下数据不协调、指标体系不完善、基层统计不规范的问题，于 2015 年 6 月启动旅游统计改革试点，2016 年 4 月成立了浙江省旅游局旅游统计数据中心；同年 11 月旅游部门和统计部门共同召开了全省旅游统计工作会议暨县域旅游统计改革试点经验推广会；2017 年 5 月两部门又联合出台了《关于开展全省全域旅游统计工作的通知》，全面梳理前期县域试点经验，并在此基础上，以旅游产业测算为核心，规范了全域

旅游背景下的旅游产业统计范围与旅游产业测算方案，为构建适应于全域旅游发展的旅游统计体系打下了扎实的基础，为全国旅游统计体系改革提供了试点经验。

（一）有利于推进旅游统计改革的制度设计

浙江将旅游业定位为带动全省产业结构升级转型的七大重要战略性支柱产业之一，2012年做出把旅游业打造为万亿产业的战略部署，2014年起把"旅游业增加值占GDP的比重"这一指标纳入省委对各设区市党政领导班子实绩考核评价指标体系，紧接着2015年开始又把县域生态旅游业发展指标纳入对淳安等26个生态县的发展实绩考核。旅游万亿产业定位的确立和旅游考核机制的建立，一方面倒逼旅游和统计两个部门加快合作，共同开展市、县两级旅游产业测算，确保了测算结果的公信力，以及与其他产业的可比性，更重要的一方面是使各级党委政府充分认识到旅游统计工作的重要性和系统性，为下一步推进旅游统计改革铺平了道路。

2016年初，浙江省旅游局把旅游统计改革作为年度六大专项行动之一进行重点部署，着手进行省级层面的旅游统计改革顶层设计和制度安排。也正是在此背景下，于同年4月成立旅游统计数据中心，以加强力量进一步统筹整合相关涉旅部门的统计资源，建立健全涉旅统计数据信息共享机制，利用部门大数据完善旅游统计数据收集、整理、评估、分析工作。2016年底，省旅游局又明确把旅游统计工作作为浙江省全域旅游示范县创建的前置条件，实行"一票否决"制，以此加快旅游统计改革在基层铺开的速度。

（二）有利于激发基层创新能力的县级试点

旅游统计改革没有现成的经验可借鉴，必须要摸着石头过河。浙江选择了在旅游统计工作最薄弱的县级率先试点。2015年6月，省旅游局联合省统计局选择长兴和天台两县开展县域旅游统计改革试点，试点工作历时近一年半，为全省全面推进旅游统计改革提供了宝贵的经验。

长兴县以县域旅游业增加值测算为试点的核心任务，研究旅游业对国民经济的贡献以及对相关产业的拉动作用，完成了三个方面的创新性工作：一是明确了旅游统计的范围，在三经普数据的基础上，对长兴涉旅单位进行了全面清查和维护，形成了全面、准确的旅游产业基础名录库；二是提出"旅游业法人单位"和"旅游集聚区"两个新的概念，使旅游统计有重点，极大解决了乡村旅游漏统的问题；三是建立了县域旅游增加值测算的基本框架，用经过简化的收入法测算县域旅游产业增加值。

天台县以制度创新为试点的核心任务，从旅游统计口径调整入手，着力于完善乡镇一级的旅游统计基础工作，贡献了三个方面的经验：一是在旅游统计的内容及范围界定上，从仅针对景区、旅行社、星级酒店的行业统计，到覆盖"吃、住、行、游、购、娱"旅游六要素和"商、养、学、闲、情、奇"旅游拓展六要素，能够较为全面地反映旅游业带动和促进经济社会协调发展的成果；二是建立了一张横向到边、纵向到底的基层旅游统计工作网络，改变了旅游统计工作体系只延伸到县和纳入行业管理的企业（景区、旅行社和星级酒店），将旅游统计工作体系拓展到乡镇（街道）和旅游特色村，并覆盖了工业旅游、旅游装备制造、旅游化市场等涉旅单位；三是建立起反映天台旅游产业特性的《天台县旅游统计制度》，针对天台以乡村旅游为主的产业结构特点，将涉旅单位分为六个类型，对不同类型单位的旅游统计报送分析制度进行了规范。

（三）有利于接轨国民经济核算体系的产业测算

目前浙江在省、市、县三级有序开展产业测算工作，旅游部门负责提供相关基础数据，统计部门负责测算和发布，两个部门紧密合作，稳步推进旅游产业测算与国民经济核算体系的接轨。浙江省旅游局与省统计局从 2005 年开始联合开展旅游卫星账户研究，省统计局从 2007 年开始每年发布"旅游业增加值"、"旅游业增加值占 GDP 的比重"和"旅游业从业人员数"等产业测算指标值。全省所有设区市和 26 个生态县也从 2014 年开始逐步开展旅游业增加值测算工作。2015 年旅游和统计两部门联合启动旅游统计改革以后，省统计局又增加了"旅游业总产出"指标。

2017 年 5 月，为配合全省推进全域旅游战略，旅游和统计两部门以产业测算为抓手，启动了全域旅游统计改革，加快旅游统计从行业统计向产业统计拓展。主要工作内容包括：开展全域旅游产业界定，以划定与全域旅游相匹配的统计范围；建立全域旅游产业名录库，为丰富、完善旅游产业调查方法打好基础；开展以全域旅游产业总产出、增加值和从业人员数为核心指标的全域旅游产业测算。按照计划，县一级的旅游产业测算工作将在 2018 年覆盖到全部县（市、区），届时，省、市、县三级旅游产业测算体系将与国民经济核算体系全面接轨。

三　浙江省旅游局旅游统计数据中心的建设

浙江在旅游统计改革试点的关键时点上响应国家旅游局的要求，快速组建旅游统计数据中心，并指导统计中心平稳运转，有效承担起部门统计职能，在推进全省旅游统计改革的过程中发挥了积极的作用，在类似机构的建设和运行上也为其他地方探索了一条可行之路。

（一）组建：创造性地整合资源

为推进全省旅游统计改革，强化部门统计职能，提高旅游统计的专业性，浙江省旅游局创新机构设置，依托浙江旅游职业学院旅游统计研究所的技术力量，组建浙江省旅游局旅游统计数据中心，报省编办备案后，于 2016 年 4 月正式发文，自此，省旅游局将部门统计工作的重心逐步有序地移交给统计中心，到 2017 年 1 月正式挂牌，统计中心已经能够顺利承担起基础旅游统计、旅游经济运行监测分析、旅游产业测算、旅游统计数据管理和信息发布、培训指导地方旅游统计工作等部门统计的主要职能。统计中心在业务上接受省旅游局的直接领导，日常运行和人事纳入学院统一管理。

统计中心根据工作需要灵活设置岗位，分领导岗位、专职岗位和兼职岗位三种。目前统计中心有主任和执行主任两个领导岗位，主任由浙江旅游职业学院分管副院长兼任，全面负责统计中心的各项工作，并保障统计中心在学院的协调能力，执行主任由一位在学院任教的旅游统计专家兼任，主要负责统计中心的技术工作以及与省旅游局、省统计局相关处室的协作；专职人员 3 名，分别负责常规统计、数据分析和数据管理，确保部门统计所要求的各项职能得到高效履行；兼职人员主要以委托课题的方式开展研究工作，以浙江旅游职业学院的专业教师为主，目前与统计中心长期合作开展课题研究的教师有 6 名，为制订旅游统计改革方案、全域旅游产业测算方案等全省旅游统计的重点难点工作提供了十分有针对性的研究成果。

（二）工作：创新性地服务热点

统计中心成立之时正值全国全域旅游如火如荼地展开，现有的旅游统计调查制度已经无法适应旅游产业的全域化拓展，旅游统计指标体系也难以描绘全域旅游的发展图景和发展成果。统计中心抓住机遇，成立之初就围绕全域旅游这一发展主题，在旅游产业综合贡献度测算和技术平台建设两方面取得了一些成效，为浙江全域旅游示范区创建提供了必需的数据支撑。

建立了"旅游产业对 GDP 的综合贡献"省级测算模型。这一指标是国家旅游局于 2015 年提出的用于反映旅游产业对国民经济的综合贡献度的发展水平指标，也是评价一地全域旅游发展水平的重要指标。这一指标的测算方法在理论上已经比较成熟，但一般用于国家层面的测算，并且对基础数据的要求比较高，开展省级测算的难度非常大。统计中心于 2016 年 7 月着手这一指标的省级测算模型研究，在浙江旅游卫星账户的基础上，应用 2012 年全省投入产出表，研发出一个可操作性强的简化模型。此模型经过了省统计局的评估和认可。应用该模型测算出 2016 年浙江省旅游产业对 GDP 的综合贡献率为 16.76%，这一数据作为反映浙江旅游产业贡献的权威指标值，被浙江省旅游局广泛引用。

搭建省级旅游统计信息化的技术平台。统计中心设计了一个提高旅游统计信息化水平的综合性技术平台，包括旅游基本单位名录库、旅游统计基础数据库、旅游统计填报系统、旅游经济监测系统和一个微信服务号五个子系统。旅游基本单位名录库目前涵盖了全省首批创建全域旅游示范区的县

（市、区）的所有旅游经营单位，包括法人、产业活动单位、个体经营户和无证无照个体经营户，分布于国民经济行业分类标准中的近100个小类和中类行业中，这一名录库与省统计局的基本名录库采用相同字段，实现了共享共建，对摸清旅游产业家底和测算旅游产业增加值具有非常重要的意义。旅游统计基础数据库存储了历年全省各类各级报表的原始数据，旅游统计填报系统和旅游经济监测系统是数据采集系统，采集源头涵盖了全省七千多家旅游行政主管部门、旅游企事业单位和乡村旅游经营点。微信服务号是一个旅游统计信息发布和数据查询的服务平台，宗旨是向全省旅游行政主管部门和旅游企事业单位提供更加丰富便捷的统计服务。目前，各子系统都在建设完善中。

（三）经验：团队协作最重要

浙江省旅游局旅游统计数据中心能够在成立后的较短时间内顺利承接部门统计职能，并有效开展一些具有探索性和创新性的工作，主要得益于团队协作，首先是建设一支既懂旅游又懂统计，同时具有一定研究能力的团队，同时这支团队必须具备与行政体系协同工作的意识和能力。

浙江省旅游局能够在很短时间内在全国率先组建统计中心，正是因为有一支现成的专业团队。浙江旅游职业学院下属的旅游统计研究所自2012年以来承担了历年全省旅游业发展报告的撰写任务，不仅对全省旅游发展有比较全面的了解，同时对我国旅游统计指标体系也有较深的理解，具备快速融入旅游统计工作的基础和能力。正是学院旅游统计研究所的团队支撑着统计中心顺利走过初创时期，将专职的统计员、数据分析员和数据管理员逐步引进和培养起来，并在旅游综合贡献度测算、全域旅游产业界定、旅游投资分析等领域开展了卓有成效的研究，为浙江旅游统计改革提供了十分有针对性的理论依据。

统计中心作为一个行政体系外的技术部门，能够顺畅履行部门统计职能，离不开行政体系的支持和认同。统计中心在处理旅游统计的各项业务时，十分注重与省旅游局保持紧密沟通和高度协调，对地方旅游统计工作也秉承服务第一的宗旨，从而得到全省各级旅游部门的认同，在统计数据的催报、审核、推算、发布等各个环节得到市县旅游部门的大力支持，确保了部门统计职能的平稳过渡。

四　对我国旅游统计体系的思考与建议

（一）实施科学有效的数据质量管控

数据质量是统计的根本，统计数据真实准确不仅是统计工作的生命线和最高目标，更是影响政府部门决策与公信力的重要因素。旅游统计数据"横向不可比，纵向不可加"的问题长期困扰旅游部门，给旅游统计数据的权威性和应用推广带来不利影响。原因是多方面的，缺乏科学有力的数据质量控制是非常重要的一个方面。

提高数据质量，最重要的是从基层入手。旅游统计数据质量控制最薄弱的环节在基层，基层统计工作是数据采集的源头，是全部统计工作的基础，只有基层统计数据真实准确、完整及时，才能保障上一级统计数据的真实准确、完整及时。所以，采取科学有效的基层报表数据质量管控措施是提高旅游统计数据质量的核心。有条件的地区，旅游部门可与统计部门联合开展基层统计数据质量督察与教育，深入查摆统计数据的失真风险点，有针对性地杜绝漏洞隐患，将提高数据质量的理念、规范、手段、要求融入数据填报、审核、统计、测算的全过程。

提高数据质量，有必要建立下管一级、下算一级的管理和质量控制评估制度，旅游人数、收入、旅游业总产出、增加值等核心指标必须由上一级主管部门审定后才能使用和发布，这样可以在很大限度上杜绝数据之间相互矛盾、上下数据不衔接或数出多门的现象。

（二）应用新型高效的统计调查方法

大数据应用既能让旅游统计获得更加客观真实的外部数据，也能了解更

加丰富完整的调查总体情况，提高数据采集效率，是使统计调查数据变得更加真实、准确、全面、及时的新型技术手段。目前，运用大数据技术进行辅助调查的条件已经基本具备，比如利用移动运营商对手机的定位、监控技术可以统计其他省市手机用户当日漫游进入到当地的用户数量和漫游进入驻留时长，通过大数据算法处理，基本能够实时反映访游客量和驻留时间，依靠传统的旅游统计调查技术显然无法如此高效快捷地生产统计数据。旅游统计在我国的部门统计中较早开展了大数据的应用研究，国家旅游局和部分省份相继成立旅游数据中心，开展了一些大数据技术在旅游统计中的应用探索，目前国家旅游局已经在使用大数据技术预测和监测国庆长假等旅游高峰期的出游情况。但由于旅游大数据还没有被纳入统计调查制度体系，大数据技术本身不够成熟，通过大数据技术得到的统计结果与传统统计调查方法得到的结果还不是十分一致，进一步导致各地在使用大数据统计结果时比较谨慎，与传统旅游统计指标的融合度并不高。

旅游统计以大数据、云计算在统计工作中的应用为突破口，从全国层面加快旅游统计云建设，对包括大数据在内的各类数据资源进行深度整合，达到共建共享，真正打破部门间和地区间的"信息孤岛"，实现"数据上云"；创新数据采集、处理、存储、分析、发布、服务等，进一步再造旅游统计生产流程，实现"业务上云"。

（三）提供丰富便捷的旅游统计服务

我国旅游部门积累了长期的、海量的统计数据，借助各级旅游数据中心的技术力量和高校、研究机构的专业团队，可以开发出非常多样的数据分析产品，向政府和主管部门提出务实管用的政策建议，为旅游行业企业和旅游投资机构提供丰富可靠的统计分析服务。比如，国家旅游局于 2012 年开始试点的国内旅游接待统计调查方案，调查对象全面覆盖了星级饭店、非星级法人单位和非星级个体经营户，22 项调查指标和基本信息表涉及住宿单位方方面面的情况，仅浙江一省就积累了上百万条数据，其中蕴含了大量的宝贵信息，在住宿设施投资、行业管理、旅游发展评价等方面都可作为十分重要的依据。遗憾的是，这些数据还处在沉睡中。

旅游统计工作既要生产数据，保证数据发布的及时性，还有非常广阔的服务空间，旅游产业的战略地位和旅游经济的发展形势也十分需要更加多样、便捷的统计分析产品。旅游统计工作者完全可以充分发挥自身了解数据来源、掌握指标内涵的优势，通过总量与结构、宏观与微观、现状与趋势、定量与定性分析，洞察旅游经济的发展方式和形势变化，及时发现对旅游产业发展大势有影响的苗头性、倾向性问题，廓清旅游经济运行之"形"，把握旅游经济发展之"势"，为政府、旅游行业企业、旅游研究机构提供丰富高质量的统计服务。

（四）开展旅游新业态的统计研究

大众旅游时代，各级政府、部门和社会各界都非常重视旅游新业态的发展，对反映新业态发展的统计数据也十分关注。比如"民宿在浙江的发展是否过热""旅游在线交易占到旅游市场多少份额"这些问题就在近一两年引起浙江各级旅游部门、旅游创业投资领域和社会各界的广泛讨论。遗憾的是，现在还难以提供全面准确反映民宿、旅游电子商务等新业态的发展规模和经营水平的统计数据，因此对这些问题的讨论也无法形成明确的答案，既不利于政府对新业态的引导管理，也不利于旅游投资的风险评估。

全面、真实、准确、及时地反映新业态发展是下一阶段旅游统计改革的重中之重。建议：一是加大对新业态的经济内涵和消费活动特征的研究，在此基础上，从量的方面对其规模、结构、速度、效益等做出统计上的界定，为开展新业态的统计调查奠定基础；二是设计适应新业态经济活动内容的统计调查指标，保证口径统一、分类目录一致，在此基础上再进一步研究拓展分析评价指标；三是探索科学反映新业态发展的统计调查方法。新业态统计要有新方法支撑，既要广泛应用工商企业登记信息、税务企业信息和企业法人库信息等行政记录，也要科学采纳行业协会和大数据公司的基础信息，以及时掌握新业态企业的变化情况，积极探索网上调查系统来收集旅游电子商务、旅游互联网金融等信息。

参考文献

张辉、范容廷、郝玉玮：《中国旅游统计问题与改革方向》，《旅游学刊》2016 年第
4 期。

李享、吴泰岳、王梓利、卢慧娟：《旅游统计科学性与测算的可比性》，《旅游学刊》
2016 年第 4 期。

李瑛、黎洁：《中国旅游统计体系与国际标准的差距及解决对策研究》，《中国旅游
评论 2011》，旅游教育出版社，2011。

融合创新

Amalgamation & Innovation

G.8
中国旅游小镇的历史与未来

魏小安*

摘　要： 2016 年 7 月，三部委发布了《关于开展特色小镇培育工作的通知》，国内迅速掀起了特色小镇建设的热潮。作为以旅游为主体功能、以文化为主题吸引、以新型生活为主导基础、以未来发展为主要引领的旅游小镇，需要探索新型的模式，开拓新的领地。传统旅游领域要转型升级，新兴旅游领域要开拓进取，泛旅游领域要彰显未来。未来旅游小镇的发展要注重文化、创新和细节，把握好休闲时间增加和空间增长之间的联动关系。

关键词： 旅游小镇　特色小镇　泛旅游

---

* 魏小安，世界旅游城市联合会专家委员会主任，中国社会科学院旅游研究中心特约研究员，中国旅游协会休闲度假分会秘书长，研究方向为旅游政策制定、理论研究和发展实践。

一　关于旅游小镇

2016 年 7 月，三部委发布了《关于开展特色小镇培育工作的通知》，计划到 2020 年培育 1000 个左右的特色小镇，之后发布了第一批 127 个小镇名单。2017 年 7 月又发布了第二批 276 个小镇名单。此后，国内迅速掀起了特色小镇建设的热潮。部署、政策、资金、渠道、申报、标准，全都在轰轰烈烈地推动，并处于不断调整中。究竟应该如何理解和建设旅游小镇，是值得探讨的问题。

（一）旅游小镇是什么

纵观国内外，小镇可以分为如下几种。

第一类是历史小镇。这些小镇是乡村的集聚、城市的延伸、交通的节点、商贸的集聚、文化的体现。这种小镇在中国历史上有很多，比如很多水陆码头一定是小镇，很多商贸的节点也是，还有很多物品制造的集中区域，尤其在江南非常多。

第二类是欧美当代小镇。这些小镇包括文化小镇、教育小镇、名人小镇、总部小镇、创意小镇等。瑞士有一个小镇，就是一个食品企业集团，小镇 2 万多人都为这个集团服务，是一个集团小镇。类似这样的小镇并不多。产业小镇有它的特殊性，很难具有普遍性。欧美这些当代小镇是在自然而然的生长过程中产生的。比如，牛津、剑桥就是教育小镇、院校小镇；比如莎士比亚小镇是一个名人小镇。这些小镇都具备旅游功能。

第三类是中国当代小镇。中国的当代小镇与欧美当代小镇有所不同，也分为几种。第一种是因制造业的集聚而形成的制造业小镇，比如温州。第二种是商贸集聚形成的商贸小镇，这在全国非常普遍。第三种是文化集聚形成的文化小镇，比如乌镇。中国当代的小镇，真正称得上旅游小镇的不多。

究竟什么是旅游小镇，可简单归结为如下四个要素：以旅游为主体功能；以文化为主题吸引；以新型生活为主导基础；以未来发展为主要引领。

历史上，这些旅游小镇是自然形成的，也可以说"无心插柳柳成荫"。尤其是很多古镇，建设的时候没有旅游的概念，可是培育了这些文化资源、景观资源、生活资源，自然而然就形成了旅游小镇的格局。而现在我们要强力打造，反而有可能"有心栽花花不开"。这就需要探索新型的模式，开拓新的领地，但在这个过程中不能一哄而上。

（二）旅游小镇的培育条件

从国际经验来说，培育条件包括民间自发形成和市场集聚形成，努力做到文化特色突出、类型化突出，实现小而精、小而美、小而文、小而活、小而特。比如，海德堡突出的是文化高端；牛津剑桥打造的是教育小镇；而瑞士则是典型的生活小镇。

从国内经验来看，浙江小镇建设也有不少值得借鉴之处。一是靠近城市，可以充分借助城市基础设施优势，可以充分承接市场的外溢。二是块状产业，可以依托历史格局，实现当代扩张。三是民间集聚，包括资金、人才、项目。四是群体依托，比如阿里群、海龟群。但是这些经验是否具有普适性，值得认真思索。

二　旅游小镇的发展格局

（一）三个领域

一是传统旅游领域转型升级，旅行社、饭店、景区、娱乐、购物。二是新兴旅游领域开拓进取，交通格局决定旅游格局，休闲度假满足新兴需求，新技术初露头角。三是泛旅游领域彰显未来，超越工业化发展，配套城市化发展，对应新生活需求，推进世界化发展，实际上旅游小镇一定意义上是泛旅游领域。旅游资源无限制，差异吸引；旅游行为无框架，合法底线；旅游体验无穷尽，古今中外；旅游消费无止境，兴高采烈；旅游产业无边界，全面覆盖；旅游发展无约束，创意为王。

（二）新兴领域

这里面包括很丰富的内容。例如：（1）度假发展：资源不足，逐步调整；产品不足，需求外溢。（2）温泉发展：资源较多，发展迅猛。周边市场，大众产品，同质化强，竞争激烈，消费喜新厌旧，逐大弃小。（3）营地发展：势头猛，扩张快，政策不清，模式未成。（4）户外运动、山地运动、水上运动、低空运动将大行其道。（5）古城古镇古村庄、古道古关古街区、古渡古树古庄园等引起关注。（6）主题酒店、精品酒店、高端民宿等蓬勃发展。（7）文化休闲和城市度假。（8）旅游综合体。（9）旅游特色小镇。大体上现在新兴的旅游领域涉及以上九个方面。

（三）旅游小镇的发展形式

目前形成了这样几种不同的发展形式。一是整体进入，全面开发。从小镇加旅游到旅游加小镇，康养小镇、文化小镇、航空小镇、运动小镇、艺术小镇，林林总总。说到底都是泛旅游的小镇，难在主题设计，要极力避免千镇一面。二是借助资源，逐步推进。景区带小镇，格局已成。山水促小镇，形成标配。比如灵山拈花湾。三是放大古村，深化古镇。比如乌镇和乌村，就是一个很好的组合。四是搭车进入，形成配套。比如袁家村的模式，袁家村已经不是村的概念了，已经是一个镇的概念，一批房地产公司都进去了。因为有消费、有市场、有品牌，而形成了集聚。五是综合格局，提升品质。比如杭州的良渚文化村。这本是一个房地产项目，但是做得很有新意，制订了一个39条的"良渚宪章"，都是业主为了提高社区品质、方便大家生活而设计出来的。

三　旅游小镇的未来

（一）旅游文化

旅游是文化的载体，旅游要承载文化精神，表达文化内容，创造文化形式，说到根本旅游是一种新的生活方式，本身就是文化的集中，所以旅游与文化是天然的结合，一而二，二而一。文化是旅游之魂，特色是旅游之基，环境是旅游之根，质量是旅游之本。因此，旅游工作者要比文化工作者更重视文化的挖掘，要比城建工作者更重视城市特色的营造，要比环境工作者更重视环境的绿化与美化，要比文物工作者更重视文物的保护，加强旅游目的地的环境保护和文化多样性建设势必成为旅游发展的重中之重。

可以概括为三句话：以突出的特色为文化形式，以多样化的品位为文化内涵，以人本主义精神为文化本质。文化形式的基本要求是突出的特色，而不是一般的表现，更不是雷同化。主要的具体表现形式是资源的独特性、建筑形式的独特性、环境的独特性以及三者之间的协调性。文化内涵的基本要求是多样化的品位。主要的具体表现形式是品类的丰富、味道的厚重、展示的精美、内涵与形式的统一和谐。文化本质的基本要求是人本主义精神。对于中国这个具有几千年皇权主义传统和官本位意识的国家来说，缺乏人本主义精神是我们与旅游发达国家最大的差距，尤其是从大众旅游角度来看更为突出，文化创新的最主要的工作也首先要放在这方面，要在各个细节上体现对人的关心和尊重。从这一文化本质出发，在建筑格局上要注重结构合理、功能完善，在设施配置上要处处为客人着想，要努力强化服务意识，提高服务质量。

（二）创新的把握

创新的把握要注意如下几个方面的问题。一是异质文化。作为旅游小镇，异质文化的把握是发挥特色的根本，对海外要弘扬中国特色，对国内要弘扬地方特色和民族特色，对本地要弘扬自我特色。这样就需要在各个方面研究历史化、民族化、乡土化、个性化等问题。二是同质文化。大众化的旅游需要商业化的运作，也要求现代化的设施。从这一点来说，世界各个国家，国内各个旅游区（点）都是相同的。如住宿设施、厕所设施以及各类公共设施，都要提升到文化高度来认识、操作。三是异质文化与同质文化的有机结合。这就要求一部分相应的设施要达到异质外观，同质内涵，民族化

的形式、现代化的内容。四是管理和服务文化，本质上也是同质文化，具有相通性、普遍性。五是形成视觉震撼力、历史穿透力、文化吸引力、生活沁润力、快乐激荡力。

（三）注重细节

文化的感觉不仅体现在大面上，更重要的是体现在细节上，细节产生吸引力，细节创造竞争力。常常是在细节上，使旅游者产生好或不好的感觉。设计者、建设者、管理者和服务者，往往对细节不够注重，甚至漫不经心。也正是在细节上，体现了文野之分、高下之分。细节的一丝不苟，不仅体现了严谨的工作精神，更表现出了深厚的人文关怀态度。要使我国的旅游小镇的综合素质尽快达到国际水平，进一步达到国际先进水平，也必须在细节上下大功夫。从投入产出的角度看，细节不需要大投资，但能得到更好的效果。或者说，不需要资金的大投入，但需要文化的大投入；不需要硬件的大投入，但需要软件的大投入，需要旅游工作文化意识和文化素质的大提高，最终是需要我们的情怀和情感的投入。

（四）旅游小镇的未来发展

科学技术加速度发展，机械化解决了人类的重体力劳动问题，智能化解决了人类的重复性劳动问题。未来会发生两个重大变化：一是大量劳动力释放，二是闲暇时间不断增加。将来的劳动领域会集中于创造性劳动、情感性劳动、休闲性劳动、服务性劳动。就业领域将集中于大数据、大智慧、大教育、大健康、大休闲、大服务。随着闲暇时间的不断增长，闲暇空间的要求就会越来越高。将来我们的小镇、城市、乡村，主体都是休闲空间。休闲时间的增加和空间的增长，是一个联动关系。

（五）未来的旅游小镇生活

未来的旅游小镇生活：一是田园生活，城乡一体化，实现家园梦想；二是生态生活，低碳环保，先规划小动物的生存空间，再规划人的生活空间；

三是森林生活，实现生物多样性、多元化；四是文化生活，既有传统经典，又有现代时尚；五是艺术生活，实现美就是生活、人的艺术和艺术的人；六是情感生活，摆脱冷漠，丰富情感；七是邻里生活；八是立体生活，即立体绿化、立体产业、立体空间；九是幸福生活。这就是我们未来的生活追求。生活在大城市尤其是特大城市可能很难有这样的生活，但在旅游小镇，是完全可以实现的。

G.9
中国体育旅游特色小镇发展

曾博伟　张晓宇*

摘　要： 随着中国经济结构的调整和人们消费观念的改变，人们开始
注重享受生活。近几年，体育旅游成为人们热议的话题，而
体育旅游特色小镇在政府的大力支持下开始发展。体育旅游
特色小镇在我国发展较晚，需要借鉴欧美等发达国家成功的
发展经验，并结合我国的实际情况，建设既能满足体育旅游
消费者需求，又能健康可持续发展的体育旅游特色小镇。

关键词： 旅游业　体育旅游　特色小镇

一　体育旅游特色小镇在中国的发展

随着人们生活水平的日益提高，在"健康中国，全民健身"战略和体
育产业快速发展背景下，以"体育产业＋特色旅游"为创新方向的体育旅
游特色小镇应运而生。据预测，到 2020 年，体育旅游总人数将达到 10 亿人
次，占旅游总人数的 15%，体育旅游总消费规模将突破 1 万亿元。就目前
而言，我国体育旅游仅占旅游行业的 4% 左右，而发达国家则占 25% 左右，
由此可见，我国体育旅游的市场前景非常广阔。由体育旅游发展而形成的体

* 曾博伟，北京联合大学旅游学院中国旅游经济与政策研究中心主任、副研究员，研究方向为
旅游政策、旅游发展战略及体育旅游；张晓宇，博士，北京联合大学旅游学院讲师，研究方
向为旅游度假管理、影视旅游和体育旅游。

育旅游特色小镇也受到了前所未有的关注。

国外的体育旅游特色小镇已日趋完备，早在18世纪中后叶，法国的沙木尼小镇就开始发展体育旅游，在1924年奥运会后，这里逐渐成为体育旅游者向往的地方，经过多年的发展这里已经成为体育旅游特色小镇的一个代表。在欧美等发达国家，由于体育旅游特色小镇的发展较早，经过百年的摸索与发展，现今已经形成了一套非常成熟的体系。

在中国，封建社会的农耕生活限制了人们出行旅游，后来由于战争等因素，进一步限制了我国体育旅游特色小镇的发展。直到改革开放，中国经济高速发展三十年后，随着人们可支配收入的增加以及体育消费意识的增强，体育旅游特色小镇才逐渐得到发展。

2016年7月，住建部、国家发改委、财政部联合下发《关于开展特色小镇培育工作的通知》，要求到2020年培育1000个左右各具特色、富有活力的特色小镇。2016年10月，国务院办公厅提出要鼓励各地方积极培育以健身休闲为特色的示范区[①]。之后国家旅游局和国家体育总局联合发布了《关于大力发展体育旅游的指导意见》，该意见指出到2020年，将在国内构建出100个具有特色并且具有重要影响力的体育旅游目的地，也就是体育旅游特色小镇。2017年5月，国家体育总局发布《关于推动运动休闲特色小镇建设工作的通知》，明确指出到2020年，在全国扶持建设一批体育特征鲜明、文化气息浓厚、产业集聚融合、生态环境良好、惠及人民健康的运动休闲特色小镇。在国家体育总局的文件中，明确指出运动休闲特色小镇要形成以下特色。

（1）特色鲜明的运动休闲业态。聚焦运动休闲、体育健康等主题，形成体育竞赛表演、体育健身休闲、体育场馆服务、体育培训与教育、体育传媒与信息服务、体育用品制造等产业形态。

（2）深厚浓郁的体育文化氛围。具备成熟的体育赛事组织运营经验，

---

① 张清华、宋年春：《体育特色小镇构建背景下崂山区体育旅游 SWOT 分析与对策研究》，《辽宁体育科技》2017 年第 3 期。

经常开展具有特色的品牌全民健身赛事和活动，以独具特色的运动项目文化或民族民间民俗传统体育文化为引领，形成运动休闲特色名片。

（3）与旅游等相关产业融合发展。实现体育旅游、体育传媒、体育会展、体育广告、体育影视等相关业态共享发展，运动休闲与旅游、文化、养老、教育、健康、农业、林业、水利、通用航空、交通运输等业态融合发展，打造旅游目的地。

（4）脱贫成效明显。通过当地体育特色产业的发展吸纳就业，创造增收门路，促进当地特色农产品销售，在体育脱贫攻坚过程中树立典范。

（5）禀赋资源的合理有效利用。自然资源丰富的小镇依托自然地理优势发展冰雪、山地、户外、水上、汽车、摩托车、航空等运动项目；民族文化资源丰富的小镇依托人文资源发展民族民俗体育文化。大城市周边重点镇加强与城市发展的统筹规划与体育健身功能配套；远离中心城市的小镇完善基础设施和公共体育服务，服务农村①。

体育旅游特色小镇在我国发展较晚，但随着人们需求的增加、消费意识的提升以及政策方面的鼓励与支持，在未来一段时间内，我国将迎来体育旅游特色小镇发展的黄金时期。

二　体育旅游特色小镇的特征与主要类型

体育旅游特色小镇是以体育健康为主题和特色，集产业功能、健身休闲功能、运动体验功能、体育赛事功能、旅游及文化展示等功能于一体的，产业定位明确、体育内容丰富、文化内涵鲜明、宜业宜居宜游的新型空间载体。

（一）体育旅游特色小镇的特征

1. 产业特征

体育旅游特色小镇涵盖的范围很广，其核心是锁定小镇当地最具有发展

---

① 《体育总局办公厅关于推动运动休闲特色小镇建设工作的通知》，http：//www. sport. gov. cn/n316/n336/c802334/content. html，2017 年 12 月 13 日。

基础、发展优势和发展特色的支柱型产业，如浙江的信息经济、环保、健康、金融、高端装备等七大支柱产业和广东的轻纺、制造等产业。将各产业与体育旅游相融合，发挥当地特有产业，带动当地的经济发展，进一步提升人们的生活质量。

2. 功能特征

体育旅游特色小镇通常为"产业、文化、旅游、社区"一体化的复合功能载体，在这样的小镇中，通常会有多种体育旅游运动项目，这些项目的存在会吸引来自国内外的游客到此体验游玩。新西兰的皇后镇就是一个非常具有代表性的体育小镇，在这里一年四季都会有不同的项目来促进小镇各种产业的发展，同时利用不同的运动项目来宣传自己的文化。将体育旅游特色小镇的功能特征发挥得淋漓尽致。

3. 规模体量

体育旅游特色小镇的规模体量一般视产业规模而定，国外的体育小镇大都选择面积不大于10平方公里的地方，人口规模一般在3万~8万人为宜。国内的体育小镇以浙江为例，小镇的规划面积一般在3平方公里左右，建设面积一般会控制在1平方公里左右，在规模体量上会与国外有一定的差异。在借鉴国外优秀的体育旅游特色小镇的经验后，规模体量需要因地制宜、与我国的国情相协调一致。

4. 形态特征

体育旅游特色小镇既可以是行政建制镇，如贵州旧州镇、湖南的上百个特色旅游小镇，也可以是有明确边界的非镇非区非园空间，或是一个聚落空间、聚集区。随着我国人们需求的不断提升，越来越多的体育小镇出现在人们的视野中，这些小镇多以体育运动（航空运动、水上运动、冰雪运动等）为载体，吸引众多的游客参观体验体育运动。

5. 运动项目特征

体育旅游特色小镇一般都拥有特色鲜明的运动项目，依托于该运动项目的精细化发展，逐渐衍生出其他类似的体育项目。在细化中得到进一步的发展，如安纳西成名于滑翔，逐步衍生三角翼、热气球等空中运动；而皇后镇

成名于蹦极，逐步衍生出空中荡秋千、高空滑索、高空跳伞等运动。以满足不同旅游消费者的需求，也为体育旅游目的地的持续发展创造了很好的条件。

（二）体育旅游特色小镇的主要类型

1. 体育休闲类旅游小镇

体育休闲类旅游小镇是指：以良好的生态、地理环境为依托，建设形成多元化的、极具参与性与体验性的体育休闲运动（冰雪运动、水上运动、山地运动、路跑运动等），并面向大众消费的体育小镇。这类体育小镇一般以钓鱼、登山、滑板、骑马、保龄球、网球、羽毛球、游泳、溜冰、潜水、放风筝、划船、冲浪等为主要的吸引点进行规划建设。

体育休闲类旅游小镇一般以一个或几个主要资源项目为吸引点，建设形成以休闲为核心的多个参与型体育项目；塑造体育旅游、体育休闲、体育娱乐、体育教育等特色体育项目旅游聚集区。并充分考虑不同年龄段人群对体育旅游产品的不同需求，对特色体育旅游聚集区内的基础设施、项目产品等进行有针对性的建设。同时在体育休闲类旅游小镇的选址上，也要有针对性的调研，对受众的总数、人们的消费频率、交通的便捷程度等进行分析。

2. 体育度假类旅游小镇

体育度假类旅游小镇是指：以良好的生态自然环境为基础，依托当地独特的地理环境优势，开展相关的体育运动项目，实现旅游度假的目的，而建设形成的体育度假类旅游小镇。这类小镇主要是依靠特殊的地理环境，进行合理的规划、开发，建设成为高尔夫、汽车露营、滑雪等度假类型的旅游特色小镇。

随着人们可随意支配收入的大幅增加，度假旅游对于人们来说已经成为一种调节生活节奏的生活方式。这也加速了国内体育度假类旅游小镇的发展，2012年万达长白山国际度假小镇初步建成，这是以冰雪运动为主要吸引物的体育度假旅游小镇，该小镇借鉴欧美的发展模式，经过合理的规划开发，建成堪称世界级的体育旅游项目。

3. 体育探险类旅游小镇

体育探险类旅游小镇是指：以良好的生态环境为依托，借助独特的地理优势，开发独具特色的体育探险类旅游，实现锻炼身体、修养身心的目的，从而发展形成的体育探险类旅游特色小镇。这类小镇主要借助户外探险、海底探险、沙漠探险、攀岩、滑翔、跳伞等运动项目为小镇的体育旅游吸引物。

随着中国经济的不断发展，越来越多的人开始参与户外运动，特别是一些探险类的旅游活动，攀岩、跳伞等活动深受大众的喜爱。在国外，探险类体育小镇有很多，小镇中的这些活动都是深受人们喜爱的项目，在这里可以放松身心，强健体魄。国外小镇的发展模式是非常值得国内的探险类小镇借鉴、经营的。

4. 体育养生类旅游小镇

体育养生类旅游小镇是指：以良好的生态、地理环境为依托，借助体育运动并结合旅游、度假，实现健康养生的目的，从而发展形成的体育养生类旅游特色小镇。这类小镇主要借助太极拳、瑜伽、保龄球等运动项目实现养生的目的。

在中国，老龄化时代已经悄然到来，特别是北京、上海这样的大城市老龄化情况更加严重，加之中国大陆的食品卫生安全和渐增的生活压力等问题的不断凸显，以及人们越来越高的健康需求，使得体育养生类旅游小镇成为一种人们向往的发展趋势。体育养生类旅游小镇以温泉、负氧离子等独特的康养自然资源或太极拳、瑜伽、禅修等传统的康养人文资源为基础，塑造以体育康体、体育养生、体育修心、体育旅游教育等为核心的特色体育项目旅游聚集区。此类型的小镇多面向较为高端的人群，虽然受众基数较小，但消费频率及消费总额较高。

体育养生类旅游小镇营造的是一种健康的生活方式，这类小镇有特定的目标客户群体，如养生人群、亚健康人群、中老年人群等。并根据这些人群的不同需求，形成有针对性的、完善的硬件配套设施及健康服务。最终，形成一个以运动健康养生为主题的综合性体育旅游目的地。

5. 体育产业类旅游小镇

体育产业类旅游小镇是指：以体育用品或设备的生产制造为基础，纵向上延伸发展研发、设计、会展、交易、物流，横向上与文化、互联网、科技等产业融合发展，打通上下游产业链，最终形成二三产融合发展的产业聚集区。该类型小镇一般分布在大中城市周边。

体育产业类旅游小镇，主要在两个方面进行发展。在体育产业本身方面，确定小镇的发展方向，形成相对完善的体育产业链，并进行延伸发展，实现其配套产业、服务产业、支撑产业的聚集；在体育产业与旅游等其他产业融合方面，选择正确的对接点，以体育产业为核心，有选择性地与文化、教育、养生等产业相融合，扩大受众群体，增加当地的经济收入。

三　体育旅游特色小镇的建设

体育旅游特色小镇项目建设以体育产业链的整合为主，利用各种资源，突破原有的项目推进和开发时序，将后期导入前期，在进行策划规划设计的同时，引入后期的建造、成熟项目、营销、管理、服务、投融资等资源，提升相关项目的有效落地。在建设过程中，体育小镇的关键在于体育产业的培育，可以根据体育产业的相关特性进行延伸。

（一）增加体育旅游产品供给

体育旅游发展成功与否取决于体育旅游目的地是否有特色、当地产品是否能够适应市场需求。想要在激烈的市场竞争中取得优势，就要深入挖掘"旅游＋体育"的多元化和层次化，并根据市场和体育旅游消费者的需求及时进行调整。

目前，体育旅游的深度研究较为缺乏、产品供给结构性短缺，不足以满足消费者在体育旅游方面的需求。因此，体育旅游行业、企业应着重改善供给，提供更多热门、有趣的体育旅游产品，同时还要注重创新精神，让体育和旅游达到更高程度的融合，以增加体育旅游本身的刺激性、趣味性、观赏性、参与性和体验性。

（二）疏通体育与资本的渠道

从欧美等发达国家的体育旅游特色小镇发展的经验来看，冰雪运动、水上运动、航空运动和山地户外运动等占整个体育旅游市场的80%，而这些运动的发展，需要高质量、高水准的软硬件服务。如果没有资本进入体育旅游市场促成产业升级，体育旅游产业化发展将遥遥无期。因此，体育产业与资本市场必须打通，这是让中国体育旅游产业市场化发展的关键。而体育旅游特色小镇的投融资规划就是重中之重。

（三）体育旅游特色小镇的运营模式

体育旅游特色小镇应实现以企业为主体，政府负责小镇的定位、规划、基础设施和审批等服务，引进民营企业建设体育旅游特色小镇的运营模式。

在体育旅游特色小镇的项目建设方面，应通过资源整合，将政府与企业的职能进行明确区分，从而各司其职，为体育旅游特色小镇的健康有序发展创造特有的运营模式。

（四）加强政府引导，多元主体参与

在体育小镇的建设中，政府的引导作用是非常关键的，对于体育旅游小镇的整体建设规划，体育旅游小镇的规模、等级评定等都要做出指导性的规定，还要加大执法力度，规范体育旅游市场。给游客提供一个标准舒适的环境。

企业是投资建设体育小镇的主体，它们一直在寻找市场机会，对资源进行整合，发挥自己的优势，建设体育旅游者希望的特色体育旅游小镇，让广大的体育旅游者能够真切地体验到体育旅游小镇的魅力。最后还需要社会广大群众的参与，有人参加体育旅游小镇的观光、运动，才能真正推动体育旅游小镇的发展。体育旅游者对于小镇的缺点或不足，会有及时的反馈，能够更好地起到监督、纠偏的作用。

（五）全要素、一体化投入

建设体育旅游特色小镇涉及众多方面的管理，如大型节庆活动管理（客流、安保等）、景区管理、酒店管理、休闲商业管理、体育项目相关设备维护管理、旅行社管理等，只有将各个方面进行整合重组，才能达到体育旅游小镇正式运营的要求。也只有将这些要素整合重组后，才能真正为体育旅游者提供良好的旅游、运动环境。

四 中国体育旅游特色小镇的发展意义及问题

（一）体育旅游特色小镇的发展意义

1. 有利于激发体育消费的增长，促进体育旅游业的发展

2016 年我国的旅游行业总收入为 3.9 万亿元，其中体育旅游总收入为 0.17 万亿元，仅占旅游行业总收入的 4% 左右，远远低于发达国家 25% 的占比①。我国的体育旅游处于起步阶段，从数据上来看，我国的体育旅游的发展潜力巨大，市场发展前景广阔。

近年来，我国提出要大力发展体育旅游特色小镇，到 2020 年要培育 1000 个左右各具特色、富有活力的特色小镇，并在国内构建出 100 个具有特色并且具有重要影响力的体育旅游目的地，也就是体育旅游特色小镇。将体育与旅游充分融合，开发建设体育旅游特色小镇，使之区别于观光式旅游，旅游消费者可以在这里进行运动并欣赏美景。这将吸引大量的游客参与体育旅游，市场前景更加广阔，有利于拓展体育旅游市场，激发旅游者进行体育旅游消费，从而促进体育旅游业的发展。

2. 有利于丰富旅游资源，充分满足旅游消费者的各种需求

随着人们生活水平的提高以及生活方式的转变，传统的旅游方式逐渐被

① 蒋清、敬艳:《全域旅游视域下体育特色小镇的开发》,《开放导报》2017 年第 5 期。

人们所舍弃，而开始加入能够参与体验的体育旅游活动中。在体育旅游中，体育小镇的建设极大地丰富了旅游资源，能够满足不同的体育旅游消费者的需求，如航空运动小镇、足球运动小镇、电竞小镇以及马拉松小镇等。

体育旅游特色小镇的细分建设需要因地制宜。多种类型的体育旅游特色小镇极大地满足了各种细分体育运动爱好者的需求，对体育旅游业的发展有着深远的意义。

3. 有利于体育产业与旅游产业的深度结合

随着文化、旅游、教育等产业的不断深化发展，体育产业的跨界融合已经成为一种趋势，体育产业发展规划明确了"提高体育服务业比重"的任务，旅游业发展规划提出了"增加度假型旅游比重"的目标，体育与旅游融合发展形成体育旅游休闲业态，恰好能满足两大产业的发展诉求。体育和旅游融合发展，促成了国内体育旅游特色小镇的诞生，让我国的体育旅游业又迈入了一个新的发展时代。

（二）体育旅游特色小镇发展应注意的问题

1. 内容与形式要创新

体育旅游特色小镇的内容与形式的创新是吸引旅游者的重要因素。在内容和形式上要注重体育运动玩法的创新、商业模式的创新、运营模式的创新、运动场景消费的创新、旅游体验纪念品的创新等。为游客的体验感着想，让游客在游览、运动中感受到创新的要素。为体育旅游特色小镇树立良好的口碑。

2. 其他配套设施要跟上

运动休闲区内场所配套设施要根据相关的规定进行规划、布局、运营。如游客接待中心、停车场、公共厕所、小镇内的指示标牌、休息座椅、健身或休闲步道、公共交通工具、与商业相关的配套设施等。

3. 注重安全保障

小镇要选在无次生灾害威胁的地方，建筑物及各种设施设备应当符合技术和安全标准。在运行过程中要有安全运营规范、高素质的运营管理团队以

及医疗救护体系。在员工、设备等的保险上要有实质的保障。保证设施设备的安全有效运行，将安全保证放在项目筹建的重中之重。

4. 合理开发资源，注重生态循环发展

体育旅游特色小镇有时是选在有自然优势的地理环境中，如滑翔伞需要的场地、自然雪场等。这些在筹建特色体育旅游小镇时都会选在有一定的地势高度的地方进行开发，但是这会导致山体的生态环境遭到不同程度的破坏，因此，在选用相应场地时，要注意对生态环境的保护，保证生态的循环可持续发展。

5. 多与相关联部门沟通合作

体育旅游特色小镇与多个部门都有联系，如国家旅游局、国家体育总局、文化部、国家新闻出版广电总局等。在项目的筹建指示上，肯定要仰仗国家旅游局和国家体育总局的支持。在文化的创意开发上要注重与文化相关部门的洽谈，在后期的运营中，肯定要对该小镇进行宣传，让更多的游客到体育旅游特色小镇进行体验、游览、消费，这肯定离不开国家新闻出版广电总局的大力宣扬与支持。因此，要与相关部门多进行沟通合作。

五 小结

如今的中国，随着经济的不断发展、人们可随意支配收入的增加，越来越多的人愿意参加体育旅游，随之而产生的体育旅游特色小镇将会是体育旅游者参与体育旅游的优选目的地。现今的中国，不断加快的生活节奏以及不断增加的工作压力，使得人们利用余暇时间参加体育旅游活动放松身心、积蓄能量的意识越来越强烈。我国的体育旅游特色小镇起步较晚，要适当借鉴国外成功开发与建设体育旅游特色小镇的案例，结合当地的自然地理情况，建设自然、环保、可持续发展的体育旅游特色小镇。为今后的体育旅游特色小镇的建设发展提供实践经验，引导中国体育旅游特色小镇的发展方向，让这一新兴的旅游形式能够正确、健康、可持续地发展。

在"一带一路"倡议和亚洲基础设施投资银行的带动下，国家出台了一系列发展体育旅游的政策，体育旅游在我国开始稳步发展，体育旅游特色小镇的建设也成为发展体育旅游的重要一环。体育旅游特色小镇的建设，还需要借鉴国外成功的案例，与本国的国情相结合，建设具有自己特点的体育旅游小镇。

参考文献

张清华、宋年春：《体育特色小镇构建背景下峡山区体育旅游 SWOT 分析与对策研究》，《辽宁体育科技》2017 年第 3 期。

《体育总局办公厅关于推动运动休闲特色小镇建设工作的通知》，http：//www. sport. gov. cn/n316/n336/c802334/content. html，2017 年 12 月 13 日。

《体育总局办公厅关于公布第一批运动休闲特色小镇试点项目名单的通知》，http：//www. sport. gov. cn/n316/n336/c819006/content. html，2017 年 12 月 13 日。

蒋清、敬艳：《全域旅游视域下体育特色小镇的开发》，《开放导报》2017 年第 5 期。

G.10
推动旅游与交通融合发展的
举措及建议
——以"大三亚"旅游经济圈为例

赵丽丽　张金山*

摘　要： 交通是影响旅游业发展的先决因素，是旅游者出行考虑的基本因素。不过长期以来，交通因素一般作为外部变量对区域旅游的发展水平及规模产生影响。近些年，伴随综合交通运输体系的不断完善，两者不断出现融合发展的趋势，重点表现为交通的旅游功能不断彰显、特色旅游交通产品形式的不断涌现。2017年2月，交通运输部、国家旅游局等六部门联合发布《关于促进交通运输与旅游融合发展的若干意见》，明确提出加快形成两者相互融合发展的新格局。海南省是全国第一个全域旅游示范省，而"大三亚"旅游经济圈是海南省推动全域旅游发展的示范性地区，是旅游和交通融合发展在全国范围内最具典型性的地区，本文以"大三亚"旅游经济圈为例，分析了"大三亚"地区旅游交通存在的问题，提出了旅游与交通深度融合发展的举措及建议。

关键词： 旅游　交通　融合发展　"大三亚"旅游经济圈

---

* 赵丽丽，中国社会科学院研究生院博士生，研究方向为旅游投融资、旅游交通、旅游规划；张金山，北京联合大学旅游学院副教授，中国社会科学院旅游研究中心特约研究员，研究方向为城市发展与旅游经济、旅游规划、旅游房地产等。

交通是影响旅游业发展的先决因素，是旅游者出行考虑的基本因素。长期以来，交通因素一般作为外部变量对区域旅游的发展水平及规模产生影响。近年来，我国综合交通运输体系不断完善，旅游与交通融合发展已经成为旅游业转型升级发展的新趋势，交通的旅游功能不断彰显，特色旅游交通产品形式不断涌现。2017年2月底，交通运输部、国家旅游局等六部门联合发布《关于促进交通运输与旅游融合发展的若干意见》，明确提出加快形成两者相互融合发展的新格局，提出完善旅游交通网络设施、创新旅游交通产品、提升旅游交通服务品质的具体要求。

一 旅游与交通融合发展的新趋势

（一）骨干交通设施极大改善，目的地旅游交通快速发展

近年来，以高铁、高速公路、航空等为代表的大众交通取得突飞猛进的发展，影响区域旅游发展的骨干交通网络得到明显的改善。截至2016年底，全国高铁营业里程超过2.2万公里，占全球高铁总运营里程的65%。高速公路里程达13.10万公里，位列全球第一。2016年年末共有定期航班通航机场216个，定期航班通航城市214个，全年民用航空完成旅客运输量4.88亿人次，比上年增长11.8%，且还处于快速增长的态势[①]。

骨干交通网络的快速改善，极大地影响了旅游者的时空游览格局，使得旅游者的出行更加便捷、更加快速地前往远途旅游目的地。游客在旅游目的地的快速集聚，刺激了旅游目的地旅游交通游览体系的完善。与此同时，有些大众交通方式也有很强的旅游吸引力，比如有最美高铁之称的合福高铁（合肥－福州），途经巢湖、武夷山、黄山、婺源等重要的旅游目的地，还有海南岛的环岛高铁以及在内蒙古草原、新疆戈壁修建的高速公路，特别是

---

① 《2016年交通运输行业发展统计公报》，http：//zizhan. mot. gov. cn/zfxxgk/bnssj/zhghs/201704/t20170417_ 2191106. html，2017年12月7日。

近些年中国修建的世界上最高的都格北盘江大桥、世界上最长的丹昆特大桥、世界上最长的跨海大桥（港珠澳大桥）等超级桥梁工程，将成为人们观光游览的重要选择。

（二）自驾游成为游客主要出行方式，催生自驾游产品的出现

近些年，我国自驾车保有量迅猛增长。截至 2016 年底，全国机动车保有量达 2.9 亿辆，其中汽车 1.94 亿辆，机动车驾驶人 3.6 亿人。到 2016 年末，全国私人汽车保有量 16559 万辆，增长 15.0%，私人轿车 10152 万辆，增长 15.5%。目前仍继续保持快速增长趋势。全国汽车保有量超过百万辆的城市就有 49 个。2016 年，中国自驾出游人次达到 26.4 亿，比上年增长 12.8%，占国内出游总人次的 59.5%，自驾游出行已经是人们外出旅游的主要方式[①]（见图 1）。

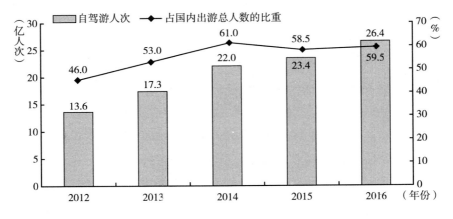

图 1　2012～2016 年自驾游人次及占国内出游总人数的比重

为了应对自驾车旅游的需求，旅游目的地开始大量提供旅游公路、自驾游风景廊道、自驾车房车露营地等交通旅游产品，自驾车游客前往的交通廊道往往作为旅游产品进行打造，沿途还分布停车港湾、汽车驿站、观景平台

[①]　中国旅游车船协会、中国社会科学院旅游研究中心等发布的《中国自驾车、旅居车与露营旅游发展报告（2016～2017）》。

等与旅游相关的设施。自驾旅游方式还刺激了旅游包车、汽车租赁、汽车俱乐部等行业的发展。

（三）旅游需求不断向高级化发展，高端游览方式受游客追捧

即使面对经济新常态，中国旅游经济仍继续保持高速增长的趋势。当前中国旅游市场的大众旅游时代特征表现得非常明显，伴随游客出行频次的增加，游客的旅游需求层次不断提高，以邮轮旅游、游艇俱乐部、房车自驾、包机出行等为代表的高级化交通型旅游产品或服务的需求不断受到追捧。

比如以作为国际高端度假旅游产品的邮轮旅游为例，在 21 世纪初，邮轮旅游在中国还是新生事物，不过从 2006 年开始，中国邮轮旅游市场呈现井喷式增长，到 2015 年就成为全球第四大邮轮市场。上海、三亚、天津、厦门、青岛、大连等沿海城市纷纷建设邮轮母港，皇家加勒比、歌诗达、丽星、公主邮轮等国际邮轮巨头纷纷进军中国。2016 年，我国邮轮游客量达到 439.4 万人次，接待邮轮 955 艘次[①]。再比如房车自驾旅游，近些年，中国的房车保有量快速增长，由 2008 年的 3000 辆迅速增长到 2016 年的 4.5 万辆，房车自驾旅游不断映入人们的眼帘（见图 2），在房车和自驾车旅游的双重推动下，国内还掀起了建设房车自驾车露营地的热潮。

（四）低空空域管理体制改革创新，鼓励产生新的交通旅游项目

低空空域在中国原则上是指真高 1000 米以下的垂直范围，该空域蕴含有巨大的观光游览价值，适合通用航空器和低空飞行器的飞行，最为适合开展旅游、娱乐以及运动。近些年，中国开始探索开发低空领域。2010 年 8 月，国务院、中央军委印发了《关于深化我国低空空域管理改革的意见》，提出在低空空域管理领域建立起科学的理论体系、法规标准体系、运行管理

---

① 世界旅游城市联合会：《世界邮轮旅游城市概况及中国邮轮旅游发展报告》，2017 年 6 月 1 日。

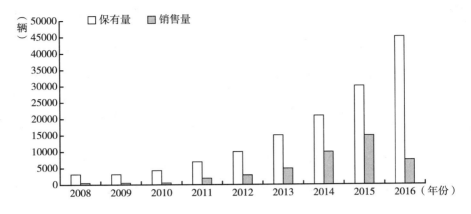

图2　2008～2016年中国房车保有量和销售量

体系和服务保障体系。目前已经开始在沈阳、广州飞行管制区，海南岛、长春、广州、唐山、西安、青岛、杭州、宁波、昆明、重庆飞行管制分区开展改革试点。

2016年5月中旬，国务院办公厅又印发了《关于促进通用航空业发展的指导意见》，提出扩大低空空域开放，明确要求科学规划空域、优化飞行服务、提高审批效率。随着低空空域划分不够合理、法规制度不够健全、政策措施不够配套、安全责任不够明晰、服务保障不够完善等一系列问题的不断解决，低空飞行、低空观光、低空跳伞等新型的旅游产品形式有望快速发展。

（五）目的地旅游发展理念全域化，呼吁构建全域化游览网络

当前，全域旅游成为指导区域旅游发展的新理念。2016年1月，在海口召开的2016年全国旅游工作会上，国家旅游局李金早局长发表了题为《从景点旅游走向全域旅游　努力开创我国"十三五"旅游发展新局面》的讲话，随后国家旅游局积极开展国家全域旅游示范区的创建活动，至今已经公布了两批共500家全域旅游示范区创建单位。2016年9月，习近平总书记在宁夏考察时指出"发展全域旅游，路子是对的，要坚持走下去"。2017

年3月，李克强总理在政府工作报告中提出，完善旅游设施和服务，大力发展乡村、休闲、全域旅游。这标志着全域旅游上升为国家战略。

全域旅游是指在一定区域内，以旅游业为优势产业，实现区域资源有机整合、产业融合发展、社会共建共享，以旅游业带动和促进经济社会协调发展的一种新的区域协调发展理念和模式。旅游发展，交通先行。全域旅游呼唤全域化的交通游览网络，全域旅游发展理念推动了旅游目的地旅游与交通的深度融合发展，推动交通运输项目和服务的旅游功能越来越明显。

二 "大三亚" 旅游经济圈及旅游交通发展现状

（一）"大三亚"旅游经济圈概况

海南省是全国第一个全域旅游示范省，全域旅游的发展理念也是最早从海南扩展到全国。《中共海南省委关于制定国民经济和社会发展第十三个五年规划的建议》最早提出打造"大三亚"旅游经济圈的战略构想，是海南省大力推进全域旅游示范省建设的重要举措。"大三亚"旅游经济圈包括三亚市、陵水县、乐东县和保亭县四个市县（简称"大三亚"地区）。长期以来，三亚旅游发展一枝独秀，三亚旅游发展对周边地区旅游发展的辐射带动作用较弱，提高交通的一体化建设水平和促进旅游与交通运输的融合发展是"大三亚"旅游经济圈发展建设的前提和基础。因此，以"大三亚"地区为例分析和研究旅游与交通的融合发展问题，在全国具有典型性和示范性。

（二）"大三亚"旅游经济圈旅游交通发展现状及问题

1. 地区交通发展失衡，四市县相互间交通联络不畅

经过多年发展建设，三亚市已经构建起海陆空立体化的交通网络，岛外游客可以非常方便地进入三亚。不过"大三亚"地区交通发展不均衡，陵

水、保亭、乐东三县的交通建设明显滞后，三亚市与保亭县、保亭县与陵水县、保亭县与乐东县之间的交通不便，路网密度低、道路等级低，四市县相互之间的交通联络不畅，已经在三亚市旅游的游客进入其他三县也很不便。

2. 旅游与交通融合弱，特色旅游交通游览体系缺乏

近些年，三亚市积极打造特色旅游交通游览体系，在邮轮母港及邮轮线路、游艇码头以及游艇旅游以及环岛滨海旅游公路、绿皮旅游专列、海上观光巴士、内河游览航线、低空飞行网络等特色旅游交通项目建设方面，已经取得很大突破。不过从总体来看，旅游与交通运输融合的深度有待加强，现有的特色旅游交通游览方式有待丰富，覆盖面有待增加。同时，"大三亚"旅游经济圈的旅游集散体系建设不健全，没有形成覆盖整个"大三亚"地区的集散网络。

3. 旅游客运全省垄断，不利于游客跨区域自由流动

当前，海南全省的旅游客运由省交通运输厅牵头11家运输公司成立的省旅游客运服务中心（简称"客运中心"）统一垄断经营，实行"统一调派、统一结算、统一受理投诉"的管理体制，高度垄断的体制对游客的跨市县流动构成制约和限制，不利于区域旅游的一体化发展建设。

第一，实行旅游客运统一调派的制度，缺乏灵活性。按照海南省交通部门的规定，具备合法资格可开展跨市县旅游客运的旅游车只有两类，一类是市县级非定线旅游客运车（即"全省旅游车"），另一类是市县定线旅游客运车（即"专线车"）。无论是"全省旅游车"还是"专线车"，都必须出自海南海汽等11家运输公司，并由省旅游客运服务中心统一调派。第二，实行旅游客运线路审批，"大三亚"地区旅游客运线路不足。目前，省交通厅批准的从三亚前往保亭、陵水的跨市县客运线路只有7条①，总客运车辆只有41辆，不能满足其他景区或新增景区（点）的用车需求。开展"一日

---

① 海南省交通厅核准的从三亚出发前往周边的7条跨市县旅游客运专线分别为：三亚市区至保亭呀诺达景区、三亚市区至保亭槟榔谷景区、三亚亚龙湾至保亭呀诺达景区、三亚火车站至陵水分界洲岛、三亚市区至陵水南湾猴岛、三亚市区至五指山水满乡、三亚红树林酒店至万宁奥特莱斯。

游"业务的旅行社可以直接从各市县租用"一日游"旅游车辆，但仅限于本市县内行驶。

4. 游客出行已呈现散客化，旅游客运不适应散客需求

当前，散客已经是在三亚地区旅游的主要游客类型。2016 年，前来三亚市旅游的散客约有 1400 万人次，远超团队游客的数量。散客群体主要以家庭游和情侣游为主，出行路线随意，出行时间随意，大多需求 7 座及以下的车辆，而现有的旅游客运不能满足散客的用车需求。

第一，现有旅游客运车辆"大车多、小车少"，不能满足散客用车需求。目前，11 家运输公司可供省旅游客运服务中心统一调度的市县际旅游车 2268 辆。这些车辆是适应团队观光旅游模式的车辆类型，省旅游客运服务中心调配的车辆不能满足绝大多数散客休闲度假的旅游需求。第二，现有旅游客运车辆"旧车多、新车少"，"低档车多、高档车少"，不能满足国外游客的用车需求。

5. 其他客运类型不足，难以满足游客多样化的需求

2017 年 4 月，海南省出台了《海南省人民政府关于深化改革推进出租汽车行业健康发展的实施意见》（简称《实施意见》），当前海南省的出租汽车行业正处于改革调整过程中。

第一，"大三亚"地区巡游车投放太少，供不应求。目前，三亚市巡游车有 2550 辆，陵水县有 140 辆，保亭县有 30 辆，乐东县有 40 辆（2016 年首次投放），根据常住人口计算，"大三亚"地区的巡游车万人拥有量仅为 16.1 辆①。第二，开始对网约车进行规范，相关工作正在推进。根据海南省出台的有关指导出租汽车行业发展的《实施意见》要求，"海口、三亚要在全省率先出台实施方案和细则，其他市县原则上不晚于 2017 年 12 月 31 日出台实施方案和细则"。当前，陵水、乐东、保亭三县的相关实施细则也正在制定过程中，有望于年底之前发布。第三，汽车租赁行业缺乏监管，租车

---

① 根据 1995 年住建部出台的《城市道路交通规划设计规范》，大城市万人拥有量不宜少于 20 辆；小城市万人拥有量不宜少于 5 辆，这还只是 1995 年的标准。

公司屡遭投诉。早在 1998 年，海南省就相继颁发了《海南省汽车租赁业管理暂行办法》和《海南省汽车自驾租赁业管理办法实施细则（试行）》，由于与 2004 年国务院颁布的《行政许可法》规定有抵触，国家和海南省均相继废止上述规定。在市场需求的推动下，三亚市目前涉及汽车租赁行业的公司有 1022 家，以汽车租赁为主营业务的有 509 家。由于三亚乃至整个海南省对汽车租赁行业缺乏监管，近些年租车公司屡遭投诉，消费者权益得不到有效保障。

三 "大三亚旅游经济圈" 旅游与交通融合发展的重点举措

（一）融合发展，大力建设多样化特色旅游交通体系

1. 完善环岛滨海旅游公路

认真贯彻落实《海南省旅游公路发展规划》有关环岛滨海旅游公路的建设内容，大力推进环岛滨海旅游公路乐东段①和陵水段的建设及开工进程，大力推动道路与景观、环境、人文、创意的相互结合，沿线设置休憩驿站或停车港湾，努力营造"车在画中行，人在景中游"的意境。

2. 延伸滨海火车旅游专列

三亚市在旅游火车建设方面已经迈出坚实的步伐，2017 年春节开通了从三亚火车站开往南山景区的绿皮火车旅游专列，乘高铁抵达三亚的旅客，不用出站即可直接换乘绿皮旅游火车，先上车后补票直奔南山景区。在已开通绿皮旅游火车专列的基础上，依托既有铁路，继续向西延伸，不断延长滨海火车旅游线路的可能长度。

---

① 环岛滨海旅游公路乐东段已经在建，在建的乐东滨海旅游公路项目，主线全程 50 余公里，预计 2018 年 12 月竣工，将连接尖峰镇至龙栖湾抱套河，沿途串联龙腾湾、龙栖湾和龙沐湾。

3. 建设自驾车旅游服务体系

适应自驾车旅游的需要，依托滨海沿线、山地旅游公路沿线的景区景点、旅游度假区、特色旅游小镇等重要的旅游节点，规划建设一批自驾车房车露营地，努力打造新的旅游集散节点，不断增强对周边游览单位的辐射带动作用。

4. 建设旅游休闲游览步道体系

借鉴北京等地区大力推进旅游休闲游览步道建设的做法，推进在"大三亚"地区的腹地依托大型景区、山林山地、河湖水系、民族村落等建设以满足游客徒步、自行车骑行等以休闲健身为主要目的的旅游休闲游览步道体系，满足游客的"慢生活"需求。

5. 建设近海水上巴士线路体系

紧密依托"大三亚"地区的海湾、景区、河口、河段、近岸海岛等资源，统筹现有或布局一批新的码头或渡口，开通系列近海水上观光游览巴士，实现滨海一线重要旅游节点的水上串联。

6. 不断推动邮轮游艇旅游发展

围绕凤凰岛邮轮母港，加快凤凰岛国际邮轮母港二期工程建设，建成能够停靠多艘邮轮的环球邮轮航线必停港，建议开通环南海以及不断增加连接东南亚、南亚等重要旅游城市的邮轮航线，助推海上丝绸之路建设。推动游艇行业的有序发展[1]，合理规划布局新增游艇码头，规范游艇俱乐部的经营和管理。

7. 规划建设低空通航观光网络

规划建设覆盖"大三亚"地区的低空飞行观光网络，积极争取低空空域管理改革，大力推动低空旅游的开放。建设三亚国际水上飞机中心，努力打造以水上飞机、直升机为载体的低空航运基地，开展空中的士之旅。研究在区域腹地布局一批直升机航运基地，推动低空旅游向"大三亚"地区纵深发展。

---

[1] 目前，大三亚地区游艇码头已经较多，仅三亚市就有鹿回头游艇码头、半山半岛帆船港、鸿洲国际游艇会、亚龙湾游艇会、凤凰岛国际邮轮码头等游艇码头和游艇俱乐部。

（二）服务协同，全面建设全域化旅游交通服务体系

1. 建设覆盖"大三亚"地区的旅游集散体系

针对各市县旅游公共服务体系建设各自为战的现状，编制覆盖整个"大三亚"地区的旅游公共服务体系规划，重点构建协同发展的游客集散体系。大力推动综合客运枢纽、高铁站点、机场与旅游集散功能的充分融合，选择在重要景区等重要旅游节点的游客服务中心融合建设一批旅游集散节点，努力构建覆盖整个"大三亚"地区的旅游集散体系。

2. 开通连接旅游集散中心的旅游班线体系

依托各旅游集散中心，开通旅游集散中心与旅游集散中心之间相互对开，固定发车时间、固定运营时间、固定行走线路的旅游班线体系，从而实现"大三亚"地区游客在客运枢纽的快速疏散。围绕各旅游集散中心，建设联通周边景区景点、旅游度假区、乡村旅游点等重要旅游节点的旅游巴士体系，实现游客从旅游集散中心到旅游目的地的快速转乘通达。

3. 构建统一的旅游交通引导标识体系

针对四市县旅游交通标识不统一、不完善、不标准的问题，随着旅游客运交通类型的多样化，为了便利外来游客的识别和搭、换乘，有必要统一设计、统一施工，构建统一的滨海旅游公路、山地旅游公路、滨海火车旅游专列、自驾车旅游服务体系、旅游休闲游览步道体系、邮轮游艇航线体系、低空通航观光网络、旅游集散体系、旅游班线体系、旅游巴士体系的旅游交通引导标识体系。

（三）管理协同，建立统筹协调的旅游客运管理体制

1. 放松旅游客运的垄断和管制

根据"总量控制、有序放开"的原则，允许"大三亚"地区符合一定条件的旅游景区、酒店、度假村等重点旅游经营单位自营旅游客运车辆并申请旅游客运牌照，允许旅游经营单位从旅游集散中心或交通枢纽接送游客，

同时规定旅游经营单位旅游客运车辆的接送点和接送线路。允许"大三亚"地区交通管理部门根据地区旅游经济发展情况和游客客运旅游需求情况灵活确定旅游客运牌照的供给。

2. 组建旅游集散中心管理实体

借鉴杭州、上海等城市旅游集散中心建设运营的成功经验，有必要尽快组建"大三亚"旅游经济圈旅游集散中心的管理实体，负责旅游集散体系的投资、建设和运营管理，依托该实体，可以考虑组建"大三亚"旅游集散中心旅游班线运营公司，具体负责旅游集散中心之间旅游班线日常运营管理。

3. 加强对汽车租赁行业的引导

针对汽车租赁行业屡遭投诉、缺乏规范管理的问题，研究出台针对"大三亚"地区实际情况的汽车租赁行业管理政策，建议出台"关于支持'大三亚'旅游经济圈汽车租赁行业健康发展的意见"，建议对汽车租赁车型、押金、保险、事故处理、违约责任等方面给予规范，提高对汽车租赁行业的监管水平，引导汽车租赁行业的健康发展。

4. 加强对网络约车行业的引导

学习国家有关推动出租汽车行业健康发展的文件精神，认真贯彻落实《海南省人民政府关于深化改革推进出租汽车行业健康发展的实施意见》，建议在"大三亚"旅游经济圈建设的背景中，出台覆盖整个"大三亚"地区的统一的网约车实施细则，允许网约车跨市县经营，助推区域旅游一体化发展。

（四）智慧交通，加强各类旅游客运方式的实时监控

1. 实施"互联网 +"战略

充分考虑现代信息技术和移动互联技术发展对旅游客运监管方式可能产生的深刻影响，实施"互联网 +"战略，大力借助现代信息技术，创新对旅游客运主体、旅游客运牌照、旅游客运交通工具、旅游客运从业人员的监管方式，努力实现对各类旅游客运交通工具的实时监测监控，使现代信息技术

成为根治旅游客运行业可能出现的恶性竞争、争抢游客以及侵害旅游者合法权益等问题的基本手段。

2. 建设统一的旅游客运预订平台

在三亚市大力推动智慧旅游建设的良好基础上，借助移动互联技术，建设集合各类旅游客运类型的统一预订平台，开发并上线"大三亚"旅游经济圈旅游交通预订 APP。创新各类旅游客运类型的在线购票和支付方式，大力采用微信支付、支付宝支付等支付方式。

3. 建设统一的旅游客运监控平台

充分借助现代 GPS 定位技术，积极开展与国产北斗定位系统的对接，要求巡游出租车、网约车、火车旅游专列、租赁车辆、旅游班线、旅游巴士、直升机、水上飞机、内河航运、邮轮游艇等各类旅游交通工具 GPS 定位全覆盖，实现对授予旅游客运资质的各类旅游交通工具在出发、停驻、运行线路的全面实时监控，提高旅游交通安全水平，增强旅游客运应急救援能力。

四　旅游与交通融合发展的对策建议

（一）加强旅游与交通融合发展的组织保障

公路、铁路、水路、航空等涉及不同的管理部门，因此旅游与交通的融合发展，需要拥有统筹性的组织保障。以"大三亚"旅游经济圈为例，建议按照平等协商、区域联动、资源共享、互利共赢的原则，加快组建由三亚市牵头，联动陵水、保亭、乐东的区域旅游业合作发展机构，由该机构具体负责推进基础设施、旅游经济、公共服务和产业发展的互联互通。

（二）编制旅游与交通融合发展的专项规划

旅游部门更了解旅游者的需求特征，而交通部门更了解交通设施技术规范。为了促进旅游和交通的融合发展，需要强化规划的引领作用，抛开一亩三分地思维。旅游目的地需要考虑编制覆盖整个区域的旅游与交通运输融合发展规划，同时针对不同的交通型旅游产品，还有必要编制专项规划和设计，保障特色旅游交通产品的有效实施和落地。

（三）出台促进旅游与交通融合发展的政策

旅游与交通的融合发展，涉及交通工具管理、旅游客运管理、土地、财政等多方面的政策因素，建议旅游目的地出台有利于旅游交通基础设施、旅游集散中心、自驾车房车露营地等项目建设的用地政策；出台有利于各类旅游交通客运类型发展的投融资政策；出台有利于汽车租赁、低空旅游、内河航运、游船游艇管理等方面的促进政策；出台有利于吸引市场化主体以及各类人才从事旅游客运经营的招商引资和人才政策。

（四）提高旅游客运经营的法治化治理水平

按照公平合理、竞争有序、政府主导的原则，在加强政府规划和政策引导的前提下，充分发挥市场在旅游交通基础设施建设以及旅游客运经营管理方面的关键作用。以"大三亚"旅游经济圈为例，海南省曾经出台的《海南经济特区道路旅游客运管理若干规定》等地方法规和有关旅游客运的管理政策，存在部门或区域垄断的问题，不利于"大三亚"旅游经济圈旅游客运交通一体化发展，因此有必要对其进行修订。

参考文献

国务院：《国务院关于推进海南国际旅游岛建设发展的若干意见》（国发〔2009〕44号）。

交通运输部等六部门：《关于促进交通运输与旅游融合发展的若干意见》。

海南省政府：《海南国际旅游岛建设发展规划纲要（2010～2020）》。

中共海南省委：《中共海南省委关于制定国民经济和社会发展第十三个五年规划的建议》。

海南省政府：《海南省国民经济和社会发展第十三个五年规划纲要》。

中共三亚市委：《中共三亚市委关于制定国民经济和社会发展第十三个五年规划的建议》。

三亚市政府：《三亚市国民经济和社会发展第十三个五年规划纲要》。

海南省旅发委：《海南省全域旅游建设发展规划（2016~2020）》。

海南省旅发委：《大三亚旅游经济圈发展规划（2016~2030）》。

三亚市旅发委：《三亚市全域旅游发展规划（2016~2020）》。

G.11

中国冰雪旅游发展现状与展望

张贵海*

摘　要： 随着"北京－张家口"成功申办 2022 年冬季奥运会，特别是习近平总书记提出"冰天雪地也是金山银山"、倡导"三亿人上冰雪"，中国冰雪旅游日益受到青睐，市场急剧升温。本报告对中国冰雪旅游产业的发展历程、发展现状、区域特征进行了分析，提出了衍生和延伸冰雪旅游产业，完善冰雪产业体系，强化大服务的建议，旨在探索冰雪旅游产业区域合作空间，从而推动我国冰雪旅游产业可持续发展，使我国冰雪旅游深度融入国际冰雪旅游的大循环之中。

关键词： 冰雪旅游　区域合作　可持续发展

近年来，随着我国成功申办 2022 年冬季奥运会，在我国日渐兴盛的旅游产业中，冰雪旅游开始成为人们冬季出游的重要选择。冰雪旅游作为全季旅游的重要组成部分，从政府层面和行业层面都获得了大力支持与推进，正以燎原之势受到广大百姓关注与青睐。习总书记指出"冰天雪地也是金山银山"，并倡议"三亿人上冰雪"，进一步掀起了全国性的冰雪旅游浪潮，我国冰雪旅游发展方兴未艾。

---

* 张贵海，博士，黑龙江省经济管理干部学院副教授、黑龙江省冰雪产业研究院院长，研究方向为产业经济学、冰雪产业。

一　中国冰雪旅游产业的发展历程

冰雪旅游是在全世界范围流行的主题旅游业态，在欧美等国家走过了一百多年的发展历程，已经形成了相当规模，并建立了完善的产业体系。冰雪旅游在日韩等国也有超过半个世纪的历史。我国是冰雪旅游的后起之秀，也是最具开发潜力的国家。我国气候多样，幅员辽阔，冰雪资源丰富，经过二十几年的发展，初步形成了中国特色的冰雪旅游模式。

（一）第一阶段：萌芽时期

中国冰雪旅游起步较晚，冰雪旅游市场化开发是以冬季娱乐和冬季体育为契机发展起来的。中国最早的滑雪活动出现在新疆阿勒泰地区，但转化成娱乐、旅游和运动方式，还是近五六十年的事。总体而言，冰雪旅游的兴起与科技进步、工业文明是息息相关的。

在中国，冰雪旅游的开端是黑龙江省哈尔滨市在1963年举办的兆麟公园冰灯游园会，几十年持续不断，每年一届的冰灯游园会都是人们到哈尔滨的必去之处。1985年，哈尔滨又创办了"哈尔滨国际冰雪节"。自此，欣赏冰雕与雪雕艺术造型、体验冰雪游戏和运动相结合的冰雪旅游，极大地丰富了人们的冬季文化生活。

（二）第二阶段：兴起时期

1992年，国家旅游局开始推出"中国友好年"，正式拉开了中国冰雪旅游序幕。1996年，第三届亚洲冬季运动会成功举行，为举办亚冬会开发建设的亚布力滑雪旅游度假区在赛事结束后吸引了大量的国内外游客。以此为引领，以体育运动为主题开发冰雪旅游资源开始了在全国各地的扩展。1997年，新疆首次推出体现民俗文化的冰雪旅游项目。1998年，哈尔滨一改原来冰雪节"小打小闹"的格局，建设"哈尔滨冰雪大世界"。区域性的、中国的冰雪节升级为国际性节庆，冰雪旅游成为当地冬季旅游经济增长点。同时，内蒙古、新疆、吉林也加大了冰雪旅游的开发力度。1999 年，新疆举行首届冰雪旅游节，2000 年举办天山天池冰雪风情节。东雪西进的旅游格局初步成形，各地纷纷开发冰雪资源，举办冰雪节庆，将中国冰雪旅游一举推向华北和西北。在这一阶段，冰雪旅游游客接待量明显提升，但旅游人数的增长还没有形成规模。中国的冰雪旅游尚处于投入期。由于规划不完善，大规模的盲目开发难免存在许多问题，冰雪景区同质化竞争严重，旅游市场出现了恶性竞争。

（三）第三阶段：发展时期

进入 21 世纪，中国经济快速发展。到 2003 年，全国建成近百家滑雪场，冰雪旅游已成为大多数旅游者冬季活动的首选。特别是滑雪场的普及，为冰雪旅游的二元化发展提供了平台，冰雪旅游进入了快速发展期。

2003 年新疆推出"丝绸之路冰雪风情节"，主打民族风情和自然冰雪融合牌。同年，吉林省长春市首次联合社会力量举办"冰雪旅游节暨净月潭瓦萨国际滑雪节"，将越野滑雪引进国人视野。2007 年吉林省长春市举办第六届亚洲冬季运动会，2009 年黑龙江省哈尔滨市成功举办了第 24 届世界大学生冬季运动会，一系列的冰雪赛事不断为中国的冰雪旅游预热加温。黑龙江省以冰雪赛事为契机，加大冰雪旅游宣传力度，进一步加强基础设施建设，提升冰雪旅游服务质量，打响了黑龙江省的冰雪旅游知名度。

与此同时，黑龙江省各地推出更多旅游产品，同步开发自然冰雪和人文冰雪，如大海林雪乡、镜泊湖冰瀑、扎龙雪地鹤舞、大庆雪地温泉、北极村极地观光、兴凯湖冬钓捕鱼等，冰雪旅游的内容更加多样化，冰雪旅游多点式发展。和黑龙江遥相呼应的有吉林雾凇节、查干湖渔猎节、内蒙古草原冰雪风情节等，不断推陈出新。

伴随冰雪南移，在黄河一带，江河凌汛、壶口冰瀑等冰雪自然景观受到关注；冰瀑观赏、江河穿越颇受欢迎。随着社会对冰雪的关注，各地区也紧锣密鼓地开发冰雪旅游产业。例如，河南洛阳伏牛山举办"中原冰雪节"，

陕西、青海等地将民俗与冰雪艺术相结合，打造冰雪旅游基地等。冰雪旅游由高纬度向高海拔开发，具有高海拔优势的区域纷纷开发冰雪资源。

二　中国冰雪旅游发展现状

相对于欧美、日韩，中国冰雪旅游发展较晚，但最具开发潜力。我国相继出台各项冰雪旅游优惠政策，如2014年《关于加快发展体育产业促进体育消费的若干意见》、2016年《"十三五"旅游业发展规划》以及《冰雪运动发展规划（2016~2025年）》等。国家宏观政策极大地推动了中国冰雪旅游产业的发展。北京联合张家口申办冬奥会的成功更是为我国冰雪旅游业的发展带来了新的机遇，掀起了百姓参与冰雪运动的新浪潮，开启了中国冰雪旅游强势发展的新时代。目前，中国冰雪产业已形成如下态势。

（一）初成规模

冰雪旅游中有很多人热衷于冰雪的运动功能。据不完全统计，中国滑雪人数从2000年的30万人次发展到2016年的1510多万人次。但是我国的冰雪旅游普及率不到3%，和冰雪旅游强国比，还有很大的差距和增长空间。2016年全国滑雪场数量已达到646家（见图1），分布于25个省份。

2013年11月北京宣布申办冬奥会成功后，张家口地区两大滑雪场的游客量较上一年增长80%，同时，冰上运动也逐步展开。全国参与冰雪运动的人数逐年递增，冰雪运动在中国渐成规模。

随着运动功能的冰雪场地越来越多地融合旅游功能，冰雪艺术也在以室内的形态在非冰雪地区发展。室内冰雪艺术馆、室内冰雪体验馆成为新的旅游投资热点，特别在自然冰雪资源稀缺的地区，如长三角、珠三角地区。

（二）呈现出鲜明的产业特征

近年来，中国冰雪旅游"世界性、普众性和复合性"的特征越来

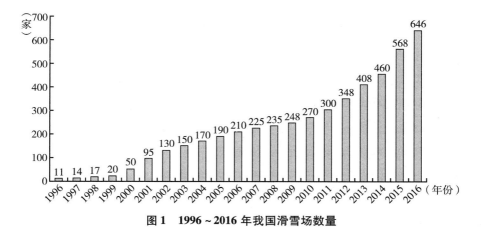

图1 1996~2016年我国滑雪场数量

资料来源：《2016中国滑雪产业白皮书》，2017 ISPO亚洲运动品与时尚展亚太雪地产业论坛，2017年2月16日。

明显。

其一，世界性。申奥成功后，为了更好地备战冬奥，我国冰雪产业从业人士积极与国外对接，吸收先进的技术，吸引优秀人才，不但走出去学习借鉴，还引进来优化利用，使中国成为世界瞩目的冰雪旅游目的地。

其二，普众性。"3亿人上冰雪"倡议的提出，激发了广大人民群众对冰雪的热情。2015~2016年冬季，全国九成以上的省份开展了冰雪运动，其中北京第一，冰雪运动人数达到171万，黑龙江第二，吉林位列第三。全国性的冰雪热掀起了全民参与冰雪运动的新浪潮。

其三，复合性。现在的冰雪旅游不再局限于冰雪观光游，冰雪作为载体正集合更多产业功能于一身成为复合性产业，即"冰雪+"。冰雪旅游与地方历史人文、民俗节庆、体育赛事、地理特征等相结合，成为综合发展的大旅游产品。

（三）节庆和品牌日益强化

我国最具冰雪资源优势的区域主要为东北、西北和华北。冰雪旅游外溢效应明显，冰雪旅游市场不断发展壮大，各地分别打造出了属于自己的冰雪

表1 滑雪人次及分布（按目的地雪场省份）

单位：家，万人

省份	2015			2016		
	滑雪场数量	滑雪人次	排序	滑雪场数量	滑雪人次	排序
北　京	23	169	1	24	171	1
黑龙江	120	149	2	122	158	2
吉　林	37	96	3	38	118	4
山　东	51	85	4	58	98	6
河　北	40	85	5	46	122	3
新　疆	52	77	6	57	99	5
山　西	32	72	7	42	96	7
浙　江	17	70	8	18	79	9
辽　宁	31	65	9	35	72	11
内蒙古	26	59	10	33	76	10
河　南	33	58	11	41	82	8
四　川	10	42	12	11	50	13
陕　西	21	41	13	27	54	12
天　津	12	40	14	12	39	15
江　苏	13	29	15	13	29	16
甘　肃	11	27	16	16	48	14
湖　南	7	25	17	7	27	17
重　庆	10	21	18	11	24	18
湖　北	4	15	19	5	18	19
宁　夏	7	8	20	11	15	20
贵　州	4	5	21	6	10	21
青　海	3	4	22	7	9	22
云　南	2	3	23	2	4	23
福　建	1	2	24	1	3	24
广　东	1	2	25	1	3	24
广　西				1	3	24
安　徽				1	3	24
合　计		568	1250	2662	1510	

品牌。比如东北地区的哈尔滨国际冰雪节、黑龙江国际滑雪节、中国雪乡旅
游节、长春净月潭瓦萨国际滑雪节等；西北地区的丝绸之路冰雪风情节、天
山天池冰雪节、中国新疆冰雪旅游节、阿勒泰冰雪节以及冬季博览会等；华

北地区的北京平谷国际冰雪节、龙庆峡冰灯艺术节、康西草原冰雪娱乐节、石京龙滑雪场滑雪娱乐节、中国崇礼国际冰雪节、中国承德冰雪温泉国际旅游节等；西南地区的中国南国冰雪节以及峨眉山冰雪温泉文化节等。不同地区根据区域内的冰雪资源特点以及风土民情创办属于自己的冰雪节庆，开创独有的冰雪旅游品牌，形成了冰雪旅游的大市场。

（四）形成区域特点

根据气温、海拔和雪线分布等因素，可以清晰看出我国东北、西北、中原以及西南部分地区具有良好的冰雪资源开发基础。其中东北地区是冰雪旅游产业开发的先行者，在中国冰雪旅游发展之初，形成了以黑龙江为龙头，以东北地区为核心的发展格局。随着全球冰雪旅游的极速发展，国家从政策层面大力支持发展冰雪旅游，各区域、各城市纷纷打冰雪牌。至此，冰雪旅游的发展由黑龙江省"一马当先"转为"群雄逐鹿"，形成了现阶段四大冰雪旅游地区集聚的态势，分别为：东北板块、华北板块、西北板块和西南板块。相对而言，西南板块的集中度有限。

一是东北板块。东北板块由黑、吉、辽东北地区和内蒙古东部构成，属于典型的资源导向型旅游目的地，是中国冰雪旅游产业优势先导区，其冰雪旅游开发的规模和影响程度均领先全国。这一区域以黑龙江和吉林为代表，强势发展，并将持续引领我国冰雪旅游的发展。

二是华北板块。华北板块以北京与河北（张家口）为主，附带中原地区，属于市场导向型冰雪旅游目的地，主要着眼于特定的客源市场进行旅游开发，有着良好的区位优势和经济优势。北京与张家口成功联合申办冬奥会，"冬奥效应"将进一步促进其冰雪旅游产业的大发展。

三是西北板块。西北板块主要指新疆地区，这里冰雪资源条件很好，但是交通和区域经济发展在一定程度上制约了冰雪旅游产业的快速发展，旅游开发规模和客流较小，市场影响力方面远不及东北板块。但是由于资源独具特色，以及当地对冰雪旅游产业发展的热情，这里成为中国冰雪产业发展的蓝海，其巨大的发展潜力已经初露端倪。

四是西南板块。西南板块由四川等地区构成，起步开发较晚，拥有独具特色的"冰雪＋阳光"冬季旅游。这里海拔高、紫外线强，容易形成独特的区域小气候，拥有独特的山地冰雪景观，成为打破国内冬季旅游南北两极传统格局的"第三极"，也是区域冬季旅游新的增长点。

此外，以室内滑雪场、室内滑冰场、室内冰雕展等为载体的冰雪旅游，弥补了自然冰雪的不均衡。人工冰雪旅游项目的开发突破了地域和气候的限制，已经成为都市休闲旅游的重要组成部分。

三 中国冰雪旅游发展中存在的问题与相关建议

（一）存在的问题

无论从区域看，还是从行业发展看，我国已经进入冰雪旅游快速发展期。在发展的同时，冰雪旅游产业、区域之间存在一些问题也逐渐显现，正引起行业和政府的关注。首先，现有的冰雪旅游缺乏合理规划，资源利用不够充分，存在资源浪费现象。其次，从全国范围内看，各地冰雪旅游市场乱象丛生，一味受利益驱使，无序竞争，产品同质化严重，缺乏创新和技术含量，更少具有文化内涵的顶端精品。再次，缺乏区域合作。冰雪旅游对冰雪资源具有很强的依赖性，各地自然条件不同，所受限制各异，要区域协同，必然要进行区域间的合作和资源整合，实现效益最大化。最后，我国的冰雪旅游产业在技术创新和人才方面缺乏核心竞争力。从长远来看，需要培养我们自己的综合性优秀人才。

（二）相关建议

一是实现社会协同，强化产业发展。综观各国冰雪产业发展历史，其产业发展无不依靠政府的政策和融资支持。只有政府提高对产业的重视程度，在政策、融资等方面予以扶持，如在特色产业的研发方面加大投入、设立专项旅游资金、提供政府补贴等，才能解决产业发展中的各项不足，强化冰雪旅游和地区经济的协同发展，把冰雪旅游和区域产业结合在一起。

二是实现冰雪旅游产业的多维度创新。在新时代的大背景下，国际社会对中国冰雪旅游的发展有着很高的期望值，我们必须从政策、技术、产业格局等不同维度进行创新，从不同层面对冰雪旅游产业进行推动，从而实现更好的发展。具体而言，包括以下内容。（1）规划先行。提升冰雪旅游观念，以国际性的冰雪旅游发展视野进行规划和顶层架构设计，重新评估定位冰雪旅游，积极融入国家总体旅游规划，使其符合国际化标准，成为世界级冰雪旅游胜地。（2）产业结构调整。首先在区域协作产业融合上创新，实现"冰雪＋旅游＋X"；其次是延伸产业链，横向衍生、纵向延展；再次是形成冰雪旅游大服务架构，强化"物态化"的冰雪和"务态化"的冰雪的体系架构，协调发展。（3）产品创新。首先是探索和挖掘冰雪自然景观的产品特征；其次是打造冰雪时尚景观的体验特性；再次是冰雪文化的衍生和开发，打造冰雪旅游文化；最后是与新技术的紧密对接，创造冰雪旅游新载体。（4）精准营销。冰雪旅游经营管理的创新在于开创智慧化冰雪模式，参照和绑定大数据，精细化管理冰雪旅游，实现广域宣传精准营销。（5）服务创新。冰雪旅游属于大服务范畴，但是冰雪的独特性要求在服务的细节上有所创新。人性化的服务细节、人性化的服务方式、人性化的服务项目是构成服务产业的基础。冰雪的"物态化"[①]特征，只有通过服务的"务态化"[②]手段才能增值。

三是打造产业集群，实现经济利益最大化。冰雪旅游的气候约束性，决定了冰雪旅游的区域性。在同区域的同质化资源，如何开发与运营，是分散运营还是整合运营，是困扰冰雪旅游发展的瓶颈问题。在区域气象上，有一种"隔道不同天"的说法，冰雪资源开发需要必要的规模效应才能实现效益最大化。吉林长白山万达的冰雪开发就是一个成熟的例证，其通过规模型、

---

① "物态化"冰雪指以冰雪物质形态生成的产业或者产品形态，比如冰雪雕、滑雪场的滑雪道、单板公园等。

② "务态化"冰雪是指围绕冰雪和空间衍生的服务类产品形态，包括冰雪场地管理、冰雪旅游、冰雪教育、冰雪体育等。

集群型的开发使资源的差异成为产品的种类，为市场提供了全方位的服务。

四是打造冰雪产业体系，拉动区域经济增长。当产业发展到一定规模时，产业的溢出效应会更加显著。产业对区域的拉动能力和效果会催生体系性的变化，不仅会提高产业内附加值和竞争力，还会出现内外经济互补模式，对区域内其他产业产生影响。冰雪旅游会改变区域性的生产生活方式，成为区域产生新型业态的发力点，进而调整区域性的产业机构，可以通过冰雪和区域资源的对接叠加，形成全新的产业体系。

五是加强区域冰雪旅游的合作，融入世界冰雪旅游格局。区域发展的不均衡来自冰雪的自然属性，冰雪旅游的区域性特征既是旅游的独占性优势，也是市场策应性的劣势。在供给侧方面，区域联合开发成为区域利益的纽带，同一区域的供给方既是竞争者也是合作者，竞争带来提升，合作产生互利，无论是现在还是将来，冰雪旅游产业的发展始终离不开合作：既有国家之间，也有省份、城市之间。因此，主动融入冰雪旅游的竞合体系，积极参与区域冰雪旅游市场的竞争与合作，在竞争中求生存、在协作中求发展应该成为各地未来发展冰雪旅游业的基本方向。特别是现代冰雪旅游大多源于世界发达地区，其摸索的历程会成为我们进步的经验。在学习中探索，尝试建立具有中国特色的冰雪旅游产业发展模式是必然选择。

参考文献

吴金梅：《创新背景下中国冰雪旅游发展分析》，《知与行》2017年第3期。

杨春梅：《基于系统动力学的冰雪旅游业发展模式研究》，辽宁工程技术大学博士学位论文，2014。

王玲：《国内外冰雪旅游开发与研究述评》，《生态经济》2010年第3期。

程志会、刘锴、孙静等：《中国冰雪旅游基地适宜性综合评价研究》，《资源科学》2016年第12期。

张贵海：《黑龙江省"大亚布力"全域旅游开发与建设研究》，《对外经贸》2017年第4期。

G.12
转变增长逻辑，推动经济型
酒店高质量发展

秦宇　陈阳　刘春燕*

摘　要： 我国经济型酒店业高速增长的时代即将结束，经济型酒店市场将进入发展的转折期。在高速增长阶段，企业成长遵循了工具逻辑而不是价值逻辑，这一增长思路造成了酒店品质降低、经济效益下降等一系列问题。要解决这些问题，经济型酒店企业应转变增长逻辑，从满足顾客核心需求出发，促进企业的质量驱动型增长。

关键词： 经济型酒店　酒店管理　旅游

从各大酒店公司 2017 年上半年的财务报告中，我们观察到经济型酒店行业出现了主要绩效指标改善的趋势。例如，如家集团的经济型酒店系列、华住的全系列酒店、锦江之星的全系列酒店，Revpar（每间可用客房收益）分别比上年同期增长了 3.4%、6.4% 和 2.55%。行业分析师和一些公司的高管认为，经济型酒店市场已经摆脱了过去几年业绩下滑的颓势，发展形势正在向好。我们对此持谨慎意见。实际上，中国经济型酒店市场已经处于高速成长的最后阶段，过去几年规模迅速扩大带来的问题会因为增速带来的红利即将消失而在今后几年中陆续显现。经济型酒店产业

---

* 秦宇，管理学博士，北京第二外国语学院酒店管理学院教授，硕士生导师，研究方向为酒店管理；陈阳、刘春燕，北京第二外国语学院酒店管理学院研究生。

应该通过回归价值增长逻辑，提高发展质量，成为能够长期满足人民群众住宿需求的主要力量。

一 经济型酒店市场即将进入发展的转折期

我国经济型酒店的发展起步于20世纪末期。1997年，锦江之星的第一家门店——锦江乐园店在上海开业，标志着中国住宿业进入了一个全新的发展阶段。主要由于市场发育还不充分的原因，锦江之星在之后几年的扩张速度一直不快，市场中也鲜有突出的竞争对手。2002年如家成立以后，到2007年七天和汉庭相继进入市场，中国的经济型酒店市场进入了令人惊叹的高速增长期。

2007年，我国的经济型酒店客房总数大约为18.9万间。到2016年，客房总数已经达到了213.5万间（图1）。10年期间客房总数增长了11倍多。

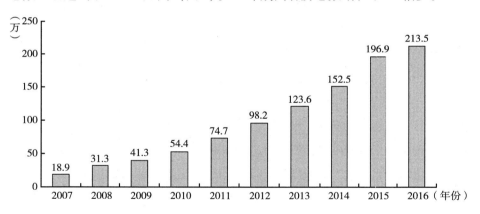

图1 2007～2016年我国经济型酒店客房数量

2016年以后，客房规模增速明显下降。2016年全年新增客房规模约为16.6万间，是2010年来增速最慢的一年；2017年后，增速继续放缓。例如，2017年上半年，如家的经济型酒店系列新开店只有69家，华住的经济型酒店系列新开店只有80家，锦江的经济型酒店系列在2016年6月底到2017年6月底净开店的数量也只有80家。这些数据与四五年前上述品牌每年动辄三四百家的新开店数量形成了较大的反差。这个趋势表明，经济型酒店依靠增量扩大实现增长的外延式发展方式很有可能已经走到了尽头。我们认为，经济型酒店发展的高速增长期即将结束，今后几年中，规模扩大的速度将大幅度降低，甚至很有可能出现规模缩小的情况。在前几年的高速增长中，存在的问题较多。在增长速度很快的情况下，这些问题不容易凸显，增速一旦降下来，这些问题——犹如涨潮时被掩盖的暗礁——会暴露出来，并对行业发展产生重大影响。中国经济型酒店市场的发展迎来从速度驱动型增长向质量驱动型增长的转折期。

二　经济型酒店行业目前存在的问题

高速增长带来的主要问题主要有两个：一是酒店品质不断下降，二是经济效益持续降低。市场规模的扩大、企业之间的竞争升级，一方面抬高了各类资源投入品的价格，另一方面使销售难度加大，出租率持续下降。为了应付竞争而在各个方面压缩成本，又使得产品品质无法得到保证，顾客满意度下降并开始流失；与此同时，越来越大的供给规模进一步分流并抢夺客源；再加上最近几年房租、人力等成本的迅速上涨，经济型酒店的投资回收期越来越长，甚至开始出现很多投资收回无望的酒店。

白热化的竞争使得经济型酒店业的两个最重要客源群体——酒店顾客和酒店加盟商——都在逐渐远离这个市场。一方面，产品和服务质量的下滑不断把顾客推离这个市场。另一方面，近年来行业里出现加盟商和品牌之间种种纠纷愈演愈烈的现象，各大品牌出现关店潮（不过由于新开店数量更多，因此门店净增长仍然较大）都引发我们思考。这种状况持续下去，公司的价值将开始贬值，有一些公司即使还没有破产，但是其价值已经跟以前没有办法相比。更严重的问题是，如果这成为全行业的共同现象，这个行业的发展前景将会蒙上一层厚厚的阴影。在这个过程中，如果行业的从业者不去做一些努力，去寻找改变和突围的方法，那么长远看来行业中每个人的价值也会贬值。

现在的困境，到底是什么原因造成的？其主要原因是行业的增长逻辑错了，那就是以工具逻辑的思路去促进增长。工具逻辑就是把这个行业中的利益相关者，包括顾客、加盟商、员工，都看作是实现增长的工具。价值逻辑就是把这个行业中的利益相关者的主体价值看作增长的目标。在工具逻辑主导下，我们看到整个经济型酒店业在过去十几年野蛮生长。2006 年，客房总数不到 10 万间，之后只用了 6 年时间便达到了 100 万间的规模，再用 4 年时间，到 2016 年已经超过 200 万间。反观星级酒店的增长，实现 10 万间客房（1985 年）到 100 万间客房（2003 年）大概花了 18 年时间。高速度的增长带来了低质量的结果。

第一，用户数量快速增长，但是用户并没有变成忠诚的客户。很多公司在介绍自己成就的时候，都会提到每年新增了多少会员。但是由于产品和服务本身的问题，这些会员有可能到酒店住过，但是他们中的大多数并没有从用户变成客户，也就是他们可能跟酒店产生一次联系，之后就不再是该酒店的客人。即使他们再次消费该酒店，也很有可能是因为市场中找不到更好的替代品。这不禁令我们想起一个类似的例子。在社交媒体竞相发展的时候，Google 凭借庞大的用户规模，用了 24 天时间就将其社交媒体平台 Google + 的用户数提升到两千万，但是，很多用户尝试几次就不会再用了。Twitter 和 Facebook 都花了三年左右的时间，才将用户数增长到两千万，但是这些用户都变成了忠诚的客户。

第二，实现了高出租率和高经营毛利率，但是 Revpar（每间可用客房收益）在不断下降。以如家和华住两家在市场中规模较大、业绩较好的公司为例，从 2011 年到 2016 年，整体来看这两家公司的 Revpar 处于下降通道中。由于房租、水电等刚性成本难以缩减，不断降低人房比，对人员成本进行控制，成为各大公司在 Revpar 普遍降低情况下确保盈利的重要做法。行业的人房比从 2005 年左右的 0.33，降到 2010 年左右的 0.25，再降到 2016 年左右的 0.2，有些公司降到了 0.17。但是，减少人手使得维持品质难上加难。

第三，市场覆盖率快速提高，但是没有找到应对市场不均衡的好办法。

目前，主流经济型品牌都覆盖了数百个城市，这种高覆盖率使得标准化运营的效率与中国极度不均衡的区域经济发展之间产生了矛盾。中国地域广阔，地区之间和不同类型的城市之间存在消费水平和消费偏好的巨大差别，一旦覆盖率超过某个临界点，就会出现消费者对经济型酒店的标准化产品和服务的不同理解，这会极大影响品牌认同并对公司的绩效产生不利影响。

第四，基本上形成了全系列品牌谱，但是主流品牌却越来越不能够满足顾客升级的需求。一方面是新推出的品牌并未如主流品牌那样得到较大的认同，另一方面主流品牌却由于不能够满足顾客升级的需求显得越来越落伍。一些公司已经意识到了这个问题并且开始做出改变。例如，华住的汉庭升级计划预计到 2019 年将 90% 的汉庭酒店都升级为 2.0。但是，花这样大力气去做的企业，并不是太多。

第五，转型跨界成为热词，但是主业却没有做强。在很多论坛会议上，酒店高管们都在谈转型和跨界，包括做与酒店产品和服务相关的 IP，例如枕头、洗浴用品等。笔者认为，转型和跨界都应该在把主业做好、做大的情况下才去做，如果主业还没有做强就去谈跨界、谈转型，就蕴含很多的风险。酒店是一个长链条、多维度、高复杂的服务产品，任何一个环节出问题，都会导致顾客体验差，并影响转型产品和跨界产品的业绩。因此，酒店要先把自己的本职做好，再去谈转型的问题。另外，转型不是转行，应该围绕住宿业的核心产品去做转型，这样才是有基础的转型。

第六，开始拥抱互联网，但是发现线上企业纷纷走向线下。在我们强调走到线上的同时，很多大的线上企业在走向线下。例如，亚马逊在美国开设实体店，阿里提出新零售的战略等。实际上，酒店已经是一个很重要的线下流量入口，把这个入口的流量做好，线上的销售和获取客源都不会是大的问题。例如，一个拥有 30 万间客房的酒店公司，如果每年的平均出租率能做到 80%，也就是一天差不多有 24 万的顾客入住，一年差不多是九千万。九千万顾客里面，如果只有 10% 是新顾客，酒店就相当于有 900 万新的流量进来。900 万的新流量如果从线上拿，得花多少钱？但是，由于产品体验不够好，酒店把很多已经进门的顾客又放走了。

三　满足顾客核心需求，促进质量驱动型增长

解决上面提到的这些问题的关键在于满足顾客的核心需求，促进质量驱动型增长。经济型酒店企业需要以产品为核心，回归价值逻辑。这种价值逻辑最核心的一点就是要为顾客提供价值、为加盟商提供价值、为员工提供价值，而不是把他们当作扩张的工具。为什么说是回归价值逻辑，是因为在中国酒店业37年的发展史上，已有价值逻辑增长的好例子。例如，北京的建国饭店，依靠优质的产品和服务，不仅赢得了广大顾客的青睐，为投资者提供了良好的回报，还为中国酒店业培养出一大批经营管理人才，员工的价值也得到了实现。最早的一批经济型酒店，例如锦江之星，也依靠价值逻辑实现了增长。经济型酒店应该回归到对产品、对服务品质追求的传统，学习如何为顾客创造价值。如果商业竞争只剩下一个维度的话，这个维度一定是产品，而不是渠道；如果说产品竞争只剩下一个维度的话，这个维度一定是价值创造，能够为顾客创造价值。如果说价值创造只剩下一个维度，这个维度是去满足消费者核心的需求。最近几年很多人谈褚橙，也有人说大家买的是情怀。但是让消费者一再为情怀买单是不现实的。褚橙卖得好，真正原因还是好吃。因为这个产品给消费者价值，所以他们才会持续地消费。

那么，在经济型酒店中，核心需求实际上有三个：睡个好觉、使用无忧、不丢面子。首先，消费者入住经济型酒店，核心目的就是睡觉，不是别的。如果有别的需求，他可能不会住经济型酒店了。其次，消费者使用这个产品时不想有任何的担心，包括干净、快速、效率、安全，等等。最后，住经济型酒店的人，我们不要想着给他提供什么面子，让他不丢面子就够了。但是，对上面三个核心需求的理解，不同时代的人可能完全不一样。因此，酒店设计的产品应该考虑到代际差异。如果要给经济型酒店寻找一个对标对象的话，应该是麦当劳和肯德基。

在价值创造过程当中，不一定需要"多"，反而可能需要"少"。例如，我们在做产品设计的时候，没有必要搞得很复杂，只需要聚焦若干核心要素就可以了；我们做品牌的时候，需要做到对已有品牌不断更新换代，推动品质持续提高，没有必要搞太多品牌；我们服务一类细分市场就够了，不是所有人都是我们的顾客。除了好的产品和服务之外，我们还需要好的系统来支撑我们的产品和服务。首先需要运营系统对产品和服务进行支持，其次需要管理系统对运营系统进行支持，最后需要文化和学习系统对管理系统进行支撑。这些系统性的工作，不是一蹴而就的，而是需要不断投入精力深耕，精益求精。如果这些系统做不好，产品和服务的迭代升级不可能顺利完成。换句话说，当我们用产品和服务满足顾客核心需求的时候，要想做到可持续性，必须有高效的系统做支持。未来经济型酒店企业之竞争，表面上看是产品和服务的竞争，本质上看是系统的竞争。

四　结语

经过十几年的持续快速发展，我国的经济型酒店市场托起了锦江（包括并入报表的铂涛和维也纳）、首旅和华住三家世界前十的酒店集团，雇用了数十万名员工，每年接待几亿顾客，成为我国住宿业市场中极其重要的一极。

当前，经济型酒店市场正在处于从速度增长转变为质量增长的关键转折期，这个转折期中的很多困难是因为我们的增长逻辑是工具逻辑，只有把增长逻辑从工具逻辑转换成价值逻辑，我们才有可能克服这些困难。只有坚持价值逻辑的企业，才能够在市场当中保持可持续发展。做企业最重要的就是长久，因为只有长久经营者才能认真面对各种利益相关者并对他们有所交代。经济型酒店应该回归行业传统，通过产品和服务的迭代改进不断满足顾客核心需求，走价值逻辑导向的增长道路。

参考文献

Harrison，J.，"Strategic analysis for the hospitality industry"，*Cornell Hotel and Restaurant*

*Administration Quarterly*2（2003）：139 – 152.

Kim，W. C. ，& Mauborgne，R. ， "Blue ocean strategy"，*Harvard Business Review*10（2004）：76 – 84.

Olsen，M. D. ，& Roper，A. ， "Research in strategic management in the hospitality industry"，*International Journal of Hospitality Management* 2 （1998）：111 – 124.

Porter，M. ，*Competitive Strategy*：*Techniques for Analyzing Industry and Competitors*，（New York：The Free press，1980）.

Porter，M. ，*Competitive advantage*：*Creating and sustaining superior performance*，（New York：Free Press，1985）.

陈圻：《一般竞争战略的逻辑基础重构》，《管理学报》2011 年第 8 期。

王宗水、赵红、秦绪中：《我国家用汽车顾客感知价值及提升策略研究》，《中国管理科学》2016 年第 2 期。

翁君奕：《多变环境下的业务战略：从通用单一到精准组合的理论创新》，《中国工业经济》2009 年第 3 期。

G.13
从我国旅游上市公司投资动向
看旅游行业发展趋势

楼枫烨　卞丽娟*

摘　要： 一个产业的发展热点往往能够成为一、二级资本市场资金流
　　　　向的指引者，二级市场的投融资标的也在一定程度代表了行
　　　　业发展的重点。本报告按照自然景区、人文主题景区、旅游
　　　　服务、酒店、免税和餐饮等几大板块，对上市公司（包含旅
　　　　游板块 A 股 28 家、港股 3 家、美股 3 家、转型/参与投资旅
　　　　游板块的上市公司 13 家）的投资标的和路径进行分析，揭示
　　　　旅游行业细分板块的发展脉络，反映行业的未来趋势。

关键词： 旅游投资　上市公司　旅游业

整体来看，我国旅游上市公司呈现标的少、市值小、产业链较为分散的
特征，这和我国旅游行业的发展历史较短有关。截至 2017 年 6 月 30 日，旅
游板块 A 股二级市场总市值为 3216 亿元，占旅游总收入（2016 年中国旅游
总收入达 4.69 万亿元）市场规模的比重不足 10%，旅游上市公司的标的数
量也是二级资本市场细分领域中最少的。

但我们相信，优秀的企业都不是一朝一夕建立的，从这些公司的历史投
资动向和标的就可以看出来。回顾我国旅游上市公司的投资动向，不仅能捕

---

* 楼枫烨，国金证券研究所旅游行业分析师，研究方向为餐饮旅游行业、旅游资本市场和旅游
板块上市公司；卞丽娟，国金证券研究所旅游行业研究员。

捉到过去二十年旅游行业繁荣发展的整体以及细分领域的演变趋势，还能见证优秀旅游企业成长和成熟的过程。仅以此篇拙作向这些优秀的上市公司致敬，望一起见证下一个旅游黄金十年。

一 旅游上市公司的板块分类和分析梳理

综合交易软件 wind 和 Bloomberg 旅游上市公司数据，截止到 2017 年 9 月 30 日，A 股（只考虑沪深主板、中小板和创业板，不包含新三板）共有上市公司 28 家。因为涉及主营业务等变动，此处统计未包含＊st 云网、世纪游轮、全新好、北京文化和国旅联合等个股。港股及美股（只考虑中概股）共有上市公司 6 家，去哪儿于 2017 年 3 月被携程（CTRP. O）收购后退市，如家于 2016 年 4 月被首旅集团（600258）收购后退市，艺龙于 2016 年 6 月私有化，此处未列入统计范畴。从上市业务的细分领域来看，可分为八大板块，分别为景区板块（细分为自然景区和人文主题景区两大类）、酒店板块、餐饮板块、免税板块、旅行社板块、在线旅游 OTA 平台以及其他综合类。从上市公司的业务转型来看，转型或者布局旅游产业的上市公司以综合性集团和地产板块为主，以交运板块、园林板块公司为辅，还有其他公司，共 13 家。

表 1　旅游上市公司的细分领域分类

细分领域	上市公司
旅行社	凯撒旅游、众信旅游
人文主题景区	宋城演艺、中青旅、海昌海洋公园（HK）、大连圣亚
免税	中国国旅
自然景区	黄山旅游、北部湾旅、云南旅游、丽江旅游、西藏旅游、张家界、长白山、峨眉山（A）、九华旅游、曲江文旅、三特索道、桂林旅游、西安旅游
酒店	华住酒店（US）、锦江股份、首旅酒店、锦江酒店（HK）、岭南控股、华天酒店、金陵饭店、大东海（A）、
餐饮	全聚德、西安饮食
在线旅游 OTA 平台	携程网（US）、途牛（US）
其他综合类	香港中旅（HK）、腾邦国际

来源：根据 wind 数据库整理。

表2 转型旅游个股的上市公司

板块	上市公司
综合性集团和地产板块	华侨城、中弘股份、新华联、万达、复星、荣盛发展、云南城投
交运板块	宜昌交运
园林板块	棕榈股份、铁汉生态
其他	华谊兄弟、探路者、海航创新

来源：wind 数据库。

二 旅游上市公司按照细分板块的投资动向和发展趋势

（一）自然景区板块

景区类上市公司数量约占旅游行业的1/2。自然景区板块的上市公司大多拥有自然景点的独家经营权，即业务相对具有区域垄断性。此处的投资导向分为两类，一类为公司实际投资/增资的实体公司（见表3），另一类为外延扩张以景区投资为主的业务（见表4）。

表3 自然景区板块上市公司历年投资标的

公司	公告时间	标的	投资额(万元)	类型
桂林旅游	2008/2/29	贺州温泉旅游26%股权	426	温泉景区
	2014/3/29	桂圳置业65%股权	10140	房地产开发
	2014/3/29	罗山湖旅游70%股权	2590	景区
	2015/3/28	桂林温泉100%股权	2510	温泉景区
峨眉山A	2014/4/30	万年实业2.72%股权	6422	房地产开发
	2016/6/4	云南天佑50%股权	3100	信息科技咨询
丽江旅游	2010/9/30	雪山印象51%股权	21004	印象丽江演出
	2016/3/15	龙悦公司16.07%股权	1960	餐饮
	2016/12/31	云杉坪索道25%股权	8600	索道经营
西藏旅游	2017/2/23	西藏创意45%股权	1344	艺术品展销
三特索道	2008/3/28	海南浪漫天缘海上旅游有限公司60%股权	360	海上旅游观光
	2008/3/29	海南浪漫天缘海上旅游有限公司40%股权	240	海上旅游观光

续表

公司	公告时间	标的	投资额(万元)	类型
三特索道	2012/10/8	千岛湖索道100%股权	7000	索道经营
	2015/3/13	钟祥大洪山旅游5%股权	404	景区
	2015/3/14	崇阳三特45%股权	6269	旅游房地产开发
	2016/8/18	三特旅游49.86%股权	29920	旅游项目投资、开发
	2016/9/29	木兰生态置业70%股权	7000	房地产开发
北部湾旅游	2016/7/1	渤海长通65%股权	8200	海运
	2016/9/30	博康智能100%股权	165000	互联网软件服务
	2016/11/16	乐通公司100%股权	5500	海运
	2017/7/18	云南博康49%股权	12710	电子设备和仪器
张家界	2010/9/21	环保客运100%股权	64109	旅客运输
	2010/11/26	张家界国际大酒店27%股权	505	酒店
	2014/11/13	易程信息49%股权	93	互联网软件与服务
	2015/9/10	桑植农村商业银行8%股权	2800	区域性银行
云南旅游	2012/8/8	丽江国旅49.53%股权	247	旅行社
	2013/12/12	世博出租、云旅汽车、花园酒店、云旅酒店管理各100%股权	65662	公路运输,酒店
	2014/12/30	江南园林80%股权	47520	园林绿化
西安旅游	2011/4/28	西安海外旅游有限责任公司97.9%股权	232	出入境旅游
	2015/3/12	奥莱公司51%股权	2523	综合货品商店
	2016/3/23	西安中旅19.90%股权	140	旅行社

来源:wind数据库、上市公司公告。

表4 自然景区板块上市公司外延扩张项目

公司	公告时间	具体方向	目前进展
丽江旅游	2012年12月	大香格里拉生态旅游圈(奔子栏项目、月光城项目、泸沽湖项目)	• 奔子栏酒店2016年1月开业 • 月光城项目由于考虑到香格里拉独克宗古城2014年火灾后对于房屋的毁坏以及该地区的游客情况不及预期,将项目延迟到2019年开业 • 泸沽湖项目还处于拿地阶段
黄山旅游	2016年11月	东黄山开发(集团培育)、宏村、太平湖	• 东黄山项目属于政府性工程,2月24~25日《黄山风景名胜区东海景区详细规划》通过省住建厅组织的专家论证 • 宏村及太平湖项目均处于谈判阶段

公司	公告时间	具体方向	目前进展
峨眉山	2015 年 6 月	柳江古镇(集团培育)	
	2016 年 6 月	桫椤湖景区、后山开发	
张家界	2016 年 3 月	大庸古城项目	• 定增募集资金 12 亿项目建造大庸古城项目已通过证监会批准,2016 年 6 月 21 日动工建设,2018 年 8 月 18 日竣工
长白山	2014 年 4 月	温泉度假区	• 一期皇冠假日温泉度假酒店开业 • 二期项目将建设温泉综合体及配套

来源:wind 数据库、上市公司公告。

趋势一:早期较依赖门票经济,投资开拓与客流量正相关的业务板块,并拓展上下游产业链。景区门票毛利率受到资源稀缺性及市场景气度的影响;索道与交通业务依赖于景区客流与转化率情况;酒店及餐饮业务较高的市场化属性带来了激烈的外部竞争;旅行社业务能够对景区上市公司各业务进行线路的串联,发挥导流作用。随着传统单一景点在供给端竞争加剧和需求消费升级的压力下面临发展瓶颈,多数景区公司开始拓展上下游产业链。

趋势二:自然景区类上市公司内生增长受到客流量上限、市场竞争加剧、可开发区域受限、不可抗力因素大等影响,谋求外延拓展向度假游升级。景点类上市公司往往拥有得天独厚的旅游资源,有能力围绕资源开展相关业务。但随着国民经济发展,旅游需求从观光游转变为休闲度假。

趋势三:全域旅游背景下,门票收入将进一步被淡化。产业链的延伸将依托于以下三点:(1)从单点单一类型的景区向周边多样项目拓展,自然和人文混搭,单一景区和综合体项目串联;(2)单一依赖门票收入的路径向食住行游购娱等多项消费收入转变(见表5);(3)上市公司与政府、产业基金、运营方的商业合作模式发生变化,PPP 等模式进一步加深各方利益捆绑。

表5　自然景区板块的旅游上市公司业务布局

公司	索道	景区门票	交通运输	酒店	餐饮	旅行社
张家界	√	√	√	√		√
云南旅游		√	√	√		√
黄山旅游	√	√		√	√	
峨眉山	√	√	√	√		√
曲江文旅		√		√	√	
桂林旅游		√	√	√		√
北部湾旅		√				√
丽江旅游	√		√	√		√
西安旅游				√		√
九华旅游	√		√			√
中青旅		√		√		√
西藏旅游		√				√
长白山			√			√
三特索道	√	√	√	√		√

来源：wind 数据库、上市公司公告。

趋势四：上市公司与地方政府旅游集团的股权架构模式使得前者有较强的资产注入预期。受国有企业体制影响，上市公司投资行为并不完全受市场化竞争驱动。自然景区上市公司与地方旅游集团控股股东的股权架构模式，使得上市公司承担了更多地方政府开发核心旅游资源的融资渠道功能和政绩责任。也因为地方核心旅游资源和相应产业链为重要国有资产，上市公司在业务发展和投资动向上有较强的资产注入预期。

（二）人文主题景区

人文主题景区根据旅游目的地产品特点可初步分为两类，一类是围绕自然景区或人文景区，打造特色度假产品、旅游演艺等，如中青旅着力打造乌镇和古北水镇，宋城演艺以千古情演艺系列为主要业务。另一类以主题公园为产品核心，具有一定的 IP 内容消费属性，提供娱乐休闲项目，如大连圣亚与海昌海洋公园。相较于自然景区板块，人文主题景区并不天然拥有自然景观带来的客流优势，因此市场竞争更为激烈。上市公司的投资动向呈现投资业务多元发展、旅游产品更新换代、异地复制滚动发展、轻资产 IP 和管理输出开拓新商业模式等趋势。

趋势一：投资业务多元发展，以设立基金为主要募资和投资渠道。与自然景区围绕旅游产业链进行投资略有不同，人文主题景区公司投资方向更为多元化，原因有以下两点。其一是以宋城演艺和中青旅为代表的公司市值较自然景区公司大，投资方向更灵活分散；其二为景区受经济、社会、政策和天气等不可抗力因素影响较大，分散投资可抵御单一风险。同时，这些公司不仅仅依赖二级市场投融资渠道，而是选择发起或参与产业投资并购基金作为主要募资和投资渠道（见表6）。

趋势二：跟随市场和需求变化，旅游产品需加大投资进行更新换代。（1）从主题公园产品来看。未来消费内容的升级和度假区综合体模式的产品升级将成为热点，会具备 IP 内容生产或收购能力，拥有成熟线上线下渠道平台延伸 IP 消费的主题公园具有成长价值。（2）从景区经营向度假区综合体模式转变能够提升三个方面：一是团散客比例的提升，二是客单价的提升，三是游客停留时间的延长。度假区模式的经营转变与国内中产阶级数量的爆发和消费升级的经济背景紧密相关。

趋势三：异地项目复制滚动发展。单一景区面临游客接待人次瓶颈上限、吸引力下降和不可抗力因素等风险。与传统自然景区不同，对于人文主题景区来说，产品核心吸引力并不在自然资源，而在细分的单一旅游产品商业模式的培育和复制，此类产品相对来说并不受区域发展限制。因此人文主题景区最显著的投资发展策略为多区域发展战略。

趋势四：轻资产 IP 和管理输出开拓新商业模式。以自然景区、人文主题景区和度假区为主的大型项目，一般需要以重资产培育的方式确保从投资、开发至运营的完整闭环。轻资产模式主要针对产品模式成熟、体量较小、IP 品牌影响力大的休闲度假产品。可平衡公司轻重资产的投资风险、加快外延扩张布局的节奏。

（三）旅游服务企业板块

因在线旅游OTA平台板块和旅行社板块的融合进一步加强，此处将它们归在一起作为旅游服务企业板块。从出境游业务的产业链角度来看，上游为目的地旅游资源及相关产品，下游直接对接消费者，旅行社处于中游，整合上游资源并服务下游客户。因此旅游服务企业本质上为资源整合、渠道分销和产品服务。旅游服务企业行业门槛较低但区域垄断性强，投资并购频发，正在逐步走向寡头垄断。在线旅游OTA平台板块集中在美股上市，是为

表6　人文主题景区上市公司历年投资标的和外延扩张项目

公司	时间	标的	投资额（万元）	标的类型
中青旅	2004年6月	北京中青旅创格科技有限公司	5089	商贸技术服务
	2008年8月	北京中青旅风采科技有限公司18%股权	4355	技术服务
	2010年2月	深圳中青旅山水酒店股份有限公司51%股权	9600	酒店
	2010年6月	北京古北水镇旅游有限公司	88448	主题景区
	2013年11月	桐乡市濮院旅游有限公司	24500	主题景区
	2014年4月	乌镇旅游15%股权	41449	主题景区
	2017年7月	中青旅红奇（横琴）旅游产业投资基金	10000	产业基金
宋城演艺	2011年8月	三亚千古情旅游演艺有限公司	49000	主题演出
	2011年10月	丽江千古情旅游演艺项目	33400	主题演出
	2011年11月	石林阿诗玛旅游演艺有限公司	22000	主题演出
	2013年2月	天源旅游公司80%股权	1500	主题景区、演艺
	2013年12月	大盛国际35%股权	12250	电影制作发行
宋城演艺	2014年4月	本末文化60%股权		文化艺术活动策划
	2014年12月	中杂公司38%股权，北歌公司20%股权		杂技、歌舞表演
	2015年4月	容中尔甲60%股权	8700	互联网信息服务
	2015年7月	深大智能20%股权	13900	文艺演出
	2015年8月	六间房100%股权	260205	智慧旅游
	2015年9月	浙江宋城龙泉山旅游开发有限公司	12000	旅游开发

续表

公司	时间	标的	投资额 (万元)	标的类型
宋城演艺	2015 年 9 月	桂林漓江千古情演艺发展有限公司	14000	主题演出
	2015 年 11 月	上海宋城世博演艺发展有限公司	13200	城市演艺
	2015 年 12 月	宋城娱乐 30% 股权	1500	影视娱乐
	2016 年 4 月	宋城演艺发展(上海)有限公司	50000	主题演出
	2016 年 5 月	张家界千古情演绎发展有限公司	12000	主题演出
	2016 年 11 月	澳大利亚传奇王国项目	200000	主题公园
	2016 年 12 月	SPACES11.23% 股权	410 (美元)	虚拟现实、混合现实
	2016 年 12 月	七弦创新娱乐投资基金	5000	投资基金
	2017 年 3 月	灵动时空 100% 股权	38000	移动网络游戏
	2017 年 4 月	西安千古情演艺发展有限公司	10000	主题演出
大连圣亚	2012 年 1 月	大连圣亚改扩建、三山岛"海上看大连"项目	24200	主题旅游
	2012 年 7 月	大连星海湾金融商务区旅游管理有限公司	1320	旅游开发
	2016 年 2 月	圣亚欢乐海岸旅游发展有限公司	1000	主题旅游
	2016 年 3 月	圣亚(北京)投资管理有限公司	10000	投资金融
	2016 年 12 月	奥美基金 80% 股权	14045	股权投资基金
	2017 年 7 月	大连圣亚磐京基金	2500	投资基金
海昌海洋 公园(HK)	2014 年 12 月	大连海昌发现王国主题公园 100% 股权	417000	主题公园
	2015 年 1 月	上海海昌极地海洋世界	728100	主题公园
	2015 年 11 月	三亚海昌梦幻世界项目	385500	主题公园
	2017 年 6 月	郑州海昌极地海洋公园项目	154973	主题公园

来源：wind 数据库、上市公司公告。

了加大旅游服务的布局。通过对旅游服务类企业的产业链梳理，投资标的主要围绕上游资源端整合、中游分销企业兼并、下游服务类业务开展、线上线下加强融合四方面趋势为主。

趋势一：上游资源端整合，从轻到重转变。目的地旅游资源包括交通（飞机、火车、汽车、游轮）、住宿（酒店、度假村、民宿）、餐饮（当地特

产、美食）、景区（门票、娱乐项目）和其他（攻略、签证、保险、WiFi、导游）等。当公司拥有的客源端流量足以支撑上游资源端时，获取目的地资源是重要整合方式。凯撒旅游的大股东为海航集团，在资源端具有先天优势，海航系在海外的所有目的地旅游资源皆可凭借旅行社平台实现流量变现。同理，万达系投资同程和途牛等旅行社也是为了实现资源端的客流量变现。

趋势二：中游分销商企业兼并，行业从分散趋向集中。旅行社业务的门槛较低但具有一定的区域垄断性，因此毛利率较低且市场份额分散。对同类企业进行兼并收购对减少恶性竞争、集中企业市场份额有所裨益。

趋势三：下游服务类业务开展，从单一旅游向多元化服务拓展。下游服务类业务包括目的地多元服务、支付平台和内容的业务，还包括除旅游之外的其他出境服务需求，如游学、投资、兑汇等。

趋势四：线上线下加深融合。在线旅游 OTA 平台加强线下业务即旅行社布局，而旅行社也投资线上平台。两方融合的目的皆是为了获取流量、提升服务水平、加强流量转化。

表7　出境游旅行社上市公司历年投资/并购标的

公司	时间	标的	投资额（万元）	标的类型
凯撒旅游	2015 年 8 月	大洋假期国际旅行社	5000	邮轮销售
	2015 年 11 月	易食有限公司	20000	航空配餐
	2015 年 11 月	易启行网络科技有限公司	6000	网络科技
	2015 年 11 月	北京首航假期网络科技有限公司	2000	航空互联网
	2015 年 11 月	凯撒同盛 100% 股权	240000	出境旅游服务
	2016 年 2 月	凯撒到家 80% 股权	8000	投资管理
	2016 年 3 月	乐视体育 3% 股权	60000	体育旅游
	2016 年 3 月	活力天汇 11.6% 股权	25000	移动互联网创新、旅游预订移动端
	2016 年 12 月	易生金服 8.5% 股权	55000	旅游支付、旅游金融、旅游金融服务
	2016 年 9 月	天天商旅 60% 股权	14859	出境游、酒店与度假产品的预订分销

续表

公司	时间	标的	投资额（万元）	标的类型
众信旅游	2014 年 5 月	香港众信国际旅行社有限公司	496	出境游
	2014 年 8 月	香港众信九鼎公司	10000	
	2014 年 9 月	地中海俱乐部	3000（欧元）	休闲度假村
	2015 年 4 月	竹园国旅 70% 股权	63000	出境游批发业务
	2015 年 4 月	杭州众信 100% 股权	50	旅行社
	2015 年 4 月	乾坤运通 51% 股权	520	外币兑换业务
	2015 年 4 月	巨龙国际	360	旅行社
	2015 年 7 月	创新工厂基金	2500	投资管理
	2015 年 8 月	北京周游天下国际旅行社 51% 股权	7487	出境游
	2015 年 9 月	美国天益游旅游集团		目的地旅游
	2015 年 12 月	中国海外旅游投资管理有限公司	562.5（港币）	海外投资
	2016 年 1 月	穷游网 6% 股权	16200	出境游社区

来源：wind 数据库、上市公司公告。

表 8   在线旅游 OTA 板块上市公司历年投资并购标的

公司	时间	标的	投资额（万元）	标的类型
携程网	2009 年 8 月	易游网		网络旅游服务
	2010 年 4 月	中国古镇网 100% 股权		在线服务
	2010 年 12 月	首旅建国 15% 股权		酒店
	2010 年 12 月	汉庭酒店 8% 股权		酒店
	2011 年 7 月	久久票务网		网络订票
	2012 年 2 月	香港永安旅游 100% 股权	8900（美元）	旅行社
	2014 年 1 月	途风旅游	10000（美元）	在线旅游
	2014 年 4 月	开元旅游	50000	在线旅游
	2014 年 4 月	去哪儿网 100% 股权	2020119	在线旅游
	2014 年 4 月	途牛与同程部分股权	21500（美元）	在线旅游
	2014 年 7 月	世纪明德		游学服务
	2015 年 1 月	Travelfusion70% 股权	721000	机票预订
	2015 年 5 月	艺龙 37.6% 股份	244524	在线旅游
	2016 年 1 月	MakeMyTrip	18000（美元）	在线旅游
	2016 年 7 月	东方航空 3% 股权	30000	航空公司
	2016 年 10 月	海鸥旅游、纵横集团		旅行社
	2016 年 11 月	天巡 100% 股权	1200000	旅游搜索
	2017 年 1 月	唐人接		专车服务
途牛	2015 年 3 月	中山国旅、经典假期		出境游
	2015 年 8 月	五洲行		旅游批发商

来源：wind 数据库、Bloomberg 数据库。

表9　腾邦国际历年投资并购标的

公司	时间	标的	投资额（万元）	标的类型
腾邦国际	2012 年 5 月	世纪风行 51% 股权	1868	旅行社
	2014 年 3 月	厦门思赢 60% 股权	1160	机场服务
	2014 年 8 月	八千翼 60% 股权	1200	互联网软件与服务
	2014 年 11 月	欣欣旅游 65% 股权	19500	在线旅游
	2015 年 1 月	新干线旅行社 60% 股权；新干线旅行社使用的共计 555.14 平方米茂业东方时代物业	5385	旅行社
	2015 年 8 月	中沃保险经纪 100% 股权	1421	保险经纪商
	2015 年 10 月	前海股权交易中心部分股权	25000	特殊金融服务
	2016 年 8 月	八爪鱼 4.17% 股权	5000	在线旅游
	2017 年 1 月	捷达旅游 52% 股权	5200	旅行社
	2017 年 4 月	腾邦旅游 30% 股权	30000	旅行社

来源：wind 数据库、上市公司公告。

图1　旅游服务企业产业链

来源：艾瑞咨询。

（四）酒店板块

我国酒店行业集中度较高，锦江酒店、华住酒店和首旅如家是龙头企业。经过多年发展，经济型酒店体系已较为成熟，扩张减缓，市场呈现寡头垄断的格局。中端酒店整体呈现上升趋势，品牌体系逐渐多元化，在消费升级的带动下其规模将继续扩大。龙头企业通过外延并购实现酒店全系列布局，不仅并购国内的酒店，还加大并购全球的酒店品牌。

趋势一：不断兼并其他酒店品牌，丰富酒店类型和产品线。通过兼并重组提高市场份额，通过规模扩张提升集团综合品牌价值。

趋势二：国有企业加大对民营企业的收购，区域龙头强者恒强。受酒店行业历史因素影响，锦江、首旅和岭南控股各据区域一方。近年国有企业受混改政策鼓励，加快了对龙头民营企业的并购，国有资源背景叠加民营运营效率，龙头企业强者恒强。

趋势三：投资多元化商业业态。长租公寓、联合办公等商业业态丰富了地产用途，酒店集团消化了闲置房源，酒店行业跨界投资此类业务用以零售、餐饮、文化、艺术，等等。

趋势四：酒店投资热潮从经济型向中端型酒店转变。经济型酒店已实现寡头垄断，扩张减缓；中端型酒店 CR3 市场集中度不足 1/3，处于扩张白热化阶段。

表 10　酒店板块龙头企业历年投资/并购标的

公司	时间	标的	投资额（万元）	标的类型
锦江股份	2011 年 2 月	锦江之星 71.225% 股权，旅馆投资 80% 股权，达华宾馆 99% 股权	306703	酒店
锦江股份	2013 年 6 月	时尚之旅 100% 股权	71000	酒店
	2015 年 3 月	卢浮集团 100% 股权	1259190	酒店
	2016 年 2 月	铂涛集团 81% 股权	826937	酒店
	2016 年 7 月	维也纳酒店、百岁村餐饮 80% 股权	174.960	酒店、餐饮
	2016 年 12 月	上海齐程网络科技有限公司	10000	酒店共享平台
首旅酒店	2009 年 12 月	和平宾馆 78% 股权	28342	酒店
	2010 年 1 月	新侨饭店 100% 股权	24280	酒店
	2012 年 2 月	首旅建国 75% 股权，首旅酒店 100% 股权，欣燕都酒店 100% 股权	20368	酒店
	2012 年 12 月	首旅建国 25% 股权	2245	酒店
	2014 年 6 月 ~ 2017 年 4 月	南苑股份 95% 股权	——	——
	2014 年 6 月	石家庄雅客怡家快捷酒店 65% 股权	2548	酒店

旅游绿皮书

续表

公司	时间	标的	投资额（万元）	标的类型
首旅酒店	2014 年 12 月	南苑股份 70% 股权	28000	酒店
	2015 年 3 月	北京首旅寒舍酒店管理有限公司	510	酒店
	2015 年 9 月	北京首旅酒店电商信息技术有限公司	500	电子商务
	2015 年 9 月	北京首旅寒舍文化旅游发展股份有限公司	1750	酒店
	2015 年 12 月	如家酒店集团 100% 股权	1105100	酒店
	2016 年 3 月	浙江未来酒店网络技术有限公司	1500	电子商务
华住酒店	2016 年 3 月	新派公寓 CYPA	千万级	公寓
	2016 年 6 月	思微 SimplyWork		联合办公
	2016 年 9 月	方糖小镇		联合办公
	2016 年 12 月	CREATER 创邑	亿元级	联合办公
	2016 年 2 月	桔子水晶酒店集团 100% 股权	365000	酒店
	2017 年 7 月	城家公寓	5000（美元）	公寓
岭南控股	2014 年 3 月	大角山酒店 51% 的股权	10810	酒店
	2014 年 7 月	岭南国际 100% 股权	6400	酒店
	2017 年 3 月	广之旅 90.45% 股权；花园酒店 100% 股权；中国大酒店 100% 股权	343692	旅行社、酒店
金陵饭店	2017 年 3 月	南京世贸 55% 股权	6794	百货商店
华天酒店	2008 年 3 月	中国银行股份有限公司湖南省分行与香港咏亨有限公司对国金公司相关债权和国金公司 100% 股权	23000	多元化银行
	2008 年 6 月	湖北凯旋门大酒店管理有限公司 100% 股权	29500	酒店
	2008 年 10 月	长春华天大酒店 98.8% 股权	39520	酒店
	2009 年 12 月	株洲华天大酒店有限责任公司 44.71% 股权	14560	酒店
	2009 年 12 月	长沙华盾实业有限公司 45% 股权	3900	建材
	2011 年 2 月	湖南湘潭国际金融大厦有限公司 100% 股权		房地产开发
	2011 年 2 月	资阳商贸投资 100% 股权	3380	房地产开发
	2013 年 3 月	紫东阁华天 63.87% 股权	16309	酒店
	2014 年 1 月	永州华天城置业 70% 股权	3501	房地产开发
	2014 年 3 月	浩博基业 62% 股权	1632	房地产开发
	2014 年 8 月	华天湘菜 30% 股权	432	餐饮
	2015 年 10 月	张家界华天酒店 24.42% 股权	35000	酒店
	2016 年 4 月	星亿东方 1.695% 股权	2500	广告

来源：wind 数据库、上市公司公告。

（五）餐饮板块

餐饮板块上市公司较少，主要为全聚德和西安饮食，且均为老字号餐饮企业，其中西安饮食 2017 年 6 月控制权变更为华侨城所有。近两年，随着租金、人工、原材料等成本的上升，餐饮业盈利能力的提升主要通过加盟店占比和规模效应来实现。目前我国餐饮业的经营模式以直营为主，融资渠道较少，还处于成长阶段（见表 11）。

表 11　餐饮板块投资并购情况

公司	时间	标的	投资额（万元）	标的类型
全聚德	2008 年 4 月	北京市丰泽园饭店 100% 股权	1389	餐饮
	2008 年 4 月	北京市仿膳饭庄 100% 股权	3548	餐饮
	2008 年 4 月	北京国门全聚德烤鸭店有限责任公司 60% 股权	154	餐饮
	2008 年 4 月	北京市四川饭店 100% 股权	561	餐饮
	2011 年 3 月	新疆全聚德 85% 股权	13838	餐饮
	2011 年 12 月	无锡市金聚源餐饮管理有限公司 80% 股权	1040	餐饮
	2015 年 3 月	新疆全聚德 15% 股权	2257	餐饮
西安饮食	2013 年 5 月	杜康酒业部分股权	20000	酿酒
	2013 年 12 月	秦颐餐饮 100% 股权	9281	餐饮

来源：wind 数据库、上市公司公告。

（六）免税板块

我国免税业由国家统一管理，相关政策引导、人民币贬值、出境游低迷、国内奢侈品降价等因素导致奢侈品消费回流国内，驱动免税业发展。未来，在消费回流趋势下政策红利不断释放，国家免税业大一统情况下会强者恒强。中国国旅是免税业唯一的 A 股上市公司。

表12　中国国旅投资并购情况

公司	时间	标的	投资额 （万元）	标的类型
中国国旅	2011 年 7 月	国旅（北京）信息科技有限公司	2193	电子支付
	2014 年 3 月	国旅青岛投资发展有限公司	10200	房地产开发
	2017 年 7 月	日上中国 51% 股权	3882	免税经营

来源：wind 数据库、上市公司公告。

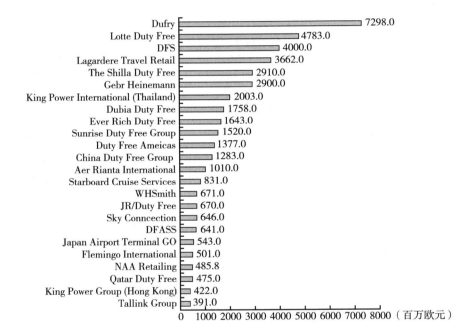

图2　2016 年全球各大免税集团销售额

来源：wind 数据库。

三　转型/投资旅游的上市公司投资动向和发展趋势

传统企业在原有行业增速下滑和市场竞争压力日趋加大的情况下，需要新兴产业平衡发展方向。在转型或投资旅游的上市公司中，房地产公司进入旅游产业时间最早、项目资金额最大且个股标的最多。这和早期旅游行业投资景区领域时重资产、重资本的属性分不开。特别是结合旅游、文化等项目，传统房地产行业业务模式得到改变，盈利空间增大。"旅游＋地产"模式衍生出新的商业模式和附加值。

趋势一：地产公司是转型/投资旅游景区领域的主力军。旅游景点领域包括自然稀缺资源和人文主题公园，这些都是地产公司投资的主要标的。旅游景点项目的拿地、开发、建设和运营过程和房地产开发的属性有高度重合之处，在传统住宅业务承压情况下转型旅游景点，甚至是借旅游项目开发获取地产板块的溢价，是地产公司多元化业务和商业转型的自然选择。

趋势二：旅游景区投资从自然稀缺资源、人文主题公园向特色小镇、复合式度假村等多元业务进阶。与旅游需求发展的阶段保持一致，上市公司对景点领域的投资也遵循从自然稀缺资源、人文主题公园向特色小镇、复合式度假村等多元业务进阶。

趋势三：相较于国有企业，民营企业转型旅游步伐大、能力强、投资标的多元化。值得注意的是，因为大部分转型上市公司为民营企业，所以相较于旅游上市公司景区板块的国有资产属性特质，此类上市公司的投资标的呈现多元化、转型快、海外扩张、异地复制能力强、供给追随甚至引领需求的特征。

趋势四：中长期旅游玩家活跃，房地产企业、互联网企业和综合性集团三足鼎立。旅游板块的消费升级属性强，是第三产业的重要发展方向。近年来重要的市场玩家纷纷通过直接投资控股或间接参股的方式布局旅游领域。

表 13　转型/投资旅游的上市公司的投资标的

公司	时间	标的	股权比例（%）	投资额（万元）	标的类型
华侨城 A	2010 年 12 月	深圳市华侨城酒店集团有限公司	18	18338	酒店
	2013 年 12 月	欢乐海岸旗下水秀、海洋奇梦馆两项资产		22600	文化旅游
	2015 年 12 月	武汉华侨城 15.15% 股权，上海华侨城 9.87% 股权及酒店管理公司 38.78% 股权		98517	酒店、投资、实业

续表

公司	时间	标的	股权比例（%）	投资额（万元）	标的类型
中弘股份	2012 年 2 月	长白山望天鹅旅游开发有限公司	80	8000	旅游景点开发
	2012 年 3 月	西双版纳路南山旅游度假开发有限公司	80	8000	旅游景点开发
	2012 年 4 月	微山岛旅游开发有限公司	80	8000	旅游景点开发
	2012 年 6 月	海南如意岛旅游度假投资公司	45	22500	旅游投资开发
	2012 年 8 月	宜昌前坪岛旅游度假开发有限公司	80	8000	旅游投资开发
	2012 年 9 月	中弘旅游投资有限公司	80	8000	旅游投资
	2014 年 1 月	亚洲旅游	11	4815	机票、酒店、景点预订
	2015 年 11 月	亚洲旅游	52	45249	机票、酒店、景点预订
	2016 年 6 月	三亚小洲岛酒店投资管理有限公司	59	43464	酒店投资管理
	2017 年 5 月	A&K 公司	91	286146	旅游服务、奢华旅行
新华联	2013 年 4 月	炎陵新华联神农谷国际旅游度假区开发有限公司	60	30000	旅游景区开发
	2013 年 5 月	北京新华联文化旅游发展有限公司	100	50000	文化旅游
	2015 年 6 月	海南香水湾	95	70406	海边娱乐、休闲度假
	2016 年 8 月	黄金海岸	8	3135	娱乐场业务
	2016 年 8 月	黄金海岸	13	988000（韩元）	娱乐场业务
万达	2012 年 4 月	西双版纳国际度假区		1600000	旅游度假
	2012 年 7 月	长白山国际度假区		2000000	旅游度假
	2013 年 6 月	南昌万达文化旅游城		4000000	文化旅游
	2013 年 6 月	英国圣汐游艇公司	92	306200	游艇
	2013 年 6 月	万达伦敦 ONE		70000（英镑）	高端酒店
	2014 年 1 月	达沃斯高星级酒店项目			酒店
	2014 年 1 月	英国文化旅游商业综合项目		300000（英镑）	酒店公寓
	2014 年 8 月	黄金海岸珠宝三塔项目		90000（美元）	

续表

公司	时间	标的	股权比例（％）	投资额（万元）	标的类型
万达	2015 年 7 月	同程旅游		358000	在线旅游
	2015 年 11 月	黄金海岸主题公园		数十亿（澳元）	主题公园
复星	2013 年 7 月	中国国旅	2	51200	旅行社
	2015 年 3 月	托马斯库克集团	5	9190（英镑）	旅行社
	2015 年 3 月	携程旗下爱玩公司		数千万元	主题旅游
	2015 年 3 月	地中海俱乐部	98	96000（欧元）	旅游度假
	2016 年 5 月	三亚亚特兰蒂斯项目		1100000	度假酒店
荣盛发展	2014 年 1 月	神农架林区龙降坪旅游综合开发项目		19000	旅游开发
	2014 年 1 月	黄山太平湖金盆湾旅游综合开发项目		500000	旅游开发
	2016 年 1 月	怀来总部经济商务花园项目			旅游观光
	2017 年 4 月	神农架林区东部、北部综合旅游开发项目		1500000	旅游开发
云南城投	2011 年 1 月	西山国家级风景名胜区景前区项目公司		7000	旅游开发
	2013 年 3 月	云南温泉山谷集团	60	38800	旅游度假
	2016 年 4 月	云南金澜湄国际旅游投资开发有限公司	35	3500	旅游投资开发
	2017 年 9 月	九江市云南旅游综合开发有限公司	67	20100	旅游开发
宜昌交运	2013 年 1 月	新起点	29	7000	旅游景点开发
	2014 年 4 月	新起点	63	10000	旅游景点开发
棕榈股份	2016 年 1 月	桂林棕榈仟坤	41	8200	文化旅游
	2016 年 5 月	圆融旅业	51		旅游开发
	2016 年 8 月	赣州时光文旅		9566	文化旅游
	2016 年 10 月	阳光海湾特色小镇项目		300000	旅游景区

续表

公司	时间	标的	股权比例（%）	投资额（万元）	标的类型
棕榈股份	2016 年 11 月	扬州棕榈文化旅游发展有限公司		7000	文化旅游
	2017 年 5 月	梅州市棕榈华银文化旅游发展有限公司		7000	旅游开发
	2017 年 5 月	宁波时光海湾景区开发投资管理有限公司	25	9300	旅游开发
	2017 年 6 月	江苏清水潭景区建设管理有限公司	95	51300	旅游开发
	2017 年 9 月	江西棕榈文化旅游发展有限公司	80	8000	文化旅游
铁汉生态	2015 年 12 月	梅州市汉嘉旅游投资管理股份有限公司	90	21600	景区建设
华谊兄弟	2011 年 5 月	苏州电影主题公园			主题公园
	2012 年 5 月	观澜湖 - 华谊 - 冯小刚电影公社		550000	文化旅游
	2015 年 12 月	昆明电影文化小镇			文化旅游
	2015 年 11 月	西安曲江电影文化小镇			文化旅游
	2016 年 3 月	青岛崂山电影文化小镇项目		300000	文化旅游
探路者	2013 年 8 月	Asiatravel	14	800（新加坡元）	机票、酒店、景点预订
	2014 年 9 月	行知探索旅行社	57	3900	旅行社
	2015 年 3 月	易游天下	75	23073	旅行社
	2015 年 4 月	Asiatrave	17	1934	机票、酒店、景点预订
	2015 年 12 月	行知探索	21		体验式文化活动、探险旅行
海航创新	2010 年 8 月	平湖九龙山海洋花园	40	8000	旅游度假
	2010 年 9 月	平湖九龙山围垦工程有限公司	50	1000	旅游开发
	2014 年 9 月	平湖九龙山游艇湾度假酒店有限公司		1650（美元）	度假酒店
	2016 年 7 月	平湖市九龙山项目			旅游度假
	2017 年 6 月	平湖九龙山围垦工程有限公司	93	34102	旅游开发

来源：wind 数据库、上市公司公告。

G.14
从莫干山民宿发展看当前
我国旅游投资的隐患

王莹　金准　王昱*

摘　要： 旅游已成为我国投资的热点领域，受到各级政府及投资主体
的高度关注，但在我国旅游投资总体规模不断扩大的同时，
同质化竞争、投资效益低下等问题开始显现。民宿是当前旅
游投资的热点，莫干山民宿是其中的缩影，莫干山民宿投资
出现的问题、政府为解决问题所做的积极探索，为旅游投资
提供了典型案例，验证了只有理性看待旅游投资热潮、建立
投资规则、明确投资边界、导入投资蓝海，才能避免投资泡
沫，促进我国旅游投资健康发展。

关键词： 旅游投资　泡沫经济　莫干山　民宿

一　当前我国旅游投资状况与隐患

20 世纪末以来，在国家财政与人民收入日益增长以及休假时间增加
的背景下，旅游业得到了持续快速的发展。当前中国已拥有全球规模最

* 王莹，浙江工商大学旅游与城乡规划学院教授、硕士生导师，研究方向为区域旅游开发与规
划、旅游景区经营管理；金准，管理学博士，中国社会科学院旅游研究中心秘书长，中国社
会科学院财经战略研究院副研究员，主要研究方向为旅游政策、城市旅游；王昱，浙江工商
大学旅游与城乡规划学院硕士研究生。

大的国内旅游市场，而且 2013 年以来已连续 4 年成为世界第一大出境旅游消费国。不断攀升的国民旅游消费刺激了旅游投资，引起国家和社会的高度重视。

（一）空前的投资集聚

"十三五"以来，我国将旅游业发展上升到国家战略层面，频频出台旅游发展利好政策，不断加大财政引导资金力度。在我国经济下行压力加大的情况下，旅游投资持续保持逆势上扬的态势，成为社会投资热点和最具潜力的投资领域。2016 年全国旅游业实际完成投资 12997 亿元，同比增长 29%，达到我国旅游投资历史上的最高峰，比第三产业和固定资产投资增速分别高 18 个百分点和 21 个百分点，较房地产投资增速高 22 个百分点。资金的集聚推高了单体项目的投资额，投资额 100 亿元以上的旅游项目达 222 个，实际完成投资 2479 亿元，比 2015 年增长 55.2%，成为增速最快的类型①。

（二）宏观报喜，微观分化

旅游经济的迅猛发展使得旅游业成为我国宏观经济的领跑者，至 2016 年，65 家已上市的国内旅游企业整体市值 12 年增长了 13 倍，共计 4063.2 亿元。但是在整个行业欣欣向荣的同时，旅游企业经营状况开始分化，新型业态的旅游企业表现出较好的发展态势，但传统业态的旅游企业近几年来一直不能遏止亏损的趋势。2016 年财务指标显示，在景区、旅行社、酒店三大类共 34 家上市企业中，有 38% 的企业营业收入呈负增长，有 59% 的企业净利润呈负增长。其中酒店板块经营业绩最为低迷，我国星级饭店 2014 年和 2015 年分别亏损 59.21 亿元和 14.26 亿元，持续多年的亏损状态仍未出现扭转的迹象②。

---

① 国家旅游局：《2016 中国旅游投资报告》，2017 年 5 月 19 日。
② 国家旅游局：《2016 中国旅游上市企业发展报告》，2017 年 5 月 21 日。

（三）隐患与泡沫并存

我国旅游市场的巨大潜力毋庸置疑，旅游行业的每一个细分领域均会创造出巨大的投资机遇，新型旅游业态将成为新的投资热点，旅游投资空前火爆现象还将持续。但尚未健全的旅游投资引导机制、较低的旅游投资门槛使得旅游投资市场鱼龙混杂。也有一些投资者缺乏对旅游行业的正确认知，过度看重局部利益和现实需求，盲目争夺热门项目，相互模仿、简单复制、超计划建设，不仅浪费资金、对当地资源造成不可修复的破坏，也造成同质化竞争，使得旅游产业总体投资回报率较低。

二 莫干山民宿发展历程对当前旅游
投资的借鉴价值

民宿是当前我国旅游投资热点中的热点，莫干山民宿则是其中的一个缩影，其在发展历程中所遇到的问题，对于未来我国旅游投资特别是新业态旅游投资领域具有典型的案例价值。

（一）四个共同点

1. 长期培育的过程

旅游投资领域的成熟或投资热土的形成是长期培育、各种因素磨合后的结果。莫干山之所以快速成为民宿投资的热土、"洋家乐"品牌的原创地，不仅是因为其地处经济发达的长三角地区，交通便利、区位优势明显，风景秀丽、历史文化氛围浓厚，生态环境与旅游资源丰富等，还因为莫干山长期沉积的地域文化与民宿品牌完美契合，莫干山民宿唤醒和延续了莫干山具有海派特征的休闲度假文化，并赋予其时代特征。此外，浙江省对乡村旅游发展的政策扶持与财政支持一直走在全国的前列，浙江省丰富的民间资本；公民具有较强的经济意识和法律意识，有较好的契约精神；以中国美院为代表的庞大的设计师队伍，都为民宿投资营

造了成熟开放的大环境。

2. 快速集聚的资本

新型业态对资本的诱惑在民宿投资中表现得十分明显，从早先的本地居民、创业者、文青、设计师、传统酒店从业者等个人投资，到后来的酒店企业、在线旅游 OTA 平台等竞相布局，金融机构、风投瞄准民宿，推进了民宿品牌连锁和产业规模快速扩张，出现井喷式发展。据不完全统计，2014～2016 年，我国大陆客栈民宿的数量分别达到 30231 家、42658 家和 53852 家[1]。莫干山民宿除最早由外籍人士自发投资以外，与全国情况类同，从 2007 年起吸引各路资本投资民宿。

3. 卓实有效的政府推进

莫干山民宿投资的快速火爆，与政府有形之手的推进密切相关。面对 2007 年以来市场自发的民宿投资，德清县政府快速做出响应：2009 年德清县率先在全国提出"洋家乐"概念，2011 年专门成立德清县西部涉外休闲度假项目服务小组，2014 年德清县风景和旅游管理局出资打造官方网站。2014 年成立了农家乐休闲旅游领导小组，安排专项资金补助农家乐休闲旅游业发展；在民宿聚集地区建立民宿行业协会、红管家服务驿站等，协调处理农户、民宿经营者及游客之间的矛盾纠纷。

4. 规则和边界的缺失

政府在推进莫干山民宿发展中以鼓励发展为主，规范管理滞后，这导致投资市场的混乱与投机者的出现。在莫干山民宿发展早期，投资者、政府、消费者对民宿各有各的理解，民宿、精品酒店、文化酒店、度假村概念不分，如"洋家乐"虽然以民宿为主，但也包含度假村、庄园、俱乐部、休闲餐饮等多种业态，针对民宿的服务设施与服务标准缺失。直至 2014 年，德清县政府才意识到这一些问题对民宿发展的影响，出台了地方民宿管理办法与民宿服务质量等级划分与评定标准。

---

① 客栈群英汇：《2016～2017 中国客栈民宿行业发展研究报告》，2017 年 5 月 10 日。

（二）四个典型性

1. 以小见大，从小民宿看大投资

民宿单体投资虽小，但投资群体庞大，涉及利益面广，竞争也更为残酷。因此成功的民宿投资，首先需要对自身优势有准确判断，要创新经营模式，提供个性而多元化的服务。当前莫干山民宿中较为成功的投资与经营者均较好地遵循了这一规律，这对于需要不断进行业态创新、模式创新、技术创新的旅游投资领域具有重要的借鉴意义。

2. 以长看短，从莫干山民宿的相对长周期看处于投资兴旺期的中国旅游业

莫干山民宿发展从启动、发展到目前面临的困惑，历经了投资的各个阶段，这期间政府对莫干山民宿发展的调控、投资者行为的修正和消费者认知的变化，都能为处于投资兴旺期的中国旅游业、处于不同阶段的各个旅游投资领域提供借鉴。

3. 以特殊看一般，从民营经济的发达地区看政府和市场的关系

未来，我国旅游投资中民营资本占比将会进一步增大，如何看待旅游投资中政府的作用，如何处理好政府与市场的关系，需要在实践中不断探索。民宿投资是门槛较低的商业性投资，在民营经济发达的地区，投资民宿成为资本市场的选择。但是民宿投资领域相关群体利益关系复杂，不能完全依赖市场无形之手，那么政府有形之手如何发挥作用，莫干山民宿发展提供了借鉴。

4. 以危机看防范，从已显危机的案例看如何防范投资泡沫

当前莫干山民宿面临同质化竞争、投资回报降低、品牌形象受损等问题，分析莫干山民宿危机的根源，了解政府化解问题的新举措，能为防范我国未来旅游投资新领域出现泡沫起到警示作用。

三　莫干山民宿发展的基本历程

莫干山民宿是对浙江省德清县境内 104 国道以西民宿的统称，主要涉及

莫干山镇以及武康街道、舞阳街道、阜溪街道等部分地区。莫干山在民国期间就有利用民居接待游人的记载，20世纪20年代成为长三角地区的避暑胜地，当时一批外国商人在这里兴建别墅，莫干山被称为浙江的"上海滩"。之后，中国人也开始在莫干山兴建别墅，至今许多名人别墅仍保留在山上。20世纪80年代，莫干山仍是我国著名的避暑用地，但此后由盛转衰，进入21世纪，仍少有游客。2002年莫干山"颐园"的开发，被认为是现代意义上的第一家民宿。2007年，来自南非的高天成租下三九坞8栋老房子，将其改造成精品民宿"裸心乡"，成为首家"洋家乐"，开启了莫干山民宿快速发展的序幕。2009年，高天成又投资1.5亿元建立一个面向外国游客的度假村"裸心谷"，莫干山"洋家乐"名声大振。"裸心乡""裸心谷"的成功吸引了法国、英国、比利时、丹麦、韩国等多国在华外籍人士到莫干山投资"洋家乐"，同时也吸引了社会资本投资莫干山民宿，激发了本地居民自建民宿。随着"裸心乡""法国山居""隐·莫干""西坡29号"等品牌快速崛起，以"洋家乐"为代表的莫干山民宿享誉国内外。2012年，莫干山被《纽约时报》评选为"除长城外15个必须去的中国特色地方之一"和"全球最值得去的45个地方之一"，2016年登上了全国高考地理试卷。

从投资规模分析，2007年以前，莫干山民宿是极个别的、无知名度的；2007年以后则为规模与知名度齐升阶段；2014年以后，民宿投资加速。截止到2017年8月，德清民宿①总量达550多家，床位已近7500张，其中"洋家乐"实现较为平稳发展，达到100家（图1、图2、图3）。

莫干山民宿投资与发展呈现出以下明显特征。第一，高点站位拓展民宿市场。以"洋家乐"为代表的莫干山民宿投资经营者倡导人与自然的和谐关系、与业主及当地村民良好互动、全程参与所提供的活动等理念，快速赋予与传统农家乐以及与周边其他民宿截然不同的品牌属性，开拓了新型乡村度假市场，拓展了民宿发展空间。第二，出色营销吸引市场眼球。莫干山民

---

① 德清民宿因主要集中于莫干山，统计中以德清民宿替代。图1、图2、图3、图4、图5所有数据根据湖州市政府、湖州市旅游局、德清县政府、德清县旅游委员会、德清新闻网等官方公布数据整理获取。

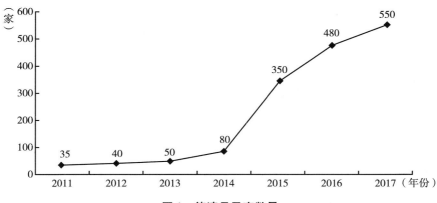

图 1　德清县民宿数量

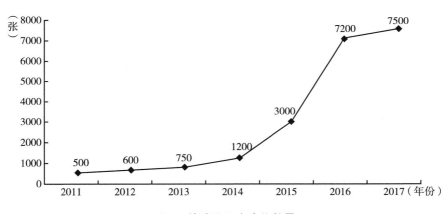

图 2　德清县民宿床位数量

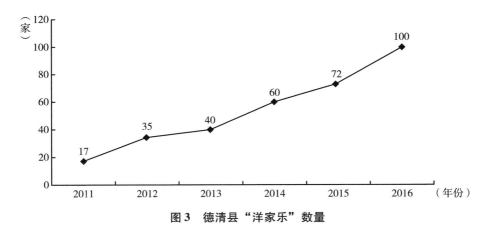

图 3　德清县"洋家乐"数量

宿品牌市场定位明确，主要针对以休闲、度假为目的的外籍务工人员、长江三角洲地区的白领阶层以及入境游客。在品牌营销上，强化各自的经营特色、目标市场与营销渠道等，实现差异化营销，在目标人群中形成良好的口碑与吸引力，充分满足游客对回归大自然的渴望、对精致乡村生活的需求、对本国文化的依恋及对当地文化的体验。第三，空间集聚促进地方旅游复苏。以精品民宿为例，截至2017年2月，18家德清县精品民宿集中分布在莫干山镇，并主要围绕莫干山景区或布局于交通干道沿线。空间集聚带来的综合效益明显，不仅促进居民观念转变、劳动力回流乡村就业、农产品销售与推广等，还有力地促进莫干山地区旅游的复苏，促进乡村文化、民国文化、骑行文化以及历史文化等的挖掘与开发。

四　莫干山民宿当前出现的问题及其原因剖析

民宿投资给莫干山带来的综合效益以及"洋家乐"的示范效应鼓舞了政府、兴奋了媒体、刺激了投资者，鼓励政策频频出台、新闻媒体竞相报道，让莫干山快速成为民宿投资的热土，但也暴露出一些问题。

（一）出现的问题

1. 快速上涨的成本

莫干山民宿品牌知名度的提升进一步聚集了投资者，经营成本也水涨船高。2010年以来，莫干山房屋租金开始上升，为了应对愈演愈烈的竞争，民宿投资者提升了内部设计和装饰标准，人员、管理成本也不断增加。

2. 过量的供给

2014年以来，莫干山民宿快速发展，这也导致单体营业收入快速下滑。2015年、2016年是民宿数量与床位大扩张阶段，也是出租率大幅下滑阶段（图4、图5），莫干山民宿接待的旺季缩短，一些民宿开始退出市场。

3. 同质化的产品

早期莫干山民宿族裔经济特征明显，每个民宿都个性特征显著，定位高

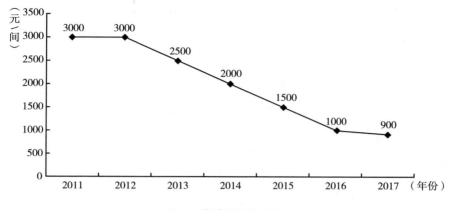

图4　德清县民宿均价

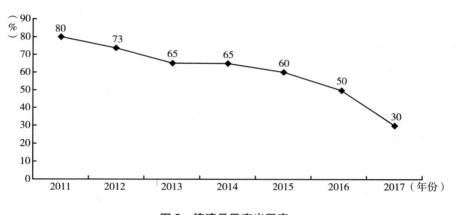

图5　德清县民宿出租率

端，但大发展后，投资者快速增加，经营水平参差不齐，缺乏创新动力。如对于高端民宿，投资经营者大多以"裸心谷""大乐之野"模式进行简单模仿，包括从建筑设计风格到管家式管理；相对低端的农家乐民宿产品则还是摆脱不了传统农家乐的经营思维，同质化更为明显。

4. 下滑的口碑

在市场中莫干山民宿已是高端民宿的象征，但是一些低端民宿定价虚高，名不副实。民宿消费市场多元化后，有些消费者对莫干山民宿品牌经营理念存在误解，这导致对品牌传播的负面影响。因为工作环境及社区生活配

套条件等多种原因，民宿从业人员的流动性增加，对民宿服务质量控制产生消极影响。

5. 市场的转移

莫干山民宿的火爆，成为各地政府与投资者的学习典范，一些投资者在莫干山学习民宿投资与设计、"洋家乐"经营理念与方式，但真正的投资选择在异地。也有消费者并不认同莫干山的民宿定价，认为物非所值，加上外围民宿快速发展，民宿客流量开始外流。

（二）原因剖析

1. 规则的缺失，导致对泡沫临界点的判断不足

在"双创"、美丽乡村建设背景下，民宿已超越住宿功能，民宿投资被赋予更多的意义与作用，受到各级政府高度关注与鼓励。政府过度介入和过度激励，新闻媒体对成功案例的过分放大，都让莫干山民宿投资者产生过度预期。早期，政府对莫干山民宿发展并没有进行统筹计划，民宿规模与结构控制没有目标，对投资者没有较高的门槛要求，在经营规范性要求上网开一面，各路资本涌向莫干山投资民宿。在投资的狂热下，民宿投资信息无从把握，信息不对称现象更为明显，政府与投资者均无法有效判断泡沫临界点。

2. 边界的模糊，导致无法控制总量

自 2007 年莫干山民宿发展进入快速通道以来，民宿一直是一个边界模糊不清的概念。民宿经营用地类型、投资经营主体、民宿服务规范都没有明确的界定，因此宅基地、集体用地、招拍挂土地改造建设的住宿设施都可以被称为民宿，外籍人士、外来投资主体、本地居民等主体都可以投资民宿，众筹、风投等各种投资模式都可以出现在民宿投资中。民宿投资接待水平与服务设施均没有明确标准，甚至一些条件不成熟的民宿也开始接待客人，在这混沌民宿投资行业中，根本就无法控制民宿总量。

3. 引导的不足，导致同质化问题呈现

民宿的本质功能是住宿，民宿发展应该与地区旅游经济发展及社会经济文化发展相吻合，当地政府在激励与引导民宿的同时，忽视了对民

宿投资生态的营造，缺乏对民宿产业链中相关配套业态的引导，包括休闲度假设施、交通的通达性、民宿投资经营者生活环境的配套。这一方面导致民宿单一业态过度发展，同质化问题显现；另一方面使得民宿配套业态不足，压缩了民宿发展空间，进一步加剧了竞争。

（三）当地政府解决问题的新探索

1. 加强规则引导，控制民宿投资总量

2013 年莫干山民宿竞争开始显现，2014 年 1 月德清县政府在全国率先出台《德清县民宿管理办法（试行）》，明确了民宿只能利用原有宅基地，必须有主人自我经营，民宿在土地利用上应存量改造，并对申办审批、监督管理、法律责任、政策扶持等提出了要求，成立了德清县民宿发展协调领导小组，负责实施。2015 年，德清县又发以布了全国首部县级民宿地方标准《德清县乡村民宿服务质量等级划分与评定》，进一步促进规范化发展。但由于新媒体的推波助澜，莫干山民宿投资依然火爆。2016 年，莫干山镇政府提出将民宿床位总量控制在 1 万张，未来莫干山民宿必将在总量控制的前提下优胜劣汰，政府对新申请开业的民宿严格把关，引导创新型民宿业态发展，特别鼓励民宿集群投资，延长民宿产业链。

2. 拓展发展空间，实现供求新平衡

民宿基本功能是住宿，而住宿需求必定与一个地区的旅游发展条件与目标相吻合，莫干山民宿突破了依靠景区发展的传统模式，是民宿经济发展倒逼旅游目的地的复兴与建设。当前莫干山地区度假设施与公共设施配套相对滞后，度假氛围尚未形成，一般游客只能停留 1 到 2 天。德清县政府在《休闲旅游发展"十三五"规划》中将莫干山正式定位为国际旅游度假区，并力争将其打造成为国家级旅游度假区、中国国际乡村度假旅游目的地。为此，德清县积极开发莫干山国家登山健身步道、路虎体验中心、Discover 极限基地、破风骑行俱乐部等户外休闲运动产品与度假产品，加快推进莫干山裸心小镇、航空智造小镇等建设。2016 年莫干山镇成功被列入我国首批特色小镇，为莫干山民宿投资与发展创造了新的机会。

3. 利用原产地保护，建立品牌保护壁垒

莫干山民宿一些著名的"洋家乐"品牌之所以受到消费者的追捧，不只是以建筑等符号文化来吸引消费者，而是将文化融入核心经营理念，与消费者产生共鸣，使消费者在"洋家乐"获得自我文化定位并产生依恋。面对竞争日益激烈的市场，为加强对"德清洋家乐"品牌的保护，德清县政府于 2016 年 4 月启动了"德清洋家乐"生态原产地产品保护工作。2017 年 4 月，"德清洋家乐"准予使用生态原产地产品保护标志，成为全国首个服务类生态原产地保护产品，确保了"洋家乐"的生态性和原产性，进一步增加了市场的辨识度，使品牌保护有了真正的保护伞。

4. 配套服务设施，营造民宿生态环境

民宿品牌要有"家文化"，首先投资经营者要对社区有归属感。从延长民宿产业链角度和为经营者或从业者提供良好的社区生活环境角度，德清县政府加强了对莫干山地区休闲业态的引导，增加了生活服务设施，为年轻人提供了更多的交流平台，满足了年轻人对时尚生活的追求。德清县对区域旅游有贡献的投资经营者进行奖励，2015 年德清县政府授予"裸心谷""法国山居""德清县洋家乐发展特别贡献单位"称号，以表彰其对莫干山经济社会发展所做出的贡献，鼓励投资者将投资地作为第二故乡。

五　对当前旅游投资的启示

（一）一分为二看投资热潮

2016 年，我国接待国内外旅游人数超过 44.4 亿人次，旅游总收入达到 4.69 万亿元，同比分别增长 11% 和 13.6%[①]。面对不断增强的旅游消费热潮，旅游必将成为最具潜力的投资领域与社会投资的热点。这为旅游业未来

---

① 中国旅游研究院与国家旅游数据中心：《2016 年中国旅游经济运行分析和 2017 年发展预测》，2017。

的发展提供了充足的资金保障，但面对来势凶猛的旅游投资热潮，投资者不能丧失对风险的理性判断与控制。曾经出现过的主题公园热、大佛热、溶洞热等都给我国旅游业带来过兴旺但也留下后遗症，给投资者带来经济损失。当前，旅游发展已融入国家战略，旅游经济与区域经济社会发展形成一个有机整体，因此，任何一个旅游领域的投资行为都更需要站在全局角度进行统筹思考。特别是对于当前的巨额投资项目，如旅游综合体建设、特色小镇建设等，更应该对相关群体的利益平衡、区域经济发展、资源与红利共享机制进行缜密安排与制度设计，严密防范投资热潮带来的负面影响。

（二）建立规则，严防泡沫

商业性旅游项目投资本应在市场化的投资激励与约束机制的共同作用下完成，即投资者以获取投资收益为有效激励，资本、风险、竞争等则为约束因素，两者的平衡应该由市场自我调节完成，一般需要较长时间。但旅游投资涉及社会资源配置方式和收入分配结构，在当前我国旅游投资主体多元化的背景下，投资主体与投资领域中其他相关经济实体之间的关系就变得更复杂，因此不能把旅游投资主动权完全交给投资者，政府需要进行合理调控。同时在"以 GDP 为王"的背景下，先发展再规范几乎成为旅游投资的惯例。莫干山民宿发展的实践证明，政府的引导十分重要，但适时适度更为关键。政府需要在发展初期就对旅游投资领域进行理性的判断，构建合理科学的投资机制，既有科学的发展计划，也有适度的激励方式与严格的约束手段，从而确保优胜劣汰，促进旅游投资健康发展。

行业规范是健康投资的基础，对于不断出现的旅游新业态，首先必须搞清楚概念，这有助于甄别投资者，有助于投资领域相关利益的分配，实现共享。其次要明确行业服务规范，减少服务过程带来的纠纷与旅游投诉。再次，任何一个旅游投资领域都必须有底线，这个底线是生态保护底线、人们生活水平提升的底线、遵循法律与规则的底线。政策评估要跟进，政府要对扶持政策、结构调整、财政投融资、项目审批等一系列产业政策带来的影响进行预估性分析，对政策实施后的绩效进行及时评估。规则执行要严格，要

旅游绿皮书

赋予规则权威与严肃性,即使对于重要投资者也要有原则;出台政策要有目标性与针对性,并要建立问责机制。

(三)明确边界,控总量调结构

中央政府是制度的顶层设计者,地方政府则应细化具体的政策设计,把握好激励的分寸,在鼓励与约束中寻找平衡点。

1.用地的边界

土地是旅游投资的关键要素,也是投资的约束性因素,因此当某一新的投资领域出现时,用地的边界首先要清晰。正如民宿投资,国家标准明确指出"利用当地闲置资源",这就框定了对于用地只能做存量,而不能做增量。

2.资本杠杆的边界

面对日益旺盛的旅游消费和火热的旅游投资,旅游企业进入加杠杆过程。2016年全国旅游企业资产负债率平均为66.66%,连续3年保持上升态势。旅游企业资产负债率持续提升,杠杆率偏高,增加了企业的财务成本,企业债务违约风险上升,一旦债务链断裂,就会影响一个地区或一个行业的发展。因此企业在投资旅游项目时,应该把杠杆率控制在合理的范围内,政府也需要大力推进旅游供给侧改革,消化传统产业的过剩产能,鼓励新型产业发展。

3.投资结构的边界

需要在总量控制的前提下调结构,不仅要对投资项目主题特色、档次结构等把关,在投资主体构成、资本结构上也应有所控制。实力强大的企业在品牌、渠道、管理、规模上均具有明显优势,必然置小微投资企业于竞争弱势。逐利性明显的风投、变现要求较高的众筹等在投资中比例过高,必然会影响旅游投资的可持续发展。因此政府均要根据旅游投资的实际需要设置比例。

(四)将旅游投资导入蓝海

在消费需求日益增长与个性化、国家政策不断加码、全域旅游加快发展、综合体建设特色小镇创建快速推进的背景下，旅游投资已进入黄金时期。政府与企业都需要在新的时代背景下寻找新的商机，以新的业态拓展市场，以新的模式激活市场。

1. 创新投资模式，拓展发展空间

对新型模式与新型业态加大激励力度，鼓励投资企业与渠道的合作、与资源方的合作，创新各种投资模式；针对消费需求的多元化，创新"旅游+"，通过产业链延伸拓展、产业融合、技术创新、政策突破，不断挖掘寻求创造新型旅游业态。

2. 融入地方文化，创造市场空间

旅游投资经营者要了解并融入地方文化，彰显投资项目的特色，才能创造出投资项目独一无二的市场空间。在当今社会原子化背景下，消费者更渴望寻找兴趣上和价值观上志同道合的人，但在现实中，能适应这种变化的消费娱乐空间还比较有限。因此，只要在细化市场上下功夫，寻求企业文化、品牌文化与消费者文化需求的契合点，就能创造出无限的发展空间。

参考文献

叶丽丽：《莫干山：曾经一房难求的民宿行业进入洗牌期》，《财经天下周刊》2017年第 13 期。

费建琴、张建国：《德清西部山区发展民宿经济的若干思考》，《浙江农业科学》2016 年第 7 期。

三 大 市 场

Market Analysis

G.15
2016～2017年中国国内旅游
发展分析与展望

唐晓云　谢仲文　李慧芸[*]

摘　要：　旅游是人们对美好生活向往的重要组成部分。2016年是"十
三五"规划开局之年，在中央出台41项促旅政策和国家旅游
局发布54项"治旅方略"等红利政策的推动下，以稳定的居
民收入为支撑，我国国内旅游实现了较快发展。旅游人数延
续了两位数增长势头，旅游收入增幅较上年同期进一步扩大，
旅游消费新热点不断涌现，旅游市场区域格局不断优化，假
日旅游市场保持强劲增长。2017年，国际国内经济状况持续
向好，居民出游意愿高涨，国内旅游有望保持高速稳定发展，

---

* 唐晓云，博士、中国旅游研究院研究员，研究方向为旅游统计与产业经济、旅游影响及可持续发
展；谢仲文，博士、中国旅游研究院博士后、讲师，研究方向为旅游统计与大数据应用；李慧芸，
硕士、中国旅游研究院旅游统计与经济分析中心研究人员，研究方向为旅游统计与经济分析。

继续为旅游业在国民经济稳增长、调结构、促就业方面发挥作用提供重要支撑。

关键词： 国内旅游　旅游收入　假日旅游　旅游市场

一　2016年及2017年上半年国内旅游发展总体情况

（一）旅游市场规模持续壮大

根据《2016年中国旅游业统计公报》，2016年全国国内旅游人数为44.4亿人次，比上年增长11%，其中城镇居民32.0亿人次，农村居民12.4亿人次。全国国内旅游收入3.94万亿元，比上年增长15.2%，其中城镇居民旅游消费3.22万亿元，农村居民旅游消费0.72万亿元。全国国内旅游出游人均花费888.2元，其中城镇居民国内旅游出游人均花费1009.1元，农村居民国内旅游出游人均花费576.4元。在全域旅游推动下，国内旅游继续保持良好的发展势头。

2017年以来，国内经济持续向好，居民旅游休闲需求旺盛。国家旅游局数据中心发布的《2017年上半年旅游统计数据报告》显示，2017年上半年，国内旅游人数为25.37亿人次，比上年同期增长13.5%，其中城镇居民17.57亿人次，增长15.8%；农村居民7.80亿人次，增长8.5%。国内旅游收入2.17万亿元，增长15.8%，其中城镇居民花费1.71万亿元，增长16.1%；农村居民花费0.46万亿元，增长14.8%。旅游人数和旅游收入均呈现加速增长态势。

（二）旅游市场结构继续分化

由国家旅游局数据中心和国家统计局社情民意调查中心合作开展的全国国内旅游抽样调查结果表明，2016年我国国内旅游市场结构化发展趋势更

加明显，城乡居民出游二元化结构更加突出。2016年城镇居民出游同比增长14%，农村居民出游同比增长4.4%，城镇居民出游人数增幅持续高于农民居民出游增幅，城乡差距进一步扩大。出游目的休闲化趋势明显，过去五年，以休闲度假为目的的出游人数占比逐年增加。25～34岁年轻人成为国内旅游的主力军。自由行已经成为大众旅游时代居民出行的普遍方式，2016年全国纳入统计范围的旅行社接待国内过夜游客仅为17088.6万人次，跟团游比例低。出游半径呈现两极分化态势，居民出游以本地游为主，近年来城镇居民本地游比例逐年增加，农村居民异地游比例逐年提升。游客旅游消费以交通、餐饮及购物为主，2016年城镇居民人均旅游花费交通费占比为30.9%，餐饮费用占比为26%，购物费用占比为18.9%；农村居民上述三项人均旅游花费分别占比为29.5%、26.8%和24.4%。

（三）假日旅游消费更加旺盛

假日旅游市场方面，2016年全国七个节假日共接待游客达14亿人次，旅游收入达到15757亿元人民币。其中，春节和国庆两个长假旅游市场实现较快增长。春节假日期间，全国共接待游客3.02亿人次，比上年同期增长15.6%；实现旅游收入3651亿元，按可比口径增长16.3%。国庆假日期间，全国共接待游客5.93亿人次，同比增长12.8%；累计旅游收入4822亿元，同比增长14.4%。旅游成为人们假日休闲的日常选项。

2017年上半年，假日旅游消费增势明显。国家旅游局发布的2017年春节假日旅游市场信息显示，2017年春节假日全国共接待游客3.44亿人次，同比增长13.8%；实现旅游收入4233亿元，同比增长15.9%。清明假日期间，全国旅游市场共接待游客0.93亿人次，实现旅游总收入390亿元。从出游方式看，短途游客以自驾游为主，不少长线游客也热衷于落地自驾。"五一"假日期间，全国共接待游客1.34亿人次，同比增长14.4%；实现旅游收入791亿元，同比增长16.2%。端午假日期间，全国共接待游客8260万人次，实现旅游收入337亿元。家庭游日益成为假日旅游市场主流，旅游让生活更幸福。

二 国内旅游发展的主要特征和影响因素

（一）国内旅游发展的主要特征

年轻人引领的旅游消费需求开始主导市场格局。2016年以来，大众旅游时代的市场基础更加厚实，国内旅游市场延续了高增长、低消费的基本特征，由年轻人主导的分层、分类的旅游市场新格局正在形成，消费休闲化、个性化趋势日益突出，消费场景生活化、社交化、时尚化趋势逐渐明晰，带动了都市休闲、自驾游、家庭游、定制游等专项市场蓬勃发展。

1. 高增长、低消费、散客化特征更加明显。2000年以来，国内旅游人次年均增长12%，国内旅游收入年均增长17%，国内旅游市场规模呈现高速增长态势。从人均消费看，2016年城镇居民人均旅游花费约为1009.1元，农村居民人均花费约为576元，人均消费较低，且过去几年国内旅游人均消费一直保持2%～4%的中低速增长。根据国内旅游抽样调查资料，通过旅行社组织出游的游客比例在3%左右，其余基本通过自由行的方式开始旅游活动，散客化特征非常突出。近年来，随着私人汽车保有量和高速公路里程数的增加、在线预订等便利化条件的增多，散客化趋势更加显著。

2. 旅游消费休闲化、生活化趋势日益显著。根据国内旅游抽样调查资料，2016年以休闲度假为动机的旅游消费需求持续增加，48.3%的城镇居民出游以休闲度假及娱乐为主，其次是探亲访友（占27.2%）；36.4%的农村居民出游以休闲度假及娱乐为主，其次是探亲访友（占31.7%）。根据中商产业研究院的数据，2017年中国在线度假市场（在线预订出境游、国内游等度假产品）交易规模或超1000亿元，增长率达32%。

游客旅游行为更加生活化，活动空间逐渐从景区走向社区，走向老百姓日常生活空间，走向一站式旅游度假地，由此带动都市休闲游、乡村旅游、主题公园游、邮轮旅游等"泛生活化"和体验性强的细分市场快速发展，推动以途家为代表的更多共享业态进入旅游领域，推动旅游创业创新融入更

多科技和文化创意元素，让旅游更时尚，更加生活化。正如中国旅游研究院院长戴斌教授所言，"景观之上是生活""游客要的是生活""游客要的是触手可及的幸福"。由年轻人主导的，追求个性、体验和分享的旅游消费需求，正在推动中国旅游走向分层、分类发展的新时代。

3. 自驾游、家庭游、定制游等专项市场高速增长。2016 年以来，自驾游、家庭游加速发展。根据中国旅游研究院（国家旅游局数据中心）对全国 60 个样本城市开展的第四季度《中国城乡居民出游意愿调查》，选择自驾车出游的占比最高（49.8%），其次是飞机出游（22.2%）和火车出游（14.6%）；46.2% 的游客选择与家人一起出游，30.0% 的游客选择与好友结伴出游。定制游是满足游客个性化旅游需求的出游方式。2016 年被业界定义为"定制旅游元年"，携程、途牛、同程、穷游、飞猪等 OTA 企业陆续开发定制游业务，中青旅耀悦、众信奇迹之旅等背靠大型传统旅行社的定制游公司纷纷独立运行，妙计旅行、6 人游、路书、世界邦、辛巴达、无二之旅等定制游企业获资本市场青睐。国家旅游局发布的《2016 中国旅游上市企业发展报告》认为，我国旅游开始迈入私人定制时代。目前，定制游目的地覆盖 100 多个国家，近 1000 个城市，同比增长超过 400%。

4. 旅游市场不平衡格局仍长期存在。东中西部旅游非均衡发展格局没有改变。2016 年东部地区国内旅游出游率和旅游收入均高于西部地区，投资占比东部地区也高于中西部之和，区域旅游非均衡格局仍在延续。城乡居民出游二元化结构更加凸显。2016 年城镇居民出游人数增幅持续高于农民居民出游增幅，在收入增幅稳定不变的情况下，城乡出游人数和旅游收入差距进一步扩大。同时，城乡游客出游距离出现两极分化，城镇居民本地游比例逐年增加，呈现近程化趋势；农村居民异地游比例逐年提升，出游半径扩大。假日集中出游的时间非均衡格局依然严峻。2017 年全国七个节假日共接待游客 14.79 亿人次，实现旅游收入约 1.23 万亿元，旅游消费集中在假日释放的情况突出。尽管拼假错峰出行成为部分游客的选择，但受限于带薪休假制度落实的滞后，游客集中在节假日举家出游的情况是常态。家庭游与自驾游叠加，增加了假日期间热点旅游目的地的交通压力、公共服务设施压

力、旅游服务设施压力和社会承载力，也影响了旅游产品有效供给和服务品
质。

（二）支撑国内旅游发展的重要因素

1. 居民收入是旅游消费增长的前提条件。2016 年全国居民人均收入为
23821 元，比上年增长 8.4%；城镇居民人均收入为 33616 元，比上年增长
7.8%；农村居民人均收入为 12363 元，比上年增长 8.2%。人均收入增幅
超过 GDP 增幅，稳定的收入支撑了居民旅游、教育、体育、保健、文化等
发展性消费需求。近年来，居民旅游消费支出持续增长，占生活消费支出的
比重不断扩大。2007 年中国城镇居民人均旅游消费占人均日常生活消费的
比重为 5.9%。到 2016 年，中国城乡居民人均旅游消费占居民总消费的比
重已达到 16.7%。

2. 庞大的人口基数和日渐增长的消费是市场基础。以 2016 年为例，国内
旅游人数为 44.4 亿人次，出游率为 3.22，意味着接近 14 亿的人口人均出游三
次多，形成了世界上最为庞大的国内旅游市场。2016 年底，全国机动车保有
量达 2.9 亿辆，其中汽车 1.94 亿辆，新注册量和年增量均达历史最高水平。
私家车总量达 1.46 亿辆，每百户家庭拥有量为 36 辆。随着以年轻人为主导的
旅游市场格局的形成，将旅游作为日常生活重要选项的生活习惯的固化，高
速铁路的发展，自驾车保有量的增加，旅游休闲设施和产品供给的优化，面
向年轻人的人口政策调整，以及带薪休假制度的逐步落实和政府对旅游休闲
生活方式的倡导，中国庞大的人口基数将持续奠定国内旅游坚实的市场基础。

3. 全域旅游发展有效释放了居民旅游休闲需求。在政策层面，形成了
部门联动共同促进旅游发展的良好氛围，旅游部门分别与体育、教育、医
疗、农业、交通、航空等不同部门联合推出了促进体育旅游、农业庄园、乡
村旅游、旅游小镇、温泉康养旅游、低空旅游等发展的政策，引导形成了新
的旅游消费热点。旅游部门联合国家开发银行等金融部门，推出 680 个优选
项目，培育新兴业态；推动建立旅游警察、旅游巡回法庭、工商旅游分局，
优化了旅游市场消费环境；开展了厕所革命，促进基础设施升级；推动各地

旅游体制改革和涉旅项目土地供应。截至 2016 年，已有 24 个省先后设立旅游发展委员会，60 个地市成立了旅委和旅游警察、旅游巡回法庭、工商旅游分局等管理机构，为旅游发展营造了良好的社会氛围。

4. 出境旅游回流有力促进了国内旅游。出境旅游在经历了 15 年的高速增长之后，逐步转向稳定发展。2016 年，中国公民出境旅游人数为 1.22 亿人次，比上年同期增长 4.3%；出境旅游花约 1098 亿美元，比上年同期增长 5.1%。出境旅游无论在出境频次增幅上，还是在出境旅游花费增幅上都逐渐回归理性。出境旅游市场的理性回归为国内旅游市场赢得新发展契机，与全域旅游发展方略相耦合，促进了国内旅游市场发展。

三 当前国内旅游发展存在的问题分析

（一）有效供给不足与旅游需求的矛盾突出

2017 年 10 月 18 日，习近平同志在十九大报告中强调，中国特色社会主义进入新时代，我国社会主要矛盾已经转化为人民日益增长的美好生活需要和不平衡不充分的发展之间的矛盾。综观 2016 年，制约我国国内旅游市场发展的主要因素不是需求不足，而是供给侧不平衡、不充分，不能适应多元化、升级型的消费需求。无效供给充斥市场，游客需求不能被充分满足，供需矛盾仍比较突出。多数景区仍然靠门票作为主要收入来源，多数旅游企业卖产品而不是卖服务。随着中产阶级引领的中高端旅游市场兴起，度假、休闲、娱乐、康养、探险等多种旅游需求旺盛，但市场提供的依然是观光型产品，供给与需求不匹配。

（二）旅游市场秩序混乱问题依然存在

2016 年全国共查处旅游业违法违规案件 1324 起，行政处罚 819 家旅行社。旅行社间乱借资质、拼团组图、外地旅行社不经批准私自设立办事处、乱拉客源的情况较普遍。低价恶性竞争，旅游商品购物点、旅游景区门票和旅游酒店住宿费用虚标高价，导游获取回扣问题严重。许多旅行社仍然利用所谓"零、负"团费骗取游客出行，通过强迫和变相强迫游客购买质次价高的商品获取高额利润、弥补较低团费所带来的损失。尽管市场整治力度不断加大，但违规违法时间仍不断被曝光。此外，随着人们旅游消费方式的改变，一些新兴的平台型企业，如各类 OTA，也存在低价揽客、恶性竞争、不规范操作等问题，扰乱了旅游市场秩序。

（三）旅游业标准化、规范化水平较低

旅游业标准化、规范化水平较低主要表现在服务标准不统一。旅游消费活动链条多，容易出现合同条款不清晰、各项活动安排服务不标准和责任界限模糊等问题。与快速发展的旅游业相比，旅游服务行业的人才总量还存在较大缺口：人才整体素质偏低，旅游教育支撑不足，人才保障机制和开发机制相对滞后。由于旅行社经营者多没有长远的战略计划，市场定位不明确，各种不正当竞争现象在旅游市场中普遍存在。

（四）区域间、城乡间旅游发展不均衡状况依然存在

区域旅游仍然维持东强西弱格局。主要旅游客源地和目的地集中在东部经济发达地区，东部地区在三大市场均占主导地位；中西部地区旅游经济也十分活跃，但与东部地区差距较大，旅游发展潜力较大。环渤海、长三角、珠三角城市群以及三大城市群的核心城市北京、上海、深圳和广州成为我国核心客源地。区域旅游长期不均衡发展，在很大程度上制约着旅游业整体质量的提升。尽管中西部的旅游发展速度有了较大提高，但与东部地区的差距仍然较大。此外，我国城镇居民出游人数长期以来都高于农村居民，且这种差距呈现出扩大的趋势。

（五）旅游发展中环保意识不够

优美整洁、方便舒适、生态环保的旅游环境，无疑是旅游业生存和发展的基础和条件，直接或间接地影响着旅游业发展的经济效益、环境效益和社

会效益。目前，解决旅游环境问题成为旅游业发展过程中的突出问题。生态旅游规划缺乏科学理念、不遵循自然规律、大兴土木、违法建造人工景点、破坏景观和生态系统等现象屡屡可见，从根本上违背了生态旅游业的出发点。还有一些地方本身就不按规划建设，破坏了环境不说，还无法吸引游客，无法获得预期的经济效益。

四　2017年趋势展望与发展对策

（一）趋势展望

2017年是"十三五"规划实施的关键一年，也是推进供给侧结构性改革的深化之年。在持续向好的国内外经济环境支撑下，在全社会共同推进旅游业发展的良好氛围下，结合中国旅游研究院（国家旅游局数据中心）对全国60个样本城市开展的《中国城乡居民出游意愿调查》所获得的居民出游意愿资料，我们认为2017年我国国内旅游市场规模有望稳步扩大，国内旅游消费规模将继续保持高速增长，一个由年轻人和新兴中产阶层引领的、更加追求品质和体验的国内旅游市场将推动中国旅游走向分层、分类发展的新时代。更多的旅游消费新热点、新业态将在新兴阶层引领下不断地创新发展，形成更加丰富、多元的新旅游产业体系。

（二）对策建议

2017年，旅游管理部门可以通过推进旅游产业供给侧结构性改革，全面提升旅游产品和旅游服务质量；通过加强旅游市场综合监管，从根本上解决影响旅游市场健康发展的问题；通过行业协会和研究机构共同引领旅游标准建设，提升旅游规范化水平；通过大力发展全域旅游，推进中西部地区旅游业的整体建设，培育农村旅游市场，改善乡村的基础设施、服务设施和商业环境，提高乡村旅游的可进入性；通过建设人与自然和谐共生的中国旅游，展示卓然壮美的美丽中国。在大众旅游新需求和市场主体创新主导的新时代，旅游市场主体需要明确产品和业态价值创新方向，以游客需求为引领，以资本、科技、企业家精神为支撑，推动形成多元化、多层次的旅游供给体系，为人们美好幸福的生活添砖加瓦。

参考文献

中华人民共和国国家旅游局：《旅游抽样统计调查资料2016》，中国旅游出版社，2016。

中华人民共和国国家旅游局：《2016中国旅游统计年鉴》，中国旅游出版社，2016。

中国旅游研究院：《2016年中国旅游经济运行分析与2017年发展预测》，中国旅游出版社，2017。

中国旅游研究院：《中国国内旅游发展年度报告2017》，中国旅游出版社，2017。

中国旅游研究院：《中国旅游大数据》，2017年第2期。

中国旅游研究院：《中国旅游评论》2017年第2期。

G.16
2016~2017年中国入境旅游
发展分析与展望

李创新*

摘　要： 2016年，受到旅游综合产业引领带动、签证便利化持续推进、国际航线开辟与国际航班加密、免税和退税业务落地实施、中外旅游年等系列国际合作开展等多重正面因素的积极拉动，中国入境旅游市场实现持续稳定增长，客源市场结构持续优化，特别是"一带一路"沿线国家和地区在中国入境旅游客源市场中的活跃度进一步上升。2017年上半年中国入境旅游市场整体趋稳向好，预计2017年中国入境旅游市场将继续保持稳步复苏的势头，并逐步进入全面恢复的发展通道。

关键词： 中国旅游　入境旅游　旅游市场

一　2016年全球入境旅游发展概况

（一）2016年全球入境旅游维持稳步增长态势

2016年，虽然遭遇世界经济相对不景气和恐怖袭击多发等多重因素的消极影响，全球入境旅游依然维持了稳步增长的发展态势。根据联合国世界

---

* 李创新，管理学博士，中国旅游研究院国际旅游研究所副研究员，中国科学院地理科学与资源研究所博士后，主要研究方向为入境旅游、国际旅游市场开发、旅游社会文化。

旅游组织（UNWTO）最新公布的数据，2016年全球接待的入境游客总量比2015年增加5100万人次，达到12.35亿人次，同比增长3.90%。

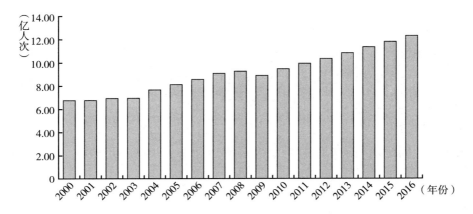

图1 2000年以来全球入境旅游规模状况

资料来源：联合国世界旅游组织（UNWTO）。

1. 欧洲、亚太、美洲继续保持全球三大国际旅游热点地位

2016年全球接待入境游客的区域格局保持相对稳定：欧洲以6.20亿人次和50.17%的全球市场份额继续稳居第一，亚太以3.03亿人次和24.52%的全球市场份额继续稳排第二，美洲以2.01亿人次和16.26%的全球市场份额继续稳排第三。非洲和中东在全球入境旅游市场份额中占比相对较低，分别为4.71%和4.34%。

2. 国际游客向亚太地区流动加速

2016年全球各个区域接待入境游客的数量整体稳步增长，除中东地区以外，全球其他区域均呈增长态势，其中以撒哈拉以南非洲地区和太平洋地区涨势最强，分别为11.0%和10.0%。此外，南亚、东南亚、东北亚等地区的涨势也较好，分别为9.0%、8.0%、8.0%。

3. 国际游客向欧洲地区的流动增速趋缓

2016年，由于受到安全威胁以及安保挑战，欧洲接待国际游客呈现显著的地区差异性。2016年欧洲共接待国际游客6.2亿人次，比2015年增加

1200万人次，整体涨幅为2%。其中，北欧地区增长6%；中/东欧增加4%；南欧/地中海地区增长1%；西欧地区基本保持平稳，无显著增长。

4. 国际游客向美洲地区的流动增速趋稳

美洲各地区国际游客接待量按照从多到少的排名依次为：北美、南美、加勒比地区、中美。其中，北美是美洲接待国际游客的主要区域。2016年美洲共接待国际游客2.01亿人次，比2015年增加800万人次，整体涨幅为4%。其中，北美地区接待国际游客1.32亿人次，同比增长4%；南美地区接待国际游客3270万人次，同比增长6%；加勒比地区接待国际游客2510万人次，同比增长4%；中美地区接待国际游客1090万人次，同比增长6%。

5. 国际游客向非洲地区的流动显著回升

2016年非洲地区共接待国际游客5820万人次，比2015年增加400万人次，整体涨幅为8%。其中，撒哈拉以南非洲地区接待国际游客3965万人次，增长11%，增速十分显著，并直接带动了非洲地区国际游客接待量整体回升；北非地区接待国际游客1855万人次，增长3%。

6. 国际游客向中东地区的流动再度回落

2016年，中东地区受到政局不稳、恐怖袭击等负面因素的影响，入境游客的接待量出现回落，接待国际游客约5400万人次，同比下降约4%，成为全球入境旅游市场中唯一出现下降的地区。

7. 国际游客向新兴经济体的流动有所放缓

2016年，新兴经济体入境游客接待量同比增长2.6%，发达经济体入境游客接待量同比增长4.9%。继2013年以来，国际旅游客向新兴经济体流动的速度连续第四年低于向发达经济体流动的速度。2016年发达经济体与新兴经济体的入境游客接待量的差距扩至1.35亿人次。

（二）2017年全球入境旅游发展展望

2017年全球经济整体复苏向好，为全球入境旅游的持续增长提供了强有力的支撑。美国、欧元区等发达经济体的经济增速已基本恢复至金融危机以前的水平；以中国、印度等为代表的新兴经济体有望保持中高速稳定增长，进一步带动大宗商品的价格反弹、制造业的整体复苏，以及国际贸易和投资状况的持续改善，成为全球经济复苏增长的重要引擎；俄罗斯经济在国际石油价格整体企稳回升以及国内消费需求拉动双重因素的作用下，有望逐步走出持续衰退的阴影；拉丁美洲经济有望扭转加速下滑局面，甚至有望恢复一定的正增长。

鉴于当前全球入境旅游呈现出的良好发展态势，预计2017年全球入境旅游发展整体持续向好，市场规模有望进一步扩大，增速预计将与2016年大致持平。综合考虑当前全球主要经济体经济复苏的差异性与区域不平衡性、恐怖主义威胁与安全、局部地区动荡形势可能加剧，以及以中国为代表的新兴经济体出境旅游增速相对趋平等现实因素，预计2017年全球入境旅游的增速将继续略高于全球经济的增速，增幅预期为4%左右。

二　2016年及2017年1~6月中国入境旅游发展基本情况

（一）中国入境旅游的基本情况

1. 入境旅游市场持续稳定增长，外国客源市场显著增长

2016年中国入境旅游市场继2015年之后再度呈现持续稳定增长，全年共接待入境游客13844.38万人次，同比增长3.50%，市场规模总量创历史新高。

2016年内地（大陆）共接待港澳台游客11029.26万人次，同比增长2.28%，规模总量同样创历史新高。其中，接待香港游客8106万人次，同比增长2.0%；接待澳门游客2350万人次，同比增长2.7%；接待台湾游客573万人次，同比增长4.2%。

2016年中国接待入境外国游客数量显著增长，外国人入境旅游市场规模总量为2815.12万人次，同比增长8.3%，规模总量同样创历史新高。

2. 客源市场结构逐步优化，"一带一路"沿线国家活跃度上升

从客源市场结构来看，韩国、越南、日本、缅甸、美国、俄罗斯合计向中国输送入境游客1716.90万人次，占中国接待入境外国游客总量的60.99%。从客源市场的增长状况来看，部分外国客源市场出现比较显著的增长：缅甸一举成为中国入境旅游的第四大客源国，越南旅华游客数量同比增长46.6%，俄罗斯赴华游客数量同比增长24.9%，蒙古赴华游客数量同比增长32.4%，泰国赴华游客数量同比增长16.8%，印度尼西亚赴华游客数量同比增长16.2%。综合来看，"一带一路"沿线国家在中国入境旅游客源市场中的活跃度进一步上升。

3. 入境过夜旅游市场持续稳定增长，市场规模排名全球第四

2016年中国共接待入境过夜游客5927万人次，同比增长4.2%。其中入境过夜外国游客2165万人次，同比增长6.7%；入境过夜香港游客2772万人次，同比增长2.3%；入境过夜澳门游客481万人次，同比增长3.1%；入境过夜台湾游客509万人次，同比增长5.0%。

从联合国世界旅游组织（UNWTO）公布的年度排名来看，2016年在入境过夜游客接待量的综合排名中，中国以5927万人次名列第四，法国以8300万人次再度名列第一，西班牙以7600万人次名列第二，美国以7562万人次名列第三（见图2）。

4. 旅游外汇收入平稳增长，外国游客在华旅游消费显著增长

面向境外游客的购物离境退税政策对中国入境旅游消费的拉动效应十分显著。2016年中国入境旅游实现外汇收入1200亿美元，同比增长5.60%，保持平稳增长的良好态势。其中，外国游客在华消费668亿美元，同比增长10.3%，增速十分显著。港澳台游客旅游消费增速相对平稳：香港同胞在内地旅游消费305亿美元，同比增长2.3%；澳门同胞在内地旅游消费76亿美元，同比增长3.1%；台湾同胞在大陆旅游消费150亿美元，同比增长5.0%。综合入境旅游外汇收入与出境旅游外汇支出两项指标来看，2016年中国实现旅游服务贸易顺差102亿美元。

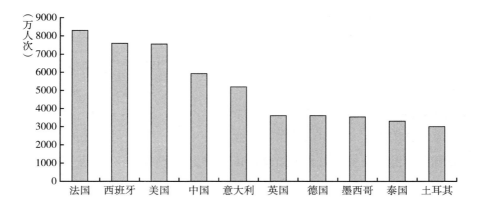

图2　2016年全球入境过夜游客接待量十强排名

资料来源：联合国世界旅游组织（UNWTO），美国国家旅游旅行办公室（National Travel and Tourism Office）。

（二）中国入境旅游呈现出的趋势特点

1. 就发展阶段而论，中国入境旅游当前正处于从全面恢复向持续增长转变的新阶段

当前中国入境旅市场整体趋稳向好。在全域旅游战略指引下，中国入境旅游市场规模与旅游消费稳步增长，入境客源市场日趋多元，市场结构逐步优化，旅游主题形象更加鲜明，宣传推广体系逐步完善，旅游产品结构更趋合理，旅游服务质量稳步提升，各项便利化政策逐步完善，均有力促进了入境旅游市场的发展。全球经济整体复苏的势头也渐趋明朗，为中国入境旅游市场持续增长提供了有效的外部支撑。综合多项数据指标来看，近年来中国入境旅游市场虽有起伏，但整体上已逐渐摆脱金融危机后的萧条期，当前已经处于从市场全面恢复向持续稳定增长转变的新阶段。

2. 就发展环境来看，中国入境旅游依然面临诸多困难和挑战

从外部因素来看，当前全球范围内的金融危机和经济萧条仍未结束，外部经济运行的负面效应大大降低了国际旅游需求的转化率。一方面，包括全球多数发达国家在内，世界上多数国家对旅游业特别是入境旅游的重视度持

197

续上升，纷纷出台促进旅游市场与产业发展的系列化政策，对中国入境旅游市场稳定增长和持续发展形成巨大压力。另一方面，日本、韩国以及东南亚等国家近年来纷纷通过签证便利化、购物免退税、航权开放、廉价航线，以及海外宣传推广升级等综合化措施，持续提升国际旅游竞争力，进而导致中国入境旅游市场面临的分流压力日渐加大。

从内部因素来看，中国潜在的旅游资源优势未能充分转化为入境旅游市场所需的产品与服务，以及基础设施和综合服务配套的相对不足，仍然制约着中国入境旅游市场的发展。此外，中国入境旅游对外宣传推广工作的市场化程度与有效性有待进一步提升。

3. 就市场规模而言，预计入境旅游市场有望全面恢复

结合当前中国入境旅游市场的发展态势来看，一方面恐怕仍然难以避免全球主要客源市场经济相对不景气、国际游客出游动机与出行决策相对收缩、出境旅游目的地选择趋于保守、各旅游目的地之间竞争持续加剧、国际地缘政治的影响作用趋于强化、旅华游客消费意愿相对下降、中国入境旅游海外宣传推广体系有待进一步提升与完善、中国旅游品牌形象建设仍处于初级起步阶段等诸多负面因素的消极影响；另一方面伴随"厕所革命""全域旅游""旅游外交"等多项旅游系统重点工作的全面推进，入境旅游系统工程的科学理念正日益深入人心，入境游客的多元化需求正逐步得到更好的满足，因地制宜开发特色旅游形象和主导旅游产品，持续优化旅游公共服务与旅游市场监管等各项工作也逐步铺展开来。在这一系列现实因素的积极推动下，以及在国内旅游市场环境不断改善的背景下，预计2017年中国入境旅游市场将继续保持稳步复苏的势头，进入全面恢复的发展通道。

4. 就发展模式而言，从以团队接待为代表的封闭型转向更加多元化的开放型已成主流趋势

中国入境旅游的发展模式有待告别"封闭红利"转向"开放红利"。旅游客源地营销和全球推广的日益强化，签证、通关、免税、退税、航权等多项宏观便利化政策的落地实施，特别是"全域旅游"战略的全面引领，带来了旅游目的地升级和旅游产品创新的热潮。"美丽中国"国家旅游形象得

到进一步务实推广，中国入境旅游的发展模式有待实现从以团队接待为代表的封闭型转向更加多元化的开放型的全面转化。随着中国对外开放步伐的加快，中国旅游业期待着以入境旅游为突破口启动新一轮对外开放进程，境内外旅游市场的一体化步伐将进一步加快，中国旅游同全球市场、国际规则、国际标准、国际水平也将进一步接轨。今后，让更多入境游客切实体验到中国兼具传统与时尚的生活方式有望成为更加强有力的旅游资源，也会有越来越多的入境游客认识和体验到：中国不仅是一个具有数千年历史的文明古国，还是一个兼有开放与包容的现代化大国。

5. 就市场竞争而言，更加便利的旅行服务和更好的旅行体验的重要性进一步上升

在全球化的时代背景下，游客出行的空间尺度范围已远远超出国境（边境）的限制。各国各地区的竞争领域也从争夺境外客源市场逐步扩展到关系国际旅游发展各方面的综合服务与设施配套。近年来已有越来越多的国家和地区以强化海外宣传推广、构建全球营销网络、增进签证便利性、实施购物离境免退税、开放更高级别航权、开辟廉价航线、深化区域合作、完善多语种服务等各种方式全面深入参与国际旅游市场竞争与客源市场争夺。为了能从日趋激烈的国际旅游竞争中胜出，各国政府无不积极作为，中国也需应时而动、积极作为。让入境游客获得更加便利的出游服务和更加上乘的旅行体验，将成为下一阶段中国入境旅游充分参与国际竞争的工作着力点。

6. 从发展趋势来看，2017年中国入境旅游有望持续稳步增长

2017 年 1~6 月，中国入境旅游持续稳步增长，共接待入境游客 6950 万人次，同比增长 2.4%，市场整体相对平稳。其中，接待外国游客 1425 万人次，同比增长 5.8%。2017 年 1~6 月，中国入境旅游实现外汇收入 601 亿美元，同比增长 4.3%。

从当前中国入境旅游市场的影响要素与结构状况综合来看，由于受到人民币汇率、中国香港出境旅游市场波动，以及日本、韩国等主要客源国的政治经济因素波动的影响，2017 年下半年中国入境旅游市场的增速有所放缓。基于中国入境旅游目前的发展趋势，并结合内外部环境综合研判，在不出现

不可预测事件的情况下，预计全年中国入境旅游市场规模有望实现1.5%左右的持续稳步增长，旅游外汇收入有望实现3.5%左右的持续稳步增长。

三　主要入境客源市场分析

（一）港、澳、台市场

1. 香港地区出境旅游稳步增长，赴内地旅游市场持续上升

2016年香港地区出境游客总量为9180万人次，同比增长3%。其中绝大多数游客出行的目的地是中国内地和澳门地区。2016年香港地区出境旅游总消费242亿美元，同比增长5%。由于俄罗斯出境旅游消费总量与全球排名急剧下滑，香港地区出境旅游消费总额的全球排名从第11位上升至第10位，进入全球出境旅游消费的十强榜单。2016年中国内地接待来自香港地区的游客8106万人次，同比增长2%，首次突破8000万人次大关，并延续了2015年以来的市场上升趋势。

2. 澳门地区出境旅游整体平稳，赴内地旅游市场稳步增长

自2008年以来，中国内地、香港地区、台湾地区就成为澳门地区游客出境前三大旅游目的地。2016年澳门地区赴中国内地的出境游客数量占澳门地区出境旅游市场总量的66.10%，香港地区占澳门出境旅游市场总量的20.80%，台湾地区占澳门出境旅游市场总量的3.50%，此三者合计占澳门地区出境旅游市场总量的90.40%。2016年中国内地共接待来自澳门地区的游客2350万人次，同比增长2.7%，延续了2015年以来的市场回升趋势。

3. 台湾地区出境旅游持续增长，赴大陆旅游市场稳步上升

2016年台湾地区出境旅游增长态势整体良好，出境旅游总消费166亿美元，同比增长7%，出境旅游消费总额的全球排名从第22位上升至第19位。2016年海峡两岸的经济文化与民间交流持续深化，台湾地区赴大陆旅游市场延续了自2014年以来的上升趋势。2016年大陆共接待来自台湾地区的游客573万人次，同比增长4.2%

（二）主要国际客源市场

1. 韩国出境旅游持续升温，旅华市场持续走高

2016年，在摆脱了中东呼吸症候群（MERS）和日元贬值的负面影响后，韩国游客出境旅游的热情持续升温。2016年韩国出境游客总量为2238.32万人次，同比增长15.9%，再创历史新高；出境旅游总消费266亿美元，同比增长8%，出境旅游消费总额的全球排名从第8位上升至第7位。2016年韩国赴中国旅游市场持续走高，全年旅华游客总量为476.22万人次，同比增长7.2%，继续保持着中国第一大入境旅游客源国的市场地位。

2. 越南出境旅游再创新高，旅华市场高热不减

近年来越南出境旅游市场持续发展壮大。2016年越南出境游客总量为480万人次，再创历史新高；出境旅游总消费45亿美元，同比增长28%，消费总额的全球排名从第49位上升至第45位。预计2017～2021年，越南出境游客总量的平均增速可达9.5%，在亚太地区位居第二，仅次于缅甸（10.6%）。2016年越南全年旅华游客总量为316.73万人次，同比增长46.6%。越南不仅是中国入境旅游增长最快的客源国之一，而且已经超越日本，成为中国的第二大入境旅游客源国。

3. 日本出境旅游总体回升，旅华市场小幅上扬

2016年受益于日元汇率走高等多重因素，日本出境旅游市场近五年来首次出现回升，出境游客总量为1711.64万人次，同比增长5.6%；出境旅游总消费266亿美元，同比增长8%，出境旅游消费总额的全球排名从第16位上升至第20位。2016年日本全年旅华游客总量为258.74万人次，同比增长3.6%。由于越南赴华旅游市场的持续强势增长，日本从中国的第二大入境旅游客源国衰退至第三大入境旅游客源国。

4. 美国出境旅游高位增长，旅华市场同步走高

受益于美元汇率的强劲走势与积极的国际预期，以及美国经济的持续回暖，2016年美国出境旅游市场实现了相对强劲的高位增长。2016年1～11

月，美国公民出境旅游总人数为7256万人次，同比增长8.0%。2016年美国游客出境旅游总消费1236亿美元，同比增长8%，出境旅游消费总额的全球排名保持在第2位。2016年美国游客赴中国旅游人数同步走高，全年旅华游客总量为224.78万人次，同比增长7.8%。由于缅甸赴华旅游市场的异军突起，美国从中国的第四大入境旅游客源国衰退至第五大入境旅游客源国。

5. 俄罗斯出境旅游下滑趋缓，旅华市场逆势上扬

2016年，由于继续受到国内经济形势与卢布贬值等多重负面因素的影响，俄罗斯出境旅游市场继续呈现下滑趋势，出境游客总人次同比下降6%。2016年俄罗斯出境旅游消费总额已不及历史极值的50%，其全球排名从2015年的第6位跌至2016年的第11位，已跌出全球出境旅游消费的十强榜单。2016年俄罗斯赴中国旅游市场逆势上扬，全年旅华游客总量为197.60万人次，同比增长24.9%。由于缅甸赴华旅游市场的异军突起，俄罗斯从中国的第五大入境旅游客源国衰退至第六大入境旅游客源国。

6. 新加坡出境旅游整体平稳，旅华市场小幅回升

新加坡是东南亚地区最重要的旅游国家之一，也是国际游客往来亚太地区重要的交通枢纽之一。近年来新加坡每年接待国际游客超过1500万人次；每年新加坡出境旅游市场总量也基本超过900万人次，规模总量接近其国民人口数量的2倍。2016年新加坡游客出境旅游总消费221亿美元，与2015年基本持平，出境旅游消费总额的全球排名保持在第12位。2016年新加坡赴中国旅游市场小幅回升，全年旅华游客总量为92.19万人次，同比增长1.8%，市场规模在中国入境旅游客源国中排第10位。

7. 印度出境旅游持续增长，旅华市场增长较快

近年来印度经济发展形势整体向好，带动了印度中产阶级的规模持续壮大。2016年印度游客出境旅游总消费164亿美元，同比增长16%，出境旅游消费总额的国际排名从第23位上升至第20位。2016年印度赴中国旅游市场增长较快，全年旅华游客总量为79.91万人次，同比增长9.4%，市场规模在中国入境旅游客源国中排第11位。

8. 泰国出境旅游持续升温，旅华市场增长迅速

2016 年泰国游客出境旅游总消费 83 亿美元，同比增长 11%，实现了连续三年的两位数增长，出境旅游消费总额的全球排名从第 34 位上升至第 33 位。2016 年泰国出境旅游市场总量达到 750 万人次，同比增长 6.0%。2016 年泰国赴中国旅游市场增长迅速，全年旅华游客总量为 74.90 万人次，同比增长 16.8%，市场规模在中国入境旅游客源国中排第 12 位。

9. 加拿大出境旅游持续萎缩，旅华市场逆势回暖

2016 年加拿大出境旅游市场受到经济发展态势不明朗、家庭债务水平持续高企、消费者信心低迷等多重因素的负面影响，民众出境旅游的需求有所减弱。2016 年加拿大出境游客总量约为 5300 万人次，同比下降 5.3%，延续了 2015 年以来的下滑趋势。2016 年加拿大游客出境旅游总消费 291 亿美元，同比下降 3.30%。2016 年加拿大赴中国旅游市场逆势回暖，全年旅华游客总量为 74.08 万人次，同比增长 9.0%，市场规模在中国入境旅游客源国中排第 13 位。

10. 澳大利亚出境旅游增长平稳，旅华市场触底回升

近年来澳大利亚的出境旅游市场呈现相对平稳的发展态势。2016 年澳大利亚出境游客总量约为 990 万人次，同比增长 5.0%。2016 年澳大利亚游客出境旅游总消费 249 亿美元，同比增长 6%，出境旅游消费总额的全球排名从第 10 位上升至第 9 位。2016 年澳大利亚赴中国旅游市场触底回升，全年旅华游客总量为 67.32 万人次，同比增长 5.6%，市场规模在连续 3 年下降之后首度出现回升，位居中国第 14 大入境旅游客源国。

四 中国入境旅游持续稳定增长的因素分析

（一）一系列重大外交活动和国际交流活动搭建了重要平台

伴随 2016 年二十国集团杭州峰会、"一带一路"国际合作高峰论坛、2017 年金砖国家领导人会晤等一系列主场外交活动的实施，以及上海合作

组织、亚洲基础设施投资银行等一系列由中国主导的国际政治经济组织稳步扩容，中国在当前全球治理体系中的影响力持续上升，为世界认识中国提供了战略机遇。

（二）系统性的便利化政策正从单点突破走向协调推进

入境旅游便利化政策的持续完善有力促进了入境旅游的发展。截至2016年底，72小时过境免签政策已在北京、上海、广州、成都、沈阳、杭州、西安、天津、武汉、南京、大连、桂林、昆明、重庆、哈尔滨、厦门、青岛、长沙、深圳等19个入境旅游热点城市相继落地，其适用对象覆盖了包含"一带一路"沿线主要国家在内的51个国家。在72小时过境免签政策的基础上，苏浙沪两省一市与广东省分别实施了联动海陆空三类口岸的144小时过境免签政策，推动过境免签政策向着更加开放化的方向迈进。截至2016年底，面向境外游客的购物离境退税政策已相继在海南、北京、上海、天津、辽宁、安徽、福建、厦门、四川、江苏、青岛、深圳、陕西、云南、广东、黑龙江、山东、河南等18个省（直辖市、计划单列市）落地实施。

（三）旅游主题形象更加鲜明，旅游宣传推广主体日趋多元

当前以"美丽中国"（Beautiful China）作为中国旅游的主题形象，既发挥了旅游行业自身在国家建设方面的产业优势，又代表着中国博大精深的文化底蕴和丰富的自然、人文旅游资源，是对中国旅游准确、全面、形象、深刻的诠释，进一步激发了境外游客认知"现代中国"和"崛起中国"的原生动力。从2017年初以来，对外宣传口号启用"超乎想象的中国"（China，Beyond Your Imagination），令"美丽中国"整体旅游形象内涵更加丰富。各地在国家旅游形象"美丽中国"和旅游宣传口号"超乎想象的中国"框架下，积极开展行动方案、宣传片拍摄、营销活动、广告投放等针对性配套活动，并提供相应的入境旅游产品、服务及设施。

与俄罗斯、韩国、美国、印度、中东欧、澳大利亚、东盟、哈萨克斯坦、

瑞士、丹麦、欧盟等国家或地区合办中外旅游年，倡议并主办首届世界旅游发展大会，承办 UNWTO 全体大会活动，积极响应"一带一路"倡议，既彰显了中国对于世界旅游发展和国际旅游合作的主导和引领作用，也传达了中国开展国际旅游合作和推行国际旅游宣传的整体战略思路。通过构建"丝绸之路旅游联盟""大运河旅游联盟""长城旅游联盟"等推广机制，形成了"国家—地方—企业"的国际旅游宣传推广合力，旅游宣传推广主体日趋多元。

（四）旅游产品结构进一步优化，持续提升中国旅游的国际吸引力

观光旅游产品、度假旅游产品以及专项旅游产品体系初步形成并持续优化。商务旅游、会展旅游、文化旅游、生态旅游、乡村旅游、修学旅游、祭祖旅游等多样化旅游产品体系不断丰富。与国际休闲旅游需求相适应的邮轮母港、自驾车营地、医疗养生服务接待设施日趋完善。

逐步突破传统的"封闭的中国""古老的中国"旅游产品开发理念，不仅依托和重视对传统旅游资源的深度挖掘，而且更加重视对创新性、主题式、体验式、生活型旅游产品，特别是能够有效吸引境外游客重复消费的休闲度假产品的创意策划与深度开发，向境外游客展现更加贴近真实生活的现实版中国。通过旅游产品内容的丰富拓展、硬件基础设施的改进完善、软件服务设施的提质升级，让旅华游客收获更加美好和真实的体验。

（五）旅游服务质量稳步提升，持续消除赴华旅游的顾虑与障碍

旅游接待设施和配套功能持续完善，国际游客服务质量稳步提升。开放化引进国际管理与服务模式，进一步完善旅游企业服务质量体系。旅游目的地建设扎实稳步推进，进一步丰富和完善入境旅游产品的数量和种类，并加快推动面向客源市场群体的多语种服务体系与公共服务体系。加快实施国际旅游人才队伍建设，加快提升入境旅游服务的专业技术水准。持续建设旅游诚信体系，持续优化入境旅游发展环境，促进入境旅游服务质量全面提升。

参考文献

《中国旅游统计》相关年份月度资料。

《旅游市场》相关年份月度资料。

中国旅游研究院：《中国入境旅游发展年度报告2017》，旅游教育出版社，2017。

UNWTO，*Tourism Highlights*，2017 Edition.

UNWTO，*World Tourism Barometer*，Statistical Annex.

UNWTO & WTTC，"The Impact of Visa Facilitation in ASEAN Member States"，WEF，*Travel and Tourism Competitiveness Report* 2017.

G.17

2016~2017年中国出境旅游
发展分析与展望

蒋依依 *

摘　要： 2016 年与 2017 年上半年，受到旅游产业综合发展带动，以及交通设施的优化、签证便利化、建立旅游年多边合作机制等正面因素的积极推动，我国出境旅游市场持续稳定增长，出国游客比重增大，赴"一带一路"沿线国家和地区的游客量显著增加，西部地区与"新一线"市场活跃度进一步上升。预计 2017 年下半年以及 2018 年中国出境旅游市场仍将保持稳定增长势头。

关键词： 中国旅游　出境旅游　旅游市场　旅游产业

一　2016年与2017年上半年我国出境旅游市场发展状况

（一）出境旅游市场总量与消费增长都呈现出增长态势

2016 年我国出境旅游人数达到 1.22 亿人次，出境旅游花费 1098 亿美元，同比增长 4.3% 与 5.07%。2017 年 1~6 月，中国公民出境旅游人数为 6203 万人次，同比增长 5.1%。内外部环境的优化推动了出境旅游的发展。

---

* 蒋依依，中国旅游研究院国际旅游研究所所长、研究员，研究方向为旅游市场、国际合作与旅游效应。

旅游绿皮书

2017年3月5日，第十二届全国人民代表大会第五次会议政府工作报告指出，2016年我国国内生产总值增长6.7%，城镇新增就业1314万人，年末城镇登记失业率为4.02%，为多年来最低。居民收入增长快于经济增长，城乡收入差距持续缩小。《2017年政府工作报告》指出，2016年铁路营业里程达到12.1万公里，其中高速铁路超过1.9万公里。跨国交通也在不断完善，《2016年民航行业发展统计公报》显示，2016年我国定期国际航线共有739条，比2015年增加79条，覆盖56个国家145个城市。为了更好迎接中国游客，多个国家对中国游客实施了免签、落地签以及签证费减免等便利化措施，截至2017年1月，持中国普通护照可以有条件免签或落地签前往的国家和地区已达61个，相比上年同期增加9个。继美国、加拿大、新加坡、韩国、日本和以色列之后，澳大利亚正式加入对华"十年签证"队伍。此外，我国还建立了中国—东盟、中国—中东欧、中俄蒙等一系列双多边旅游合作机制，举办了首届中国—东盟旅游部门会议、首届中国—南亚旅游部长会议以及"一带一路"国家旅游部长圆桌会议等活动，为深化旅游"一带一路"工作提供了机制保障。

（二）目的地结构显示中国游客的脚步渐行渐远

2016年中国游客前10位目的地为中国香港、中国澳门、泰国、韩国、日本、越南、中国台湾、美国、新加坡、马来西亚，主要目的地仍多为周边国家与地区。值得注意的是出国游的比例提升显著，2016年占到出境游总数的31.24%，与2015年的26.72%相比，提升了将近5个百分点。

（三）中国出境旅游市场的成熟使需要逐渐多元化

2016年全国旅行社组织的出境旅游人数超过5000万人次，以跟团旅游为主，在1.22亿出境游客中占比达40%。出境自由行规模超过7000万人次，占六成。从目的地消费行为上看，中国游客的消费方式正在实现从"买买买"到"游游游"的理性转变。对出境旅游行为问卷调查结果显示，

208

游览观光和休闲度假是出境旅游的主要目的，出境游客在选择境外旅游目的地时注重景点、旅游地的吸引力。在出境旅游时，我国游客依然偏好跟团游，特别是二三四线城市和的游客，但总体而言，越来越多的游客选择自由行。即使是跟团游，选择半自助游、私家团也成为趋势，说明中国游客不再满足于固定的路线与行程，对于弹性时间的要求正在增加。调研数据表明，旅游消费水平上，中高端群体占据主流，花费在5000～20000元的游客约占75%，游客青睐中等价位的酒店和经济型酒店。出境游花费的主要项目为购物、参团费用、餐饮和景点门票等，虽然购物仍为花费最高的项目，但购物比重的收缩反映出消费行为从"买买买"到"游游游"的理性转变。携程旅行网的数据表明，与其财富、体力相匹配，"70后""80后"依然是出境游的中坚力量，但越来越多的"90后""00后"以及时间最充裕的银发族加入出境游的队伍。

（四）中西部地区与"新一线"城市市场活跃度进一步上升

除了签证便利度等因素的影响之外，客源地的国民收入水平变化在很大程度上影响着出游意愿与出游形式，研究显示，人均可支配收入与出境人次的相关度最高。虽然各省（自治区、直辖市）出游力从东到西仍然表现为"6∶2∶1"的递减形态，但西部地区爆发出强大的旅游消费潜力，云南、四川、青海、内蒙古、新疆等省份旅游消费增长速度较快。长期以来，上海、北京、广州、深圳一直是我国四大出境口岸，但近年来，随着国际航班、签证中心的新增，"新一线"城市出境游客的增长速度较快，不仅在线出境游客人数增速最高（超过100%），它们的消费能力也已经比肩一线城市。2016年排名前20的出境旅游出发城市中包括了16个出境游"新一线"城市，分别是杭州、成都、南京、天津、武汉、重庆、厦门、西安、长沙、昆明、青岛、沈阳、宁波、郑州、南宁、大连。这部分城市每年的出境游客都达到100万～200万人次。而出境旅游人数增长速度最快的前10名城市分别为珠海、南宁、合肥、郑州、长春、昆明、深圳、青岛、重庆、西安。

（五）赴"一带一路"沿线国家游客量快速增长，推动了民众之间的直接沟通与交流

空中、地面与海上走廊的共同建设，使"一带一路"倡议成为沿线普通民众相互往来的纽带。根据不完全统计，仅2016年，中国就为沿线国家与地区贡献了5000万余人次的出境过夜游客。如此大规模的人员流动，推动了民众之间的直接沟通与交流。旅游作为民众自发交流的重要形式，不会展现政治倾向与国家意志，其平等自信、不卑不亢的合作姿态，更容易被国际社会所认同接受。可以说，旅游在推进与沿线国家、地区民心相通中，发挥了基础性和"润物无声"的作用，既增进了各国之间的信任，也为文化软实力的对接提供了多方位渠道。

（六）出境旅游推动了我国旅游产业国际化的步伐

在配合"一带一路"倡议中，中国出境旅游发挥了推动旅游产业合作从市场互换向要素流动持续深化的重要作用。国家旅游局早在2007年就完成了《丝绸之路旅游区总体发展规划》。《"十三五"旅游业发展规划》中将丝绸之路、海上丝绸之路列入十大国家精品旅游带，并将开展"一带一路"国际旅游合作作为旅游外交的核心工作。我国先后与俄罗斯、乌兹别克斯坦、哈萨克斯坦、匈牙利等多个沿线国家与地区签署旅游合作谅解备忘录，在中东欧地区设立首个海外旅游办事处，构建包括中俄蒙三国旅游部长会议在内的常态化合作平台等一系列工作都为"一带一路"沿线旅游产业合作创造了良好条件。我国与哈萨克斯坦、吉尔吉斯斯坦合作将丝绸之路申遗成功，中免集团将免税业务拓展到柬埔寨，携程旅行网收购印度最大在线旅游运营商Make My Trip，众信国旅入股地中海俱乐部，都表明旅游产业的国际化布局正在紧跟中国游客的脚步，并呈现出投资主体多元、投资模式多样、投资区域扩大等特征。

（七）出境旅游成为其他产业合作的市场支撑

上亿的出境游客规模以及上千亿美元的出境旅游消费，推动了包括基础设施互联互通在内的产业合作。"一带一路"沿线国家旅游业起步较晚，旅游基础与接待设施建设相对落后。大规模的游客流动，迫切需要航空、公路、铁路、港口、通关等软硬件条件的优化。中老铁路、中泰铁路、印尼雅万高铁等设施的相继建设，既是当地社会经济发展的需求，也是中国出境游客的诉求。不断增长的游客规模、多样化的游客需求，在一定程度上推动了丝路基金、中国—欧亚经济合作基金、亚洲基础设施投资银行、国家开发银行、中国进出口银行等金融机构在"一带一路"旅游基础与接待设施建设中扮演积极角色。出境旅游的发展还有效地促进了金融领域的国际化合作。截至2017年3月底，"一带一路"沿线已有近50个国家和地区受理银联卡。国民跨境消费与跨境支付的发展推动了人民币在尚未完全放开的情况下走向国际市场的步伐。旅游业推动的服务贸易发展，也为双边本币互换协议的签署与实施奠定了人民币流动性、贸易和投资便利化的需求基础。

二 2017年下半年与2018年我国出境旅游市场发展趋势

根据国家旅游局数据中心预测，2017年下半年中国出境市场仍将保持增长势头，出境游客将达到6597万人次。

（一）各目的地将为中国出境游客提供更好的政策与中文环境

根据世界旅行与旅游理事会（WTTC）公布的《旅行与旅游经济影响中国报告2017》，2016年旅游业对全球GDP的综合贡献占全球GDP总量的10.2%，创造就业占全球就业总量的10%。预计未来旅游业的重要性将日益凸显，各国会加大对旅游市场的投入，通过旅游发展带动经济复苏。作为世界第二大经济体，中国对全球旅游业的影响力与日俱增。世界旅行与旅游理事会联合牛津经济研究院共同完成的《2017年旅游业经济影响力年报》认为，到2020年，中国将超越美国、英国和德国，成为长途旅游最大的客

源市场。报告还指出，未来十年，6000多万中国家庭的年收入将超过35000美元，出境游成为可负担的消费选项。预计到2023年，中国旅客平均每次出境游的开销将增长近75%，其中超过85%的旅游会选择全球各大主要城市作为旅游目的地。由此可以预测，未来各国和地区针对中国市场的投入会进一步加大，包括加强旅游基础设施建设（航空、地面和港口）、改善中文环境、降低签证门槛、加强领事保护等。2017年，塞尔维亚、阿联酋、摩洛哥、厄瓜多尔等国家对我国开始实行免签政策，这些国家的免签政策提升了我国出境游游客出行便捷度，有效扩大了旅游市场供给。航空方面，截至2016年底，已有120个国家和地区与我国签订了双边航空运输协定，比2015年底增加2个（萨摩亚、巴布亚新几内亚）。

（二）中国经济社会发展态势的持续向好将为出境旅游提供良好的发展基石

2017年1月5日中国科学院预测科学研究中心在2017年中国经济预测发布会上指出，2017年中国经济将平稳增长，预计全年GDP增速为6.5%左右。预计2017年中国第一产业增加值增速为3.7%，第二产业为6.0%，第三产业为7.5%。消费、投资和净出口对GDP增速的拉动分别为4.5、2.4和-0.4个百分点。消费对于GDP增速的拉动作用最为突出。2017年6月21日清华大学中国与世界经济论坛上发布的《2017～2018年中国宏观经济分析与预测报告》认为，2018年中国经济的增长速度有可能回升到6.9%。

出境旅游的政策环境也在持续改善。《2017年政府工作报告》中指出，要扎实推进"一带一路"建设，构建沿线大通关合作机制，推进边境经济合作区、跨境经济合作区、境外经贸合作区建设。此外，国家进一步落实带薪休假制度。旅游主管部门积极推动"一带一路"沿线旅游合作，将会促进中国与相关国家旅游合作体制机制的常态化以及市场认知程度的提高。国家旅游局持续推进的跨境旅游合作区和边境旅游试验区，必然会促进边境旅游合作的深入。虽然世界经济增长仍存在一定困难，但旅游业良好的发展前景和我国持续改善的内部环境都为我国出境游发展提供了有力支撑。根据国家旅游局数据中心的预测，2017年中国出境市场将保持增长势头，预计出境旅游人次数将达到1.27亿人次，同比增长4.0%。

（三）出境旅游需求呈现更加多样化的趋势

旅游人群方面，"有钱有闲"的年长一族出游比重依然处于增长中，这与中国快速进入老龄化社会有关联，也与中国在养老保障方面的提升以及家庭结构的变化密切相关。国家卫计委预测，到2020年，我国60岁及以上老年人口将达2.55亿左右，约占总人口的17.8%。老龄人消费水平上，据《中国老龄产业发展报告（2014）》预测，2014～2050年间，中国老年人口的消费潜力将从4万亿元增长到106万亿元。旅游内容方面，骑行、探险、运动休闲等旅游产品将继续受到年轻人的追捧；商务、休闲、度假等会持续受到中老年人的青睐；海岛游、亲子旅游、研学旅行、文化旅游等产品将引起家庭旅游者的进一步关注。

（四）出境旅游供给在新技术与商业模式促进下将进一步优化

互联网技术的成熟，消费新力量的出现，以及日益变好的政策环境，正在加速分享经济在旅游全行业链条中的渗透，包括"吃、住、行、游、购、娱"在内的各旅游要素的组织方式和呈现方式正发生巨大的变化，旅游供给正在发生快速的改变与优化。住宿方面，Airbnb等平台向游客提供更多元、个性化的住宿选择；出行方面，Uber等平台不仅合理利用闲置资源，还为游客深入目的地文化和生活方式提供接口。无现金支付正在延伸到境外，旅游消费更加便利。近两年，支付宝在海外市场持续发力，接入了多家线下商户，并与慕尼黑机场、东京成田国际机场、大阪关西国际机场等全球十大机场达成合作，为中国游客提供无现金支付服务。另外，银联于2017年6月在香港和新加坡推出云闪付二维码支付业务后，计划在泰国、印度尼西亚、澳大利亚等中国游客到访之处陆续推出云闪付二维码支付。

（五）仍需要关注中国外汇管理新规对于出境市场的可能影响

2017 年中国外汇管理规定有所变化，对于出境游客而言，个人购汇与跨境交易的额度与便利程度没有变化，但时间与机会成本增加。从目前每年 5 万美元的便利性额度来看，完全能够满足普通游客出境旅游的现实需要。便利化额度之外的经常项目购汇，凭有交易金额的真实证明材料办理，不存在任何障碍。游客既可以在便利化额度内按需购汇，也可以在境外使用银行卡消费，用汇不受影响。但相关规定加强了对购汇用途的监管。游客在购汇时，需要按照规定进行完整、真实的信息申报。相较而言，2017 年 1 月 1 日之后的《个人购汇申请书》对个人购汇用途进行了更详细的调查，分因私旅游、境外留学、公务及商务出国、探亲、境外就医、货物贸易、非投资类保险、咨询服务以及其他共九大项。其中，因私旅游大项包含了"预计境外停留期限，目的地国家、地区"两个子项。如果用汇时实际用途与填写的申请不一致，需要到办理购汇业务的银行重新填写。国家外汇管理局还会进行抽查，如果有误将会被列入"关注名单"，其当年及之后两年不享有个人便利化额度，并将被依法移送反洗钱调查，相关处罚信息也会被纳入个人征信记录。同时，自然人的转账交易，以及支付宝、微信支付等电子支付渠道首次被纳入监管。相关措施增加了出境游客购汇的时间和机会成本，监管力度的加强还会制约以境外买房、证券投资、保险投资、医疗美容、海外生子等为目的，以旅游为名义的出游计划。

总体来看，随着中国出境市场与消费规模的不断扩大，出境旅游对于国家的战略意义以及目的地社会经济发展的作用会进一步加强，在内外部环境优化的促进下，中国出境旅游市场持续增长在近期与中期将是不可逆转的，其规模还将创造新的纪录。相对于近 14 亿的人口规模，我国的出境与出国旅游率与发达国家、金砖国家相比还相对滞后。在全面建成小康社会的过程中，如习近平主席所指出的"旅游是人民生活水平提高的一个重要标志，出国旅游更为广大民众所向往"，出境旅游必将发展到与中国人民生活水平相适应的程度。但同时也要注意，政策上、国家关系间的不确定因素都可能会影响市场以及产业的走向。

对于未来的发展，在国家层面需要进一步认识到发展中国出境旅游的战略意义。旅游作为完全没有功利性的普通民众参与形式，无疑能提高国家形象的亲和程度，增强传播的渗透能力。中国游客本身也是中国社会文明发展程度与人民生活水平提升的形象载体，在出境旅游的同时，中国游客也宣传了中国的国家形象。游客的跨国流动成为推动"一带一路"相关国家和地区的机场、港口、高铁、车站、公路、服务区等基础设施的建设，以及与我国互联互通的现实客源基础。同时，出境旅游在对港澳台工作中发挥了促进区域一体化、加强文化交流等方面的特殊作用。

对于目的地而言，不仅要以提升中国游客满意度为目标进一步增强吸引力，还要促进把吸引中国出境旅游市场及其相关投资与"一带一路"倡议、丝路基金、亚洲基础设施投资银行等合作相结合，争取在放宽签证、改善中文环境、建设基础设施、支持旅游产业投融资上给予更好的条件，以进一步推动中国游客、中国资金、中国品牌"走出去"。

对于旅游企业而言，鼓励境内旅游企业"走出去"与出境旅游市场发展相结合，结合"一带一路"倡议，通过海外并购、联合经营、设立分支机构、股权收购等方式，率先开拓国际旅游市场，培育一批具有全球影响力的中国旅游企业。

参考文献

中国旅游研究院课题组：《中国出境旅游发展年度报告2017》，旅游教育出版社，2017。

《2016年政府工作报告》，http：//www. gov. cn/guowuyuan/2016 - 03/05/content_5049372. htm，2017年12月13日。

《持普通护照中国公民前往有关国家和地区入境便利待遇一览表》，http：//cs. mfa. gov. cn/gyls/lsgz/fwxx/t1185357. shtml，2017年12月13日。

世界旅行与旅游理事会（WTTC）：《旅行与旅游经济影响中国报告2017》，www.

wttc. org，2017 年 12 月 13 日。

《中科院预测中心发布 2017 年中国经济预测（摘要）》，http：//finance. sina. com. cn/roll/2017 – 01 – 05/doc – ifxzizus3762496. shtml，2017 年 12 月 13 日。

《李稻葵：中国 GDP 增速 2018 年有可能回升到 6. 9%》，http：//www. ccement. com/news/content/9035234501474. html，2017 年 12 月 13 日。

《中国老龄产业发展报告 2014》，http：//www. cssn. cn/ts/xsph/201411/t20141106_1392305. shtml，2017 年 12 月 13 日。

港澳台旅游

Tourism of HK，Macau & Taiwan

G.18

2017～2018年香港旅游业
发展分析与展望

戈双剑　刘聪聪*

摘　要：　2017年是香港回归20周年，香港特区政府和旅游业界推
出多项政策和新举措，重塑"好客之都"旅游形象，香
港入境旅游市场止跌回升。"一带一路"倡议、粤港澳大
湾区发展规划等国家发展战略为香港旅游业发展带来新的
机遇。内地与香港《CEPA经济技术合作协议》等一系列
新协议的签订，港珠澳大桥、广深港高铁香港段等基础设
施的建设，将进一步深化内地与香港旅游的交流合作，助
推香港旅游业的发展。预计2017～2018年，香港旅游业

*　戈双剑，文学博士，国家旅游局监督管理司质量监督处副处长，研究方向为旅游文化与传媒、
旅游发展政策、涉港澳旅游政策、旅游行业监管等；刘聪聪，文学硕士，国家旅游局港澳台
旅游事务司港澳旅游事务处主任科员，研究方向为传媒经济学、涉港澳旅游政策等。

将实现平稳发展。

关键词： 香港旅游 "一带一路" 粤港澳大湾区

一 2017年香港旅游市场运行情况

（一）香港旅游业"寒冬"之后逐渐回暖

香港回归 20 年来，旅游业经历了飞跃式发展，全球赴港旅游人次从 1997 年的 1137 万人次攀升至 2016 年的 5665 万人次，其中内地赴港游客数占香港整体入境游客的比重从 21% 增长至 75.5%。旅游业占香港 GDP 的比重约为 5%，就业人口约为 27 万，并带动酒店、零售、交通等多个相关行业，已成为香港的支柱产业和重要的经济动力，为促进经济发展、改善民生和保持社会稳定发挥了重要作用。

2015 年香港旅游业出现下行态势，全球访港人数同比下降 2.52%；2016 年下行态势延续，全球访港人数同比下降 4.5%。进入 2017 年，受益于外围经济环境改善、人民币汇率走势强劲和内地经济形势向好，香港经济上半年实质增长 4%，出口和内部需求维持坚挺。在香港特区政府的大力支持和各界的共同努力下，旅游业表现不俗。2017 年 1~8 月，香港入境游客累计达 3800 万人次，同比增长 1.9%，扭转了自 2015 年 7 月以来的下行态势，过夜旅客同比增长 5%，酒店平均入住率也上升至 88%。在旅游业的带动下，香港零售业回暖迹象明显，2017 年 8 月总销售额达 348 亿港元，同比增长 2.7%。其中，珠宝首饰、钟表及名贵礼品增长 7.3%，药物及化妆品增长 2.3%。

（二）入境旅游市场结构微调

从宏观走势上看，2016 年至 2017 年 8 月，全球访港区域市场结构出现微调。2016 年全年，香港整体入境市场仍在持续下降，但在 2017 前 8 个月，区域客源市场中占主导地位的内地和短途市场扭转下行趋势、实现增长，拉动整体入境市场小幅回升。此外，随着香港采取一系列措施吸引高端过夜游客，2016 年，过夜游客的比重上升至 46.9%。

1. 2016 年香港入境旅游市场和旅游消费均呈下行趋势

据香港旅游发展局统计，2016 年香港整体入境游客为 5665 万人次，同比下降 4.5%；与入境旅游相关的总消费为 2962.1 亿港元，同比下降 10.1%；酒店房间入住率则轻微上升 1 个百分点至 87%；所有酒店的实际平均房租为 1287 港元，同比下降 3.7%。究其原因，一是以内地为主体的区域市场下降明显，长途、短途市场少量增长难以挽回整体下行态势。中国内地（75.5%）、中国台湾（3.6%）以及韩国（2.5%）是香港的三大主要客源市场。其中，内地赴港旅游人数为 4278 万人次，同比下降 6.7%，以"个人游"方式赴港的内地游客为 2422 万人次，同比下降 13.3%。以中国台湾、韩国、日本和菲律宾为主的传统短途访港游客为 919 万人次，同比增长 3.4%，占全部访港游客的 16.2%；以美国、英国、加拿大为主的欧美长途访港游客为 468 万人次，同比增长 2.3%，占全部访港游客的 8.3%。

二是过夜游客和总体消费水平仍呈下行态势，但降幅有所收窄。2016 年，香港过夜游客总数为 2655 万人次，同比下降 0.5%，其中内地过夜游客 1736 万人次，下降 3.5%。过夜游客总消费为 1752 亿港币，同比下降 9.2%，其中内地过夜游客消费 1263 亿港币，同比下降 11.4%，占全部过夜游客消费的 72.1%；过夜游客人均消费 6599 港币，同比下降 8.8%，其中内地过夜游客人均消费 7275 港币，同比下降 8.2%。过夜游客主要消费项目除娱乐小幅增长外，购物、酒店、餐饮分别同比下降 15.3%、2.3%、0.4%，且购物在消费项目中的比重下降 4 个百分点，表明香港高端游客总体消费下降，消费结构有所调整。

三是不过夜游客消费大幅下降。2016 年，香港不过夜游客总消费为 636.5 亿港币，同比下降 18.9%。其中内地不过夜游客消费 602.8 亿港币，同比下降 19.7%，占不过夜游客总消费的 94.7%。内地游客曾经是不过夜游客消费的主体,不过随着汇率变化和国外新兴旅游购物目的地的兴起,购物在消费结构中的比例逐渐下降,已经不再是内地游客赴港的首要目的。香港旅发局统计数据显示,内地不过夜游客旅游消费主要为购物(89.1%)、酒店账单(0.7%)、餐饮(4.8%)和其他(5.5%),购物和餐饮分别同比下降21.4%和7.8%,酒店和其他同比增长16.5%和1.9%。

2.2017年1~8月访港市场整体回暖,长途和短途市场均实现增长

2017年1~8月,香港入境游客累计达3800万人次,同比增长1.9%。虽然单月波动幅度较大,但整体仍呈现回暖趋势,这主要由占主要入境市场的中国内地和短途市场的增长带动。

表1 2017年1~8月全球访港人数

月份	每月(人)	同比(%)	累计(人)	同比增速(%)
1月	5475176	4.8	5475176	4.8
2月	4181417	-2.7	9656593	1.4
3月	4586186	8.8	14242779	3.7
4月	4775834	1.9	19018613	3.2
5月	4587014	3	23605627	3.2
6月	4203256	-1.9	27808883	2.4
7月	5167700	2.4	32976583	2.4
8月	5023433	-1.2	38000016	1.9

资料来源:香港旅游发展局。

2017年1~8月,短途市场访港游客为608.8万人次,占全部访港游客的16%。北亚市场同比11.5%的大幅增长,抵消了南亚和东南亚1.1%及中国台湾0.1%的降幅,短途访港市场同比增长2.6%。其中,日本、韩国、印尼、菲律宾分别同比增长15.8%、8.4%、5.6%、14.9%,马来西亚、新加坡、泰国、印度分别同比下降0.7%、4.3%、6.2%、20%。

长途市场访港游客 298 万人次，同比增长 0.3%，占全部访港游客的 7.9%。其中，以美国、加拿大为主的美洲市场（114 万人次）同比增长 2.3%；欧洲、南非和中东市场（140 万人次）中虽然英国、德国、意大利分别同比增长 0.8%、1.7%、0.4%，但受法国、中东下降 3.4% 和 5% 的影响，整体同比下降 0.8%；大洋洲市场整体下降 1.4%，新西兰同比增长 11.7%，澳大利亚则下降 3.7%。

3. 2017年1~8月访港不过夜游客下降，过夜游客实现增长

2017 年 1~8 月，香港过夜游客总数为 1816 万人次，同比增长 4.5%，占整体入境游客的 47.8%。其中，内地过夜游客 1215 万人次，同比增长 5.2%；短途市场过夜游客 389.7 万人次，同比增长 4.7%；长途市场过夜游客 211 万人次，同比增长 0.4%。

香港不过夜游客总数为 1983 万人次，同比下降 0.4%。其中，内地不过夜游客 1677 万人次，同比下降 0.4%；短途市场不过夜游客 219 万人次，同比下降 0.9%；长途市场不过夜游客 87 万人次，同比下降 0.1%。

（三）内地市场起到支撑作用

近年来，内地访港旅游人数持续下降，但内地仍是香港最大客源市场，占有香港入境旅游市场超过 76% 的市场规模，为香港入境旅游市场平稳发展起到了支撑作用。据香港旅发局统计，2016 年内地访港游客 4277.8 万人次，同比下跌 6.7%，占全部访港游客的 75.5%；2017 年 1~8 月，内地访港游客 2893 万人次，同比增长 1.9%，占全部访港游客的 76%。

"个人游"止跌回升。2015 年 4 月 13 日，深圳市居民赴港"一签多行"政策调整为"一周一行"后，2016 年"个人游"赴港人数按月持续下降，全年"个人游"访港 2422 万人次，同比下降 13.3%，占内地居民赴港旅游总人数的比重由 2015 年的 66.3% 下降到 2016 年的 56.6%。2017 年 1~8 月内地赴港"个人游"累计达 1636 万人次，同比增长 3.1%，占内地居民赴港旅游总人数的 56.6%（见表 2）。

表2　2016年和2017年1～8月内地赴香港"个人游"统计

月份	每月数字		占中国内地旅客的比率（%）	增长率%	累积数字		占中国内地旅客的比率（%）	增长率%
	2016人次	2017人次			2016人次	2017人次		
1月	2487483	2697463	62.0	8.4	2487483	2697463	62.0	8.4
2月	1959772	1780739	56.7	-9.1	4447255	4478202	59.8	0.7
3月	1663108	1806327	54.2	8.6	6110363	6284529	58.1	2.9
4月	1849563	1981783	56.3	7.1	7959926	8266312	57.6	3.8
5月	1808143	1899778	55.1	5.1	9768069	10166090	57.1	4.1
6月	1726515	1679744	54.2	-2.7	11494584	11845834	56.7	3.1
7月	2214567	2319472	56.9	4.7	13709151	14165306	56.7	3.3
8月	2314224	2193312	55.4	-5.2	16023375	16358618	56.6	2.1

资料来源：香港旅游发展局。

二　特区政府采取措施提升香港吸引力和竞争力

香港旅游业回暖与近两年香港特区政府着力重塑"好客之都"形象紧密相关。香港特区政府新一届行政长官林郑月娥就任之后，高度重视旅游业发展。2017年香港回归祖国20周年系列活动，营造了良好的社会氛围，吸引了不少游客尤其是内地居民赴港。

（一）明确旅游业定位及发展方向

2017年10月11日，香港特区行政长官林郑月娥发表了《2017年施政报告》，报告明确将香港发展成为世界级的首选旅游目的地，并提出四大发展策略和五项新措施推动旅游业发展。

报告提出，香港特区政府将遵循四大发展策略，制订并落实相关措施及项目，推动旅游业进一步发展：一是为香港开拓多元化的客源市场，集中吸引高增值过夜旅客来港；二是培育及拓展具有香港及国际特色的旅游产品；三是推动智慧旅游；四是提升香港旅游业的服务质量。

香港商务及经济发展局将负责推行五项新措施，具体包括以下五点。一是发展高增值旅游，开拓生态旅游、文化文物创意旅游等，以吸引更多不同类型游客赴港消费，并继续提升旅游配套设施，加强人才培训。二是协助旅游业界把握"一带一路"倡议及《粤港澳大湾区城市群发展规划》带来的机遇，包括推出"一程多站"产品，吸引更多过夜游客。三是关注旅游业界面临的监管、人手及基建配套等问题，召开旅游事务统筹高层会议，加强部门间的合作协调，发挥协同效应，促进旅游业全面发展。四是举办不同类型的世界级盛事，把香港建设成"国际盛事之都"。五是维持及继续提升香港作为国际高端会议展览及采购中心的地位。

同时，香港商务及经济发展局还将继续推动成立旅游业监管局及设立旅游业新的规制管理架构的工作；支持香港旅游发展局继续在"一带一路"沿线国家及粤港澳大湾区城市等目标客源市场进行推广工作；计划在沙田至中环线会展站兴建会议中心；创新及科技局负责推出"WiFi连通城市"计划及其他措施以方便市民和游客。

（二）推出一系列活动，提升服务品质

香港特区政府财政司司长陈茂波表示，特区政府多年来积极投放资源支持旅游业发展，旅发局与业界一直携手合作，因时制宜制定合适的推广策略，推出更多元化的旅游盛事、景点和产品，吸引更多高消费的过夜旅客来港。

2017年，香港旅游发展局宣布在各主要景区举办超过530个庆祝回归20周年的活动，如举办单车节，让游客以骑单车的方式体验香港等。迪士尼乐园、海洋公园等香港著名旅游景点也举行万圣节活动，迎接海内外旅客。

同时，香港旅游发展局还携手各大景区、酒店、餐厅、旅行社推出一系列活动和高品质的服务。2月，香港特区政府在尖沙咀、中环、海洋公园及迪士尼乐园等地推出11辆美食车，让游客在享受露天美食的同时，欣赏香港景色。4月，香港旅游界联同21个旅游景点为旅客提供逾40项特别优惠和服务；香港迪士尼乐园第3家酒店开业，香港大屿山、中环分别推出新的

旅游线路；主题公园、景区等开始积极利用科技提供免费 WiFi 服务、推出手机 APP 导览功能，以优质服务提升香港旅游吸引力。

三　香港旅游业发展迎来新机遇

随着与世界各地及周边经济体的竞争日趋激烈，加上全球经济增长放缓和保护主义抬头，包括香港在内的一大批旅游城市和重要旅游目的地面临的挑战日益严峻。中央惠港政策、国家"一带一路"和粤港澳大湾区建设为香港旅游业发展带来新的机遇。中国共产党第十九届全国代表大会明确提出，香港、澳门发展同内地发展紧密相连，要支持香港融入国家发展大局，以粤港澳大湾区建设、粤港澳合作、泛珠三角区域合作为重点，全面推进内地同香港、澳门互利合作。内地与香港旅游合作也将进一步深化，并为香港旅游业发展注入新动力。

（一）"一带一路"为香港旅游业发展提供新引擎

"一带一路"沿线涉及 60 多个国家，44 亿人口，旅游人次占全球旅游总量的 70%，旅游发展潜力巨大。香港是"21 世纪海上丝绸之路"的重要节点，也是东西方文化交融相汇的纽带。为全面参与并把握"一带一路"机遇，发挥"国家所需，香港所长"的优势，香港商务及经济发展局统筹协调"一带一路"建设工作。2017 年 9 月，香港特区政府和贸易发展局合办了第二届"'一带一路'高峰论坛"，并以此推动和促进香港成为"一带一路"建设的国际商贸平台。同时，特区政府也计划于 2017 年底与国家发改委签署香港参与"一带一路"建设协议。

目前，香港旅游部门已加入"中国海上丝绸之路旅游推广联盟"，并联合粤澳闽桂旅游部门赴东南亚开展"一程多站"海丝旅游线路推广。香港也已纳入国家"一带一路"旅游发展规划和"'21 世纪海上丝绸之路'风情游"旅游线。"一带一路"旅游合作将成为发展新引擎，助推香港拓展国际客源市场。

（二）粤港澳大湾区世界级旅游目的地建设为香港旅游业发展提供内生动力

粤港澳大湾区面积广阔，人口众多，拥有世界上最大的海港群、空港群以及高速公路、轨道系统等快速交通网络，经济规模达到1.3万亿美元（超过当前东京、纽约、旧金山三大湾区之和），机场旅客吞吐量达1.86亿人次（居各湾区之首），是国家建设世界级城市群和参与全球竞争的重要空间载体。

《2017年政府工作报告》提出，要推动内地与港澳深化合作，研究制定粤港澳大湾区城市群发展规划。2017年7月1日，在习近平主席见证下，粤港澳三地政府和国家发改委签订了《深化粤港澳合作 推进大湾区建设框架协议》，将共同把粤港澳大湾区建设成为宜居宜业宜游的优质生活圈，打造成为国际一流湾区和世界级城市群。2017年6月28日，内地与香港签署了《CEPA经济技术合作协议》，双方将深化粤港澳区域旅游合作，支持粤港澳大湾区世界级旅游目的地建设。

内地是香港入境旅游的主体市场，但按游客来源地区分，内地访港游客主要集中于广东省。随着粤港澳大湾区建设的推进，港珠澳大桥、广深港高铁香港段及香港国际机场第三跑道等"超级基建"的陆续建成，将进一步提升湾区内人流、物流、信息流，为香港吸引湾区客源、扩大内地旅游市场规模提供强大的内生动力。

粤港澳大湾区世界级旅游目的地的建设，将粤港澳作为整体旅游目的地来打造，同时发挥粤港澳对接广西、福建等内地沿海省份的重要节点作用，丰富"一程多站"旅游精品线路，联合开发海上丝绸之路旅游产品，进一步延伸了香港入境旅游产品线，弥补了香港旅游产品类型单一、体量不足的短板，增强了粤港澳在国际旅游市场上的整体竞争力和吸引力。

（三）加强与内地旅游合作拓宽香港旅游业发展平台

近年来，旅游已经成为内地与香港合作的重点领域，双方旅游交流持续

深化、合作领域不断拓宽。2016 年，内地与香港双向旅游交流达 1.24 亿人次，是世界上最大的双向旅游客源市场。

新一届香港特区政府高度重视加强与内地的旅游合作。2017 年 8 月，香港特区行政长官林郑月娥上任之初即到访国家旅游局，积极推动内地与香港旅游合作，并表示愿与国家旅游局联合开展宣传推广，携手开拓共同市场，不断提升两地旅游的美誉度和影响力，充分发挥旅游业实现"民心相通"的特殊作用。

双方还签署了《关于进一步深化内地与香港旅游合作协议》，将从建立工作机制、落实中央惠港政策、加强旅游产业互动、开展旅游联合宣传推广、加强旅游监管合作、深化粤港澳区域旅游合作、促进双向青少年游学交流等七个方面加强旅游交流合作，进一步拓宽香港旅游业发展平台，将旅游合作推向新高度。

四 2017~2018年香港旅游发展形势预测

近年来，世界旅游业持续发展，是全球经济中最大和增长最快的行业之一，国际旅游消费总体呈增长趋势。2017 年上半年，全球主要客源市场的跨境旅游需求推动了全球游客数量的增长，598 个旅游目的地共迎来 5.98 亿国际游客，同比增长 3600 万人，国际到达游客（过夜游客）同比增长 6%。这是 7 年以来游客数量增长最为强劲的半年。

2018 年，内地将继续推进"放管服"改革，进一步深化供给侧结构性改革，这将为内地旅游业发展创造更大的发展空间和新动能。内地与香港的旅游交流合作也将进一步深化，形成合作发展的新态势。同时，全球旅游业整体增长，跨境旅游需求旺盛，香港本地消费坚挺，都将为香港旅游业带来良好的外部环境和内生动力。

综合考虑各种因素，2017 年，全球赴港旅游人次将继续保持逐步回升态势，预计突破 5700 万人次。2018 年，在国家发展战略和特区政府新的支持政策措施推动下，预计全球访港游客数量将保持增长。

参考文献

《2017 年政府工作报告》，2017 年 3 月 10 日。

《推进全域旅游实施三步走战略》，中国旅游出版社，2017。

《深化粤港澳合作　推进大湾区建设框架协议》，2017 年 7 月 1 日。

《香港特区行政长官 2017 年施政报告》及《施政纲领》，2017 年 10 月 11 日。

《香港多管齐下留住游客心　内地居民赴港游逐渐回暖》，《人民日报》（海外版）
2017 年 8 月。

《群策群力推动旅游业再创佳绩》，《文汇报》2017 年 10 月 11 日。

《CEPA 经济技术合作协议》，2017 年 6 月 28 日。

《关于进一步深化内地与香港旅游合作协议》，2017 年 8 月 9 日。

《2016 年香港旅游业统计》，香港旅游发展局。

G.19
2017~2018年澳门旅游业
发展分析与展望

唐继宗*

摘　要： 2017年上半年澳门经济同比增长10.9%。第二季度澳门GDP
同比增长11.5%，高于第一季度的10.3%。经济增长主要由
服务出口及私人消费增长带动。为了在日益激烈的国际旅游
目的地市场竞争当中维持一定的优势，澳门特区必须在劳动
力供应数量与质量上寻求可持续的解决方案。

关键词： 澳门经济　旅游服务　博彩业　世界旅游休闲中心

2017年前三季度，全球经济进入上行周期，且上行力度不断增强。仅
在一年半之前，世界经济还面临着增长停滞和金融市场动荡等问题，如今形
势却已发生巨大变化。中国、欧洲、日本和美国的增长都在提速，美联储货
币政策继续正常化步伐，欧洲央行也在逐渐跟随，全球金融形势向好。

经济向好刺激旅游服务需求上升。2017年上半年，全球旅游目的地迎
来5.98亿人次国际游客，较2016年同期增加6%[①]。

---

　*　唐继宗，产业经济学博士，中国社会科学院旅游研究中心国际交流部部长、澳门特区政府
经济发展委员会委员、香港中文大学亚太航空政策研究中心成员，研究方向为旅游经济、
区域经济、产业经济、法律与制度经济、民航运输等。
　①　UNWTO, *World Tourism Barometer*, Volume 15, August 2017.

一　宏观环境

（一）全球宏观经济发展情况

全球经济活动的回升力度在继续增强。2017 年全球经济增速预计将上升至 3.6%，到 2018 年上升至 3.7%。亚洲以其强劲的经济增长（预计今年增速为 5.6%，2018 年为 5.5%）继续引领全球经济。中国作为该地区最大的经济体，2017 年的经济增长率有望达到 6.8%，2018 年为 6.5%[①]。

2016 年下半年起，全球经济活动趋于活跃；2017 年上半年，这一趋势进一步走强。新兴市场和发展中经济体 2017 年、2018 年两年的经济增长预计将提速，这得到了外部因素改善的支持——包括有利的全球金融环境和发达经济体的复苏。中国和亚洲其他新兴经济体的增长依然强劲；拉美部分大宗商品出口国、独联体国家和撒哈拉以南非洲地区仍面临困难，但已有了一定的改善迹象。发达经济体的经济增长在 2017 年普遍提速，美国、加拿大、欧元区和日本的经济活动日趋活跃[②]。

（二）澳门宏观经济发展情况

国际货币基金组织（IMF）10 月发布的《世界经济展望》报告，上调澳门 2017 年的整体经济增长预测，从 4 月的 2.8% 向上修订至 13.4%；同时，IMF 亦把澳门 2018 年经济增长预测，从 1.7% 上调至 7.0%。2017 年通胀率预期则从 2.0% 下调至 1.5%，2018 年则维持在 2.2% 的水平；失业率将保持在 2.0% 左右的低水平。在公共财政方面，IMF 预测 2017 年、2018 年两年澳门特区政府的综合财政账目将保持盈余。

2016 年第三季度以来，澳门经济摆脱了连续 8 个季度的下跌，已触底

---

① IMF：《地区经济展望：2017 年 10 月最新预测》，2017 年 10 月。
② IMF：《世界经济展望：2017 年 10 月最新预测》，2017 年 10 月。

回升。2017年上半年澳门经济按年实质上升10.9%。第二季度本地生产总值按年实质增长11.5%，高于首季的10.3%，经济增长主要由服务出口及私人消费增长带动。

2017年8月，澳门综合消费物价指数为109.57，按年上升1.36%。增长主要由外出用膳收费、学费及男女装鞋售价上扬以及门诊收费和汽油价格调升所带动。此外，2017年6~8月，澳门总体失业率为2.0%，本地居民失业率为2.7%，就业不足率为0.5%。

二 澳门旅游市场分析

澳门是以服务业为主的外向微型经济体。2017年第一季度及第二季度，服务出口占同期GDP的比重分别是77.5%和74%，其中主要是通过世界贸易组织规定的服务贸易类的"境外消费"（Consumption Abroad）模式，即为到访澳门的境外消费者提供包括博彩服务在内的综合旅游服务。2017年前两个季度，前述类别综合旅游服务出口约占同期澳门服务出口总值的93%。

（一）澳门入境旅游市场需求分析

1. 主要客源地

2017年前八个月，澳门入境旅客共计21348656人次，同比上升4.4%。其中，来自中国内地、中国香港及中国台湾的访澳旅客比重为90.4%（见表1）；同期中国内地来澳的旅客当中，广东省的占了43%。

2. 访澳旅客活动特征

（1）旅客消费

2017年上半年访澳旅客总消费（不包括博彩）为272.1亿澳门元，较上年同期上升17%；同期，每月幸运博彩累计毛收入是1263.77亿澳门元，同比增加17.2%。

表1　2017年1至8月累计访澳主要客源结构

排序	客源地	累计人次（人）	同比变动（%）	比重（%）
1	中国内地	14366008	5.9	67.3
2	中国香港	4204683	-1.5	19.7
3	中国台湾	716055	-0.2	3.4
4	韩　国	583169	38.1	2.7
5	日　本	210084	12.3	1.0
6	美　国	120654	0.9	0.6
7	澳　洲	55974	-5.3	0.3
8	加拿大	47414	1.4	0.2
9	英　国	37441	-4.4	0.2
10	法　国	26076	-3.4	0.1

资料来源：澳门统计暨普查局。

2017年第二季度，访澳旅客人均消费（非博彩）1787澳门元，同比上升11.7%，其中，留宿旅客人均消费2733澳门元，是不过夜旅客人均消费（671澳门元）的407%。

同期，旅客在澳消费（非博彩）主要用于购物（43%）、住宿（25.6%）及餐饮（23.1%）。

若按访澳主要目的分析，参加会展的旅客人均消费较高（3304澳门元）；最低的是过境旅客，其人均消费仅为358澳门元。

（2）旅客访澳主要目的

2017年第二季度，以"度假"为访澳主要目的的旅客比重最大，占49.7%；访澳主要目的是"博彩"的旅客比重不足一成（8%）（见图1）。

（3）留澳时间、入境渠道及游澳方式

2017年1～8月，访澳旅客总人次的52.72%（即1125.47万人次）在澳门留宿；而旅客在澳平均逗留时间为1.2日。

同期，访澳旅客经陆路、海路及空路入境的比重分别是57.28%、34.38%和8.34%。

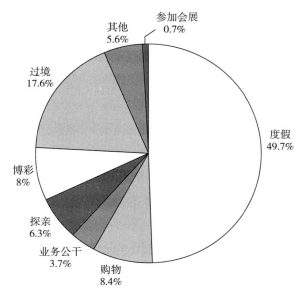

图1　2017年第2季旅客访澳主要目的

资料来源：澳门统计暨普查局。

此外，以参团方式来澳的旅客占24.53%（523.7万人次），其中有78.6%（411.62万人次）来自中国内地。

3. 入境旅客满意度调查

2017年第二季度，访澳旅客对澳门当地的"环境卫生""公共设施""旅行社""酒店""博彩场所""餐厅及食肆""购物"以及"公共交通"等表示"满意"的比重较第一季度皆有所下降。当中，表示"满意"比重超过80%的仅有"酒店"一项，低于70%的则有"旅行社"及"公共交通"两项，其余项目则介于70%～80%。

（二）澳门入境旅游市场供应分析

1. 博彩业

2017年第二季度，澳门博彩业全职雇员有55726名，与上年同期人数相若，女性雇员占56.8%。

博彩业中 6 家幸运博彩承批企业经营博彩活动于 2016 年的总收益为 2279.0 亿澳门元，按年减少 1.8%；其中博彩收益为 2264.5 亿澳门元（占 99.4%），同样下跌 1.8%。在支出方面，6 家企业全年相关总支出总计 960.7 亿澳门元，按年下跌 4.8%，当中以购货、佣金及客户回赠为主（占 51.4%），有 494.2 亿澳门元，同比减少 13.2%。企业盈利为 1353.3 亿澳门元，同比微升 0.6%。

2. 酒店业

截至 2017 年 8 月，澳门营业的酒店及公寓共有 107 家，其中 6 家受风灾影响至月底仍暂停营业；可提供客房有 3.7 万间，五星级酒店的占 60.4%。2017 年前 8 个月酒店及公寓住客共 865.2 万人次，按年增加 13.7%；平均入住率也上升 3.5 个百分点至 85.3%。

2017 年首季，酒店业在职员工有 55014 名，较上年同期上升 9.4%。

2016 年，全澳 77 家酒店的各项收益中客房租金为主要收益来源，按年上升 6.3% 至 129.2 亿澳门元，但其占比则由 2015 年的 46.8% 下降至 45.5%。出租场地收益同比上升 10.8% 至 62.7 亿澳门元，其中 91.8% 来自出租商场、陈列室等收益（57.6 亿澳门元），同比增加 11.5%；会展场地/私人宴会的租金收益（5.2 亿澳门元）亦上升 3.1%。此外，提供餐饮服务收益为 61.4 亿元，按年上升 12.0%。网上业务收益（包括订房及订票）11.8 亿澳门元，来自网上订房的占 98.3%（11.6 亿澳门元）。77 家酒店的营运支出主要为员工支出（119.1 亿澳门元）及经营费用（117.6 亿澳门元），同比分别上升 14.2% 及 13.9%，购货及佣金支出也上升 9.3% 至 28.9 亿澳门元。

3. 零售业

2017 年第二季度，澳门零售业在职员工有 38110 人，同比上升 6.6%。2017 年第二季度，澳门零售业销售额为 144.8 亿澳门元，较修订后的第一季度 165.0 亿澳门元下跌 12.2%，按年则上升 10.1%；上半年零售业销售额为 309.8 亿澳门元，按年上升 10.8%。

4. 饮食业

2017 年第一季度在非博彩业或酒店业直营的澳门饮食业在职员工有 29990 人，同比下跌 1.9%。2016 年非博彩业或酒店业直营的澳门饮食店铺共 2189 间，按年减少 20 间，其中半数为少于 10 名员工的店铺（1110 间）。饮食店铺的在职员工按年增加 101 名至 32260 名，有 95.5% 为雇员。

非博彩业或酒店业直营店铺的收益及支出按年分别上升 6.4% 及 5.1% 至 106.5 亿澳门元及 104.3 亿澳门元。支出中购货（38.3 亿澳门元）及员工支出（37.7 亿澳门元）同比分别增加 2.0% 及 9.8%，经营费用（28.3 亿澳门元）亦上升 3.6%。

同期，博彩业直营餐饮的收益为 5.06 亿澳门元，同比下跌 7.6%。而酒店业直营餐饮的收益是 61.39 亿澳门元。

5. 旅行社

2016 年澳门旅行社全年收益为 65.3 亿澳门元，按年微升 0.5%；收益主要来自旅行团（20.0 亿澳门元）、客运票务（17.8 亿澳门元）及订房服务（11.2 亿澳门元）。随着市民通过其他旅游网站订购票务（包括机票、船票及车票等）的方式日趋普及，客运票务收益按年持续下跌 6.2%，但已较 2015 年的 18.1% 跌幅有所收窄。

2016 年，旅行社网上业务收益为 1.6 亿澳门元，按年减少 11.1%。订购游乐场、表演等门票的网上业务收益增加 29.9% 至 5700 万澳门元，而订房服务及客运票务的有关收益则分别下跌 49.5% 及 52.4%。

6. 会展业

2017 年上半年，澳门共举办会展活动 699 项，与会/入场人数为 62.7 万人次。其中，会议数目及与会人数按年分别增加 66 项及 61.9%；展览按年减少 4 项，入场人次微跌 0.7%；奖励活动按年增加 9 项，参与人数的跌幅为 48.1%。

同期收集的 18 项展览主办机构数据显示，其收入主要来自出租参展摊位（占总数的 74.8%），而支出则较多用于展场制作及布置（占总数的 29.7%）。非政府机构主办的 17 项展览收入为 8190 万澳元，是支出（3866 万澳门元）的 2.1 倍；在扣除相关展览支出和政府及其他机构资助后的盈余为 3855 万澳门元，较 2016 年上半年（1492 万澳门元）大幅攀升近 1.6 倍。

7. 民航业

2017 年 1 月至 9 月，澳门国际机场共有 42956 架次航班起降，同比下跌 0.54%。同期处理客量及货量分别是 5254996 人次及 26504 公吨，同比分别增加 5.18% 和 16.24%。为配合澳门融入珠三角区域发展，以便澳门国际机场能更好地服务本澳及珠三角的客源，澳门民航局于 2010 年聘请了国际顾问机构启动《澳门国际机场整体发展规划》的编制，为机场未来发展制定蓝图。2016 年 7 月，规划报告获特区政府正式批准。

此外，澳门民航局 2017 年 10 月 18 日网上信息显示，特区已与 49 个国家草签了航班协议，其中 41 份已获正式签署。然而，查看同期澳门国际机场的实时航班信息，开通航线仍集中在区域内城市，澳门仍未能善用珍贵航权资源，以拓展多元客源市场。

三 澳门旅游市场相关政策措施与规划

（一）粤港澳大湾区

为充分发挥粤港澳地区的综合优势，深化粤港澳合作，推进粤港澳大湾区建设，高水平参与国际合作，提升在国家经济发展和全方位开放中的引领作用，为港澳发展注入新动能，保持港澳长期繁荣稳定，国家发展和改革委员会、广东省人民政府、香港特别行政区政府、澳门特别行政区政府（以下称四方）经协商一致，于 2017 年 7 月日在香港签订了《深化粤港澳合作推进大湾区建设框架协议》。

该协议的合作宗旨是全面准确贯彻"一国两制"方针，完善创新合作机制，建立互利共赢合作关系，共同推进粤港澳大湾区建设。合作目标是要强化广东作为全国改革开放先行区、经济发展重要引擎的作用，构建科技、产业创新中心和先进制造业、现代服务业基地；巩固和提升香港国际金融、

航运、贸易三大中心地位，强化全球离岸人民币业务枢纽地位和国际资产管理中心功能，推动专业服务和创新及科技事业发展，建设亚太地区国际法律及解决争议服务中心；推进澳门建设世界旅游休闲中心，打造中国与葡语国家商贸合作服务平台，建设以中华文化为主流、多元文化共存的交流合作基地，促进澳门经济适度多元可持续发展。努力将粤港澳大湾区建设成为更具活力的经济区、宜居宜业宜游的优质生活圈和内地与港澳深度合作的示范区，携手打造国际一流湾区和世界级城市群。

（二）澳门特区政府2017年度施政报告有关内容

促进博彩企业发展非博彩元素并落实"以大带小"。推动博彩企业开拓及优化非博彩元素，发展中场业务，开拓优质客源，优先采购本地中小微企产品及服务；监测企业非博彩业务及带动中小微企发展的情况，作为优化政策措施及审批赌枱申请的重要参考。

调控博彩业发展规模。继续按照从 2013 年起之后十年内赌枱总量年均增幅不超过 3% 的原则，严格审批新增赌枱申请。

持续提升会展活动水平和成效。筹办和支持业界举办本地品牌会展活动，提升专业水平和成效，争取更多展会取得国际会展机构认证；推动本澳不同领域人士和机构参与各项会展活动，为活动注入更多本澳元素。2017年继续筹办"国际基础设施投资与建设高峰论坛""澳门国际环保合作发展论坛及展览""澳门国际贸易投资展览会""粤澳名优商品展""澳门国际品牌连锁加盟展"等项目，并筹办首度在澳举行的"第十三届中国会展经济国际合作论坛"；继续支持业界举办大型的主题展会。

加强引导澳门展览业与国际接轨。与业界合作，引导行业朝绿色会展方向发展；鼓励业界运用互联网、云端大数据等手段，吸引更多国际客商及加强展会覆盖面。巩固澳门会展优质、诚信形象。督促会展项目组织者协助处理消费纠纷，通过巡查和安排人员驻场来维护消费权益。加强推广并优化服务，竞投及引进更多大型会展活动在澳举行。落实会展竞投及支持一站式服务、会展活动激励计划、国际性会议及专业展览支持计划、会议大使等措施，结合境外宣传推广，竞投不同规模及具影响力的会展活动（尤其会议）在澳举行。监察受资助会展项目的情况，审慎运用资源。支持会展业界提升专业水平，结合人力资源政策支持行业发展。落实"会展专业人才培训支持计划"，支持开办培训，鼓励从业员考取认证。组织业界赴外地考察借鉴先进经验；优先处理会展业前期搭建外雇申请并加快审批。探讨进一步推动本澳会展业健康发展的路径。根据《澳门会展业发展蓝图研究》报告的研究结果，结合行业发展情况，探讨推动会展业健康及持续发展、逐步迈向市场化的政策措施。

2017年将完成《澳门旅游业发展总体规划》研究与编制工作，落实各项策略措施。按照"五年发展规划"中旅游业发展的目标，为澳门旅游业的长远发展有序推进各项工作。逐步实现发展多元化旅游产品的目标，打造标志性旅游产品，包括兴建大赛车主题博物馆、开展葡萄酒博物馆搬迁至路环的筹备工作，以及支持业界推出海上观光游项目。通过跨部门合作，开展九澳圣母村的文化旅游项目可行性研究；继续举办各项盛事活动，并开展大型活动及旅游产品的成效评估调查。配合酒店开业的高峰期，积极处理新酒店、酒店更改设施及酒店内外餐饮场所的牌照审批，落实各项旅游建设工作。

在行业管理方面，配合规范旅行社和导游业务法律的立法程序，密切跟进规范酒店的发牌及运作法律的修订工作。严格履行监管职责，提升旅游业服务质量，展开优质旅游的宣传工作；鼓励和推动持续培训，研发网上学习平台，提升业界服务水平；继续推行"星级旅游服务认可计划"，优化现行餐饮业及旅行社行业的评审及奖励机制，提升整体服务质量。

持续构建"澳门旅游新闻＋"平台，提高传播效率和强化推广澳门旅游的效益。继续以"感受澳门无限式"作为推广主题，增强在线推广澳门旅游的力度。巩固大中华客源市场，加大在马来西亚、印度尼西亚等中程市场的推广力度，开拓多元客源市场，吸引更多优质旅客访澳和延长逗留时间。

开展申请成为联合国教科文组织"创意城市网络美食之都"的工作，

举办国际美食论坛，推动本土美食文化产业的可持续发展。配合国家"一带一路"倡议，继续联同区域旅游合作单位探讨发掘多元化旅游路线，举办"一程多站"推广活动；积极与"中国海上丝绸之路旅游推广联盟"成员共同开发新旅游产品。致力于与葡语系国家的旅游业组织加强沟通，重点开展巴西市场旅客调查研究。

依据澳门《文化遗产保护法》及联合国教科文组织的相关指引，文化部门将在 2017 年内完成《澳门历史城区保护及管理计划》的公开咨询及编制工作，并继续对全澳不动产及非物质文化遗产进行普查及评定，同时继续积极开展相关普法宣传和教育工作。

继续举办"澳门艺术节""澳门国际音乐节"等艺术品牌盛事和"澳门拉丁城区幻彩大巡游""澳门艺穗节"等城市节庆及艺文活动，以及澳门乐团及澳门中乐团举办的各项演出，全方位打造澳门的文化城市品牌。

创设多元文化休闲区，尤其是提供展示、交流葡语系国家文化和国际文化的平台。特区政府将继续担当中葡文化交流平台的角色，并通过《粤澳合作框架协议》、"粤港澳文化合作会议"等机制，在文化、创意产业等领域深化推进区域乃至国家间的合作，全面落实"中葡文化交流中心"和"世界旅游休闲中心"的相关建设工作。

与相关部门协同推广体育旅游，将各大型体育活动提升成具有国际吸引力的品牌盛事，实现体育盛事的社会效益与经济效益融合统一。在既有的基础上，借着"澳门格兰披治大赛车"的品牌效应，优化赛事元素，拓展大赛车的吸引力；进一步打造武林群英会成为体坛品牌活动，推广中华传统武术。

《澳门国际机场整体发展规划》完成更新后，特区政府将按照不同阶段的需求，规划机场布局及建设相应的机场设施，包括填海造地、拆毁滑行桥、搬迁及增加设施、扩充候机楼等。按照《规划》设定，第一阶段年客运量为 700 万人次，澳门民航局会继续监督机场专营公司推进机场客运大楼的北面扩建工程。另外，因应商务航空航班量每年平均两位数的增长，相关的设施已经出现饱和，机场专营公司现正兴建新公务机库，预计工程将于2017年底完成。

完善通关配置，有效提升接待质量。澳门海关将为关闸、路凼新城、珠澳跨境工业区和未来港珠澳大桥澳方口岸区4个海关站引进新一代车辆自动过关系统，进一步提升车辆通关效率。治安警察局则将继续完善口岸车辆通关配置，配合车辆自助通关系统发挥功能，提高验放效率。另外，治安警察局将继续与内地有关方面就实施"合作查验，一次放行"的新通关模式进行探索，倘有进展情况，将适时向外公布。

治安警察局将继续与外交部领事司、外交部驻澳特派员公署以及驻外使馆积极合作，跟进外国公民进入澳门申请流程和手续的完善和优化工作，不断提高本澳审批和签发澳门入境许可的效率。

（三）澳门旅游业发展总体规划

经历两年研究及编制，澳门特区政府于2017年9月28日公布《澳门旅游业发展总体规划》最终方案，制定了澳门旅游业未来十五年的发展蓝图和行动纲领，确保澳门旅游业能全面配合国家及特区政府的发展方向迈进，并将成立澳门旅游业发展总体规划跨部门策导小组。

国家"一带一路"倡议及澳门特别行政区政府建设"世界旅游休闲中心"的愿景为澳门旅游业的发展开拓了新契机。澳门旅游局于2015年展开《澳门旅游业发展总体规划》的研究与编制，通过规划对旅游经济进行构建和管理，并在《澳门特别行政区五年发展规划（2016～2020年）》目标的指导下，制定澳门旅游业未来十五年的发展蓝图，配合建设"世界旅游休闲中心"的目标。

《澳门旅游业发展总体规划》共提出8个关键目标，33个策略，91个涉及短、中、长期的具体行动计划，是一份涵盖了旅游产业各个层面的总体发展蓝图和行动纲领。还将成立澳门旅游业发展总体规划跨部门策导小组，协调及监督行动计划的实施，为澳门旅游业的多元及持续发展，逐步推进各项工作。

四　澳门旅游市场发展热点问题探讨

（一）建立城市危急应变机制

2017年8月23日，台风"天鸽"重创澳门，造成生命及经济损失，经特区政府初步估算，所构成的经济直接损失、间接损失分别为83.1亿及31.6亿澳门元。

用经济学工具探讨此次风灾对澳门经济影响可从短期和中长期两个角度分析。短期而言，风灾直接及其导致的停水断电和通信中断等对本澳造成的生命、财物及数据受损，加上因此导致的包括消费与旅游服务出口等经济活动停顿没有争议，且较容易评估。中、长期而言，个人、家庭、企业及政府的行为变化，以及对天灾风险的价值观判断改变，从而导致对未来澳门经济增长与结构的影响有正面也有负面，其中一些较容易预测，如整体社会对基建、防灾设施的投入增加，政府因应灾后重建所采取的积极财政政策等，皆有利于中长期的经济增长。另一些则要经过调研分析才能做出较准确或客观的判断，如个人或家庭边际消费的倾向、边际储蓄倾向变化、投资者投资行为、旅游服务出口市场消费者取舍选择因受风灾影响而改变等。

随着气候变化增加极端天气事件的频率和强度，灾害的影响将继续增加。国际上有再保险公司统计，1980～2014年由自然灾害事件造成的全球损失估计为4.2万亿美元。

经济发展、人口增长和城市化进程正在推动灾害的增加，将灾害风险管理纳入城市发展规划将扭转当前灾害影响的趋势。据联合国统计，到2050年，全球有2/3以上的人口将生活在城市。如果各地政府采取果断行动，将可以挽救生命和减少财物损失。

此外，风险的种类和特征往往随着社会发展而有所改变，由于各种新科技的发展，现代人所面临的风险比农业社会还要严重以及充满更多不确定因素。现代风险的复杂性使得相关的防灾、应变和减灾措施制订与施行（例如，硬件建设、紧急通报系统、政策和保险制度）也更趋复杂。

研究发现，居民对风险的知觉程度对于防灾以及减灾措施的施行效率有重大的影响。因此，政策制订者或风险管理者只有了解民众对风险事件的看法以及风险事件发生后的反应，才能制订出符合整体社会需求的政策措施，并对此进行有效的风险管理。同时，我们必须为风险评估，风险降低，备灾，人员、财物与数据保护和重建提供技术和财务支持。然而，由于资源不是无限的，做出过度悲观或过度乐观的判断将导致资源浪费或使得风险没法得到适当的管控，两者皆不利于整体社会经济发展。

无论如何，风灾过后，政府必须总结经验、吸取教训，对人员及经济因各种灾害而导致的影响进行科学分析、客观分析，从而建立及实施灾害风险管理制度。制定灾害风险分级预警及应变补偿机制，详细拟订权责清晰的标准作业程序及定期检讨，让全社会包括居民及旅客充分了解与掌握相关信息。

（二）开发多元综合旅游产品丰富游澳体验

在教育部的支持下，澳门特区于 2017 年初正式准备申报联合国教科文组织"创意城市网络美食之都"的工作，澳门有望再增添一个亮丽的城市品牌。

配合申报工作，澳门旅游局成立"澳门申都委员会"，向联合国教科文组织申请成为"美食之都"。委员会成员包括澳门政府部门、学术机构、餐饮业界协会及组织的代表。澳门旅游局介绍，"澳门申都委员会"将展开讨论和研究各项可行性方案、政策和措施，促进澳门美食发展的传承、创意和交流，鼓励社会各界积极参与和提供宝贵意见，参考其他地区建设"美食之都"的经验，推动优化"美食之都"所需的软硬件环境。

澳门特区通过申报"美食之都"，可借此丰富访澳旅客多元体验，以促进世界旅游休闲中心目标建设。

（三）提升市内公共交通运输服务水平

访澳旅客对澳门公共交通满意度评价持续偏低。特区治安警察局公布

数据显示，2017 年上半年涉及出租车违规的案件合共 2327 宗，同比增加 10.18%，其中 56.4% 为滥收车资，26.9% 是拒载，其他违规情况则占 16.7%。

近年以自由行方式游澳人数上升，对市内公共交通运输服务需求增加，当地出租车违规个案也随之上升。现阶段澳门又缺乏轨道交通运输系统，公共巴士服务有待改善，可预见市内公共交通将成为制约当地旅游业未来发展的瓶颈之一。

（四）扩大港珠澳大桥开通启用效益

港珠澳大桥工程已在收尾阶段，预计在 2017 年底具备通车条件。总体而言，澳门宏观经济与旅游产业若要从大桥开通后获取较大效益，需要政府创造较优的政策环境，包括提高货物贸易与服务贸易自由化程度，协调通关便利化政策，开放航权与延远权，更宽松地针对三地居民及境外旅客实施多次进出签证措施等。同时，澳门旅游业界必须因应新环境的变化，调整业务发展策略，如更积极地与客源地组团社直接合作，争取更多旅客在进入本区域旅游时能以澳门作为首站或住宿地等，以避免被边缘化。

综观国际上同类案例，跨境运输基建设施对连接方区域的影响除带来运输量增长的效应外，也会对区域间的投资活动、供应链结构、资源在区域间的流动等产生持续性的影响。因此，建议就港珠澳大桥对澳门经济及产业等的影响进行持续关注与研究，以便及时制定并实施因应对策。

五　总结

澳门经济自 2014 年第三季度经历了连续 8 个季度往下调整后，受惠于博彩及其他旅游服务出口的增长，GDP 在 2016 年第三季度起触底回升。澳门总体失业率即使在经济深度调整期间，仍然维持在 2% 以下，并继续依赖外地劳工以补充当地劳动力的不足。2017 年第二季度，澳门总体失业率是 2%，382300 就业人口中有 26.5% 为外地劳工。此外，同期就业人口当中，接受过高等教育的不足4成，仍有11.6%为小学教育程度。

无论科技如何进步，旅游产业始终需要高素质人力资源为旅客提供满意的服务与体验，澳门特区务必在劳动力供应量与质上寻求解决方案，才能在日益激烈的国际旅游目的地竞争当中争取一席之地。

参考文献

《2017年财政年度施政报告文本》，澳门特别行政区政府，2016年11月。

《澳门特别行政区五年发展规划（2016～2020）》，澳门特别行政区政府，2016年9月。

《澳门旅游业发展总体规划》，澳门特别行政区政府，2017年9月。

《深化粤港澳合作推进大湾区建设框架协议》，国家发展和改革委员会、广东省人民政府、香港特别行政区政府、澳门特别行政区政府，2017年7月1日。

《2017年第3季澳门入境旅客季刊》，澳门特别行政区政府统计暨普查局，2017年10月。

《2017年第3季旅客消费季刊》，澳门特别行政区政府统计暨普查局，2017年10月。

《2016年旅行社调查》，澳门特别行政区政府统计暨普查局，2017。

《2016酒店业调查》，澳门特别行政区政府统计暨普查局，2017。

《2016年会议及展览业调查》，澳门特别行政区政府统计暨普查局，2017。

《2016年博彩业调查》，澳门特别行政区政府统计暨普查局，2017。

《2016年饮食业调查》，澳门特别行政区政府统计暨普查局，2017。

《2015年旅游附属帐》，澳门特别行政区政府统计暨普查局，2017。

《世界经济展望》，国际货币基金组织，2017年10月。

G.20

2016~2018年台湾旅游业
发展分析与展望

黄福才 杨晶*

摘　要：　2016~2017年，台湾地区观光管理部门推动观光发展行动方
案，实施重要观光景点建设中程计划，注重质量优化和创意
加值，台湾旅游业继续发展。2016年台湾地区观光业总收入
256.71亿美元，进岛旅游总人次达千万，但旅游安全问题仍
令人担忧，"观光新南向政策"成效有限。因岛内政局和两
岸关系形势发生大的变化，大陆居民赴台旅游人次大幅下降，
对台湾相关行业造成很大的冲击，台湾观光产业从业人员上
第一次走上街头发动自救大游行。未来台湾旅游业的发展仍
不太乐观、困难重重。

关键词：　台湾旅游　"观光新南向政策"　大陆居民赴台游

一 2016~2017年台湾旅游市场发展分析

2016年台湾地区观光管理部门推动观光发展行动方案，实施重要观光
景点建设中程计划，注重开拓多元市场和营销旅游产品。在台湾观光业界的

---

* 黄福才，厦门大学管理学院旅游管理教授、博士生导师，中国旅游研究院台湾旅游研究基地
首席专家，研究方向为旅游理论、旅游规划、台湾旅游市场等；杨晶，鲁东大学商学院讲师，
管理学博士，方向为旅游市场、旅游者行为等。

共同努力下，2016～2017年上半年，台湾三大旅游市场均有不同程度的发展。本报告主要就台湾观光管理部门的旅游状况调查资料，对三大市场的发展情况进行分析。

（一）台湾进岛旅游市场发展分析

2016年台湾进岛旅游游客达1069.03万人次，较之2015年同期增长2.40%，创入岛旅游人次新高，但从历年增长率来看，入岛旅游游客增速放缓，且进岛旅游主要客源地市场的增长情况有所变化。如表1所示，2016年各主要客源市场依次为中国大陆、日本、中国港澳地区、韩国、美国、马来西亚、新加坡和欧洲（见表1）。中国大陆作为台湾地区目前最大的客源市场，受2016年两岸关系趋冷的影响，赴台旅游总人次跌幅达16.07%，是2008年赴台旅游开放后的首次负增长。其他客源市场中，韩国赴台旅游总人次的增长速度较明显；日本赴台旅游总人次由2015年的－0.46%反弹至16.5%；美国、欧洲、马来西亚等客源市场人次增长率均超过9%。

表1　2016年台湾主要客源市场入岛旅游人次及其增长率

主要客源市场		入岛旅客人次（单位：人）		增长率（%）
序号	名称	2016年	2015年	
1	中国大陆	3511734	4184102	－16.07
2	日本	1895702	1627229	16.50
3	中国港澳地区	1614803	1513597	6.69
4	韩国	884397	658757	34.25
5	美国	523888	479452	9.27
6	马来西亚	474420	431481	9.95
7	新加坡	407267	393037	3.62
8	欧洲	299756	274035	9.39

资料来源：台湾"观光局"2015年和2016年台湾观光市场概况。

2017年1～6月进岛游客累计达512.3868万人次，与2016年同期相比下跌5.66%。2017年主要客源市场游客及增长率分别为：日本89.02万人

次（增长1.17%）、中国港澳地区80.95万人次（增长7.64%）、韩国52.96万人次（增长30.18%）、中国大陆126.47人次（减少40.06%）、美国27.86人次（增长10.43%）、新加坡19.54人次（增长8.89%）、马来西亚25.67人次（增长19.20%）、欧洲16.14人次（增长12.19%）①。2017年1~6月各主要客源市场以观光为目的的游客为361.37万人次，减少6.91%；以业务为目的的旅客为38.07万人次，增长3.17%。

2016年进岛旅游市场有以下主要特征。

1. 大陆游客人数剧减，但仍是进岛旅游的最大客源市场

2016年以来岛内局势和两岸关系大背景发生明显变化，引发了大陆业者和游客的担忧，从而使得赴台旅游的意愿下降。大陆赴台旅游人数剧减，但台湾总体入岛旅游人次波动不大，其原因很大程度上是2016年上半年大陆赴台旅游人数还处于增长的高位，下半年因两岸关系变化才出现下滑的情况。根据台湾观光管理部门统计，2016年1~4月台湾当局换届之前，赴台游人数仍高于2015年同期月平均线35万人，但自5月起一路下降，8~10月跌至每月25万以下②。综观2016年全年进岛旅游人次情况，大陆赴台游下半年虽出现负增长，但因其原本体量较大，在台湾主要客源市场中仍高居榜首，是最大的进岛旅游客源市场。

2. 进岛旅游总人次略有提升，但主要客源市场游客在台消费表现欠佳

2016年，进岛旅游总人数有所提升，但进岛旅游总收入、游客平均消费及每人每天平均消费均出现负增长，跌幅分别为7.05%、9.22%、7.26%。这表明进岛总人数的增加并未对台湾旅游业的发展带来实质的利好，反而出现了量多利少的现象。2016年全体游客平均在岛内的日消费额除新加坡与日本外，其余各客源市场皆呈负增长。其中大陆游客的消费额减幅最大，在台平均日消费比2015年减少12.81%，购物方面的消费比2015

① 台湾地区2017年各月份《观光市场概况概要》，http://admin.taiwan.net.tw/statistics/release.aspx? no=136，2017年12月10日。
② 《陆客不来找外国客凑数，蔡英文让台湾旅游收入退10年》，http://www.taiwan.cn/taiwan/jsxw/201703/t20170320_11726881.htm，2017年12月10日。

年减少 19.77%①。据台观光管理部门统计，2016 年进岛观光总收入减少 1.55%，约为 3 亿美元。

3. 进岛游客满意度和重游率均略有上升，以观光为目的的游客多以团队形式

2016 年进岛游客重游率和满意度较之 2015 年均略有提升，其中 2016 年赴台游客满意度为 98%，较 2015 年增加 1 个百分点，游客重游率为 37%，较之 2015 年提高 3 个百分点。2016 年观光管理部门继续实施对团队进岛旅游的奖励，但因大陆赴台团队旅游人次下降，致使 2016 年观光游客中，以"由旅行社包办、参加旅行社规划行程"形式进岛旅游的比重较之 2015 年下降 7.3%。但对比观光游客的其他旅游形式（如自行规划行程，请旅行社代订酒店机票，抵达后未参加旅行社行程安排）发现，目前进岛旅游中团队旅游仍占较大的比重。

4. 观光签发手续简化拉动东南亚客源市场

台湾当局为推进"观光新南向政策"，吸引东南亚游客赴台游，简化观光签发手续。其中台湾地区将新加坡、马来西亚、泰国和文莱划为免签，在一定程度上拉动了东南亚游客进岛旅游市场，人次绝对值增长有限，但增长率较高。其中 2016 年泰国赴台游客人次为 19.56 万，较之 2015 年增幅达 57%，越南、菲律宾赴台旅游人次也出现 34.33% 和 23.89% 的增幅。

（二）台湾居民岛内旅游市场发展分析

2016 年台湾旅游虽经历了高雄大地震、大陆旅游大巴焚车事件、强台风侵袭等天灾人祸，但得益于台湾岛内连续实施的各种旅游推广活动，台湾居民岛内旅游再创历史高峰。依据 2016 年和 2015 年台湾观光管理部门关于岛内居民旅游状况调查的数据，2016 年民众岛内旅游市场发展有以下三个特征。

1. 岛内旅游平稳发展，各项旅游指标较好

2016 年台湾居民岛内旅游的比重和平均停留天数均与 2015 年持平，分

---

① 《上年赴台游数据公布：大陆游客消费额减幅最多》，http：//news. sina. com. cn/c/gat/2017 - 07 - 11/doc - ifyhvyie1084412. shtml，2017 年 12 月 10 日。

别为93.2%和1.44天；岛内旅游游客达19038万人次，较之2015年的17852.4万人次增长了约6.64%。岛内旅游的消费水平也较2015年有所提升，每人每天平均消费由44.12美元上升至44.87美元，岛内旅游总消费由113.41亿美元上升至122.97亿美元。

2. 岛内旅游仍以一日游为主，旅游主要形式仍为"自行规划行程"

2016年一日游的比重为71.8%，与2015年持平。受休闲时间和岛内交通的限制，岛内居民无论居住在岛内何地，其旅游目的地皆集中于各自的居住地区内，旅游住宿的首选仍为"旅馆"，其次为"亲友家"和"民宿"，这一旅游消费习惯与2015年基本相同。"自行规划行程"是岛内旅游的主要形式，2016年约有90.1%的岛内旅游是以"自行规划行程旅游"为主。

3. 居民对岛内旅游景点的整体满意度普遍较高

历年来，台湾居民对岛内旅游景点的满意度（非常满意和比较满意）均处于较高水平，据2016年台湾观光管理部门的市场调查显示，总体满意度达97.3%，与前两年相差无几。但非常满意的比重出现下跌，由2014年的22.8%降至2016年的20.9%，这在一定程度上说明近几年台湾整体旅游业服务质量有所下降。台湾居民主要对旅游景点"环境管理与维护"等方面表现出较多的不满意。

（三）台湾居民出岛旅游市场发展分析

2016～2017年台湾居民出岛旅游市场发展迅速，依据2016年和2015年台湾观光管理部门的岛内居民旅游状况调查，出岛旅游市场有以下四个特点。

1. 出岛旅游人次持续增加，主要旅游目的地仍集中于亚太地区

2016年台湾居民累计出岛1458.89万人次，与上年同期比较增长10.66%。出岛旅游以前往日本为最多，约占总出岛人次的34.9%；前往大陆及港澳地区次之，约为32.5%。受两岸关系影响，台湾居民前往大陆的旅游人次较之2015年下降了2.9%，但由于大陆各地仍热情欢迎台湾游客，所以赴大陆的台湾游客总体保持较高水平。2017年1～7月，台湾民众到大

陆旅游人数达到 210 万人次，同比增长 8.7%，占台湾总体出岛游人次的 24%。在韩流热潮下，到韩国旅游的台湾居民人次由 2015 年的 3.5% 增至 2016 年的 5.9%。因受连续恐怖袭击影响，台湾居民赴欧洲旅游略有降低，由 2015 年的 6.5% 降至 2016 年的 6.2%。

2. 出岛旅游的人均消费支出有所下降，但旅游消费总支出有所提升

2016 年台湾居民出岛旅游的每人每次平均消费支出由 2014 年的 1680 美元降至 2015 年的 1587 美元，进一步下降至 2016 年的 1532 美元，降幅为 3.47%；但因出游总人次的增加，旅游总消费费用并未出现下跌，较之 2015 年增加了 6.83%。

3. 时间和预算成为影响出岛旅游的主要原因，出岛旅游时间分布和旅游目的较为集中

2016 年的"假期长短或可支配时间"是影响出岛旅游的最重要原因，但这一因素所占的比重呈下降趋势；"预算是否充足"是影响居民出岛旅游的第二大重要因素，约占 20.3%。同时，9.4% 和 9.6% 的台湾居民出岛旅游主要集中于 6 月和 7 月，且出岛旅游的目的以观光为主。

4. 台湾居民出岛旅游的客源地主要为台湾北部，中部和南部次之

从出岛旅游的客源地看，受经济发展程度和人口密度等因素影响，53.3% 的出岛旅游居民来自台湾的北部，除此以外中部和南部分别占 22.3% 和 21.5%，三地区占出岛旅游人次的 97.1%。台湾东部、离岛地区居民出岛旅游比例较低，均不足 2%。

二 2016～2017年台湾旅游产业发展分析

（一）旅行社业发展状况

2016 年底，台湾地区旅行社总公司数量为 2913 家，比 2015 年增加 134 家，增幅为 4.82%；截止到 2017 年 9 月，旅行社总公司数量为 2993 家，同比增长 4.14%。2016 年台湾居民岛内旅游活动相对活跃，在一定程度上促

使乙种旅行社（增长约为9.05%）较之甲种旅行社（增长约为2.43%）发展更快。

2016年在旅行社中领取执照并受雇于旅行社的导游人数为3.708万人，领队为5.7259万人，较之2015年分别增长了5.72%和4.81%。其中导游所掌握的语言中比例较高的依次为汉语、英语、日语、韩语，这也基本与岛外主要客源市场的情况相似。由于"观光新南向政策"的旅游营销推广的侧重点向东南亚地区倾斜，故2016年拥有导游执照的越南语、印尼语、马来语导游数量增长较快。

（二）旅馆业及民宿发展状况

2016～2017年，台湾旅馆业呈现出分化发展特点，其中一般观光旅馆的增速最快，从2016年底到2017年7月，增幅达9.09%；民宿保持较快增长，民宿数量和客房数量分别增长8.06%和8.18%；而国际观光旅馆的涨幅仅为4.00%。此外，虽然一般旅馆总量数量分别有较大的涨幅，但增速却低于观光旅馆和民宿，出现了较为平缓的发展。

表2　台湾旅馆业及民宿发展情况

旅馆业及民宿		家数			客房数		
		2016年（家）	2017年7月（家）	增长率（%）	2016年（家）	2017年7月（家）	增长率（%）
观光旅馆	国际观光旅馆	75	78	4.00	21454	22196	3.46
	一般观光旅馆	44	48	9.09	6270	6840	9.09
一般旅馆		3688	3801	3.06	160883	167086	3.86
民宿		7486	8089	8.06	30982	33516	8.18

资料来源：2016年和2017年的台湾旅馆业及民宿家数、客房数统计，http：//admin.taiwan.net.tw/statistics/month.aspx?no=135，2017年12月10日。

从各旅馆业和民宿的地理分布来看，根据2017年7月的台湾观光管理部门的数据，岛内一般旅馆业多集中于台北、高雄和宜兰三地，三地一般旅馆的数量占全岛一般旅馆的35.83%。观光旅馆则集中在台北，台北的国际和一般观光旅馆数量共占全岛观光旅馆的 36.51%；其次集中在高雄，约占全岛观光旅馆的 9.52%。花莲、宜兰和屏东的民宿数量均超过了 1000 家，三地民宿数量约占全岛民宿的 54.11%。

从整体旅馆业的营运状况看，2016 年民宿的入住率普遍不高，平均为 21.24%，其中马祖、新北、金门等地的入住率较高，超过 25%，而基隆和台北的民宿入住率仅为 1.75% 和 2.39%。从入住人数上看，大部分的民宿入住游客集中在屏东和南投，而台北和基隆两地民宿全年入住人数少，可见台湾整体民宿业发展非常不平衡。台湾民宿和旅馆业的营运状况出现分化，台北等经济较为发达的地区旅馆业发展较好，而屏东、南投等地则因较为浓郁的地方特色和自然风光吸引了更多的民宿游客前来游玩过夜。

（三）旅游景区与游乐业发展状况

2016 年台湾观光管理部门推行《重要观光景点建设中程计划（2016 年～2019 年）》，预计支出 158.51 亿元新台币，继续对 13 个风景区进行观光游憩设施和服务质量提升的建设。2017 年 2 月，台湾观光管理部门发布了《Tourism 2020 旅游永续发展策略》，强调进一步打造观光景点，明确提出关于提升景区旅游环境友善度和特色化，打造地方亮点等策略。台湾正在兴建、筹建的观光游乐景区约为 18 个，其中花莲、台东地区各为 4 个景区，其他景区则涉及生态旅游和海洋公园。由此可见，台湾的景区游乐业正逐渐向自然资源禀赋较高的东部地区转移，同时开始挖掘以休闲度假为主体的景区游乐业。

三 相关重要政策及效应分析

（一）推进永续观光发展策略，大力扩展岛外客源市场

为拓展进岛旅游的客源市场，2016 年台湾当局提出"观光新南向政策"，2017 年又提出了"日韩主攻、欧美深化、南进布局、大陆为守"等策

略，强调对中国大陆市场主攻自由行，放宽配额，宣传友善、好客特性；通过简化签发东南亚等地来台手续、推广特色产品、创新多元营销、奖励优惠措施等手法，深化台湾观光品牌形象。同时，营造友善接待环境和新的游憩亮点，吸引会展奖旅、邮轮、穆斯林及包机等主题客源。为了实现入岛旅游新客源市场的持续发展，台湾进一步对旅行、旅宿、游乐业质量进行提升，加强观光产业人才培育，并着重对导游外语能力进行训练，满足一些小语种导游需求。相关的开拓市场策略，某种程度上发挥了作用，增加了相关客源市场进岛旅游的数量。

（二）两岸和平发展受破坏，大陆赴台游人数下跌

从 2008 年至 2015 年，大陆居民赴台旅游快速发展，2015 年赴台游人次较 2008 年增长近 14 倍，2015 年大陆赴台游客占台湾进岛旅游总量的40.07%。自 2016 年 5 月蔡英文正式上任台湾地区领导人后，拒不承认"九二共识"、不认同两岸同属一中的核心意涵，两岸制度化协商和联系机制停摆，致使 2016 大陆赴台游人数直线下跌。台湾观光管理部门月报统计资料显示，2016 年 5 月赴台游的大陆游客量减少 12.21%，6 月少了 11.88%，7 月减少 15.01%，8 月减少 32.64%，9 月减少 37.79%，10 月减少 44.30%，11 月减 43.25%，12 月减少 32.64%。

面对大陆赴台游客数量下滑，台湾观光管理部门也曾采取若干措施，如2016 年上半年，台湾海峡两岸观光旅游协会修正发布《旅行业接待大陆地区人民来台观光旅游团品质注意事项》，力图提升接团质量，加大营销力度，但效果有限。需要说明的是，一方面大陆民众赴台游规模变化是市场行为，取决于企业和游客对旅游目的地氛围的感受和意愿，大陆有关方面并未对大陆游客赴台旅游设置配额，设置配额是台湾单方面的措施。二是大陆居民赴台游人数大幅下降，除了大陆民众赴台旅游意愿降低外，台湾方面采取种种措施阻挠大陆参访团，加强对大陆游客赴台手续的限制或审查，使得许多参访交流团无法成行，这也是大陆游客减少的重要原因之一。

2008 年后台湾旅游业 10 年来的成长，主要是因为大陆游客飞速增加，

为台湾市场带来了巨大商机，这也形成了台湾观光市场对大陆游客的依赖。如今，大陆游客团数量猛跌对台湾旅游业、商业、农业等多行业造成明显冲击，从而引发2016年9月12日台湾观光业界首次走上街头抗争，台湾地区11个产业工会发起"百万观光产业自救大游行"。台当局不得不对观光产业困境提出解困方案，在2016年11月推出了3亿新台币的旅游补助，辅助专门接待大陆游客的旅行社转型为做本地生意的旅游团，但这对于受重创的台湾旅游业而言仍是杯水车薪。2017年1月至7月，大陆赴台跟团游人数为逾45万人次，同比减少55.68%；加上个人游人数后，整体较上年少了约91万人次，降幅达37.67%①。

（三）力推新南向旅游政策，但收益甚微、成效有限

为弥补大陆游客暴减导致的旅游业不景气，台湾当局推出了所谓的"观光新南向政策"，制定了扩大观光客来台具体规划，重点开发东南亚市场，提出大力开拓菲律宾、越南、文莱、泰国、印度尼西亚、印度等东南亚及南亚旅游市场。为此自2016年8月1日起试办泰国、文莱旅客来台30天免签；另规定自2016年9月1日起，只要10年内曾持美国、加拿大、英国、日本、澳大利亚、新西兰、欧盟申根及韩国等指定国家签证的印尼、越南、菲律宾、印度、缅甸、柬埔寨旅客，只要先上网登录取得凭证，便能免签进岛旅游。同时决定增加观光宣传预算、增补东盟外语导游人力及建构穆斯林友善旅游环境，以推动"观光新南向政策"。

分析"观光新南向政策"推广一年的效益，若从旅游市场人次前后对比确实有进步。蔡英文上台前一年，这些地区赴台游客为65.9万人次，放宽之后的一年增加到96.1万人次。虽然台湾当局曾赞扬东南亚游客增长达五成，但这五成也就30万人次。若按台湾当局推行此政策初衷的效果看，远远无法填补大陆游客减少的缺口。"一年来大陆游客赴台人数减少145.6

---

① 《两岸观光交流停滞　台旅游业哪里去找"救命稻草"？》，http://www.chinanews.com/tw/2017/09-01/8319517.shtml，2017年12月10日。

万人次，观光收益锐减 700 亿元新台币；蔡当局寄望新南向游客填补，增加 30 万人次，收益约多 77 亿元新台币。但加减后，总观光收益还是减少 623 亿元新台币"①。

（四）采取多项政策措施，推动居民岛内旅游

台湾当局意识到两岸关系趋冷对旅游业冲击甚大，转而进一步开发台湾居民岛内旅游消费潜力。2016 年、2017 年连续推出了《体验观光、点亮村落示范计划》和《台湾永续观光发展策略》，鼓励居民绿色旅游和怀旧旅游。这种种举措在一定程度上激发了居民岛内游需求，2016 年岛内居民出游人次达 1.90 亿人次，较 2015 年增长约 6.64%；居民人均岛内旅游为 9.04 次，较之 2015 年增加了 0.54 次。居民岛内总体旅游消费能力有所提升，2016 年旅游消费约为 3601 亿元新台币，较之 2015 年增加了 10.27%。

（五）政策实施效果不佳，安全仍为发展的短板

旅游安全一直是台湾旅游业发展的短板，自大陆赴台旅游开放后，台湾推出了多个关于旅游安全方面的政策，但多年来收效并不显著，安全事故时有发生。2008 年 7 月以来，大陆旅游团先后在台遭遇 12 起重大意外事故，造成至少 83 人死亡、159 人受伤②。尤其是 2016 年大陆旅游大巴焚车事件和 2017 年 2 月的游览车翻车事件，使得台湾旅游安全的形象大打折扣。为此，2017 年 2 月台湾提出了《永续观光发展策略》，其中着重强调了强化旅游安全管理、建立旅游安全形象的对策，如启动观光总体检，确定每年 3 月第 3 周为旅游安全周；要求相关企业加强从业人员教育；建立紧急通报机制、救灾法规检讨等，力图改善旅游安全的环境。

---

① 《大陆游客减百万　台观光收入少 700 亿新南向仅填补 77 亿》，http：//www.taihainet.com/news/twnews/twsh/2017-06-24/2026730.html，2017 年 12 月 10 日。

② 《屡遭事故的台湾旅游，安全亟待提升》，http：//www.taiwan.cn/plzhx/hxshp/whshh/201702/t20170214_11698345.htm，2017 年 12 月 10 日。

四 2017～2018年台湾旅游业发展展望

（一）进岛旅游将呈负增长

从台湾观光管理部门的统计月报与年报等统计资料可看出，2017年进岛旅游市场发展不如人意。进岛旅游的大陆和日本两大客源市均呈负成长，大陆赴台人次1～7月均有较大幅度下跌，跌幅最大的2月减少50.09%，直到8月才止跌，出现0.59%的增长。预计2017年大陆赴台游人次将减少90万左右，2018年两岸关系难以好转，大陆游客不可能明显增加，一些月份更有可能再减少。截至2017年8月，日本赴台旅游人次有5个月呈负增长，1月下跌9.56%、8月下跌7.92%，预计日本赴台游人次不如2016年，可能在180万人次以内。受进岛旅游两大市场影响，2017年1～8月，台湾进岛旅游总人数有6个月呈现负增长，最高的4月为-18.55%，仅有6月与8月增长2.22%与4.13%。但因东南亚一些国家赴台游人次会有数十万增长，港澳市场也有微幅成长，综合分析预计，2017年进岛旅游人次比2016年少60万～70万，2018年也只能在此水平。

（二）出岛与岛内旅游有所发展

从近6年的资料看，台湾民众出岛旅游持续增长，2015年增长率达11.30%，2016年回落到10.66%，人数达1458.89万。受日本旅游市场的吸引及岛内"媚日"思潮影响，出岛游中赴日游的人次仍会增加。近6年中，从2011～2014年的4年间，台湾民众出岛游更多是赴大陆游，2012年赴大陆游客比赴日游客多157.88万人次。但自2015年起情况发生变化，这一年赴日游人次比赴大陆者多出39.4万，2016年更多出60.97万，未来这种情况将继续存在。应加强有针对性的营销措施和旅游产品开发，进一步鼓励台湾民众赴大陆旅游。在岛内旅游市场的发展中，2017年台湾相关部门

将继续推动居民旅游卡新制，引导岛内旅行社开发有深度、有特色和高品质的套装行程，引导各地营造特色观光亮点，并推动相关观光产业的发展。但应看到，长久以来居民岛内旅游还以一日游为主，在旅游地的停留时间和旅游消费力还有待进一步提升。未来还应侧重岛内居民旅游需求的深度挖掘，通过多元化的旅游产品、有深度的体验式旅游，保持岛内旅游的发展势头。

（三）观光产业经济效益难言乐观

近一年来，由于大陆赴台游人次持续减少，台湾观光产业及其相关行业的经济效益明显下降。"2016 年来台旅客消费及动向调查"显示，从每人每天的购物消费来看，大陆游客消费 96.30 美元最高，这数字比日本游客43.18 美元和新加坡旅客 45.81 美元高出一倍多，甚至是欧洲旅客的 7 倍，而且大陆游客停留天数长。因此，大陆游客的减少，势必严重影响台湾观光产业的效益。2015 年台湾地区观光总收入为 257.29 亿美元，2016 年为256.71 亿美元，2017 年还将减少。大陆游客减少也冲击了有关行业的效益。据岛内不动产中介业者统计，近 1 年多，岛内观光旅馆出现"五跌"，包括大陆游客住房人数、住房率、住用数、房价、总营收等指标都下跌。由于大陆游客赴台人数已连续 14 个月出现负增长，业内预期，未来数月大陆旅客人数将持续减少，岛内旅馆经营将面临更严峻的挑战①。再从观光收支的逆差情况看，据台湾《经济日报》报道，2016 年台湾民众赴日本旅游近 430万人次，但日本游客到台湾观光仅有 189.6 万人次，差距较大。台湾对日本观光收支从 2013 年开始由顺差转为逆差，逆差金额逐年扩大，2015 年逆差则已增至 973 亿元新台币②。

---

① 《陆客赴台人数连续 14 个月负增长 台湾旅馆怕"关光"》，http://www.huaxia.com/tslj/lasq/2017/08/5420013_2.html，2017 年 12 月 10 日。

② 《观光逆差近千亿 蔡当局让台湾成日本财神爷?》，http://taiwan.huanqiu.com/roll/2017－08/11090480.html，2017 年 12 月 10 日。

（四）推行新南向旅游政策困难多

台湾旅游业新南向政策虽然在吸引境外游客人次方面有一定的成效，但对旅游业其他经济指标效益不明显。台湾目前为了吸引进岛客源，着重采用各种团队旅游奖励策略，意图通过向旅游团返利而获得较高的入岛游客量，但这种团队旅游奖励的模式并非长久之计，不能实现入岛旅游市场的长远发展。值得一提的是，"观光新南向政策"的实施，在短期内仍面临着较大的挑战。首先是相关语种的导游跟不上市场需求，截至 2017 年 8 月 1 日，台湾有 70 名泰语导游，印度尼西亚语导游41 人，越南语和马来西亚语导游分别是 32 人和 11 人①，这明显制约了东南亚市场规模的发展。另外，旅游服务内容、业界服务水平（如针对欧美、东南亚国家的语言服务）和有针对性的旅游设施（如针对伊斯兰国家的餐馆、住宿）等方面还有许多亟待解决的问题。

（五）邮轮旅游成为进岛旅游的新方式

2017 年丽星邮轮和公主邮轮相继进入台湾市场，并以高雄为母港开发了东南亚的航线，邮轮旅游拉动了东南亚游客赴台旅游的需求。2017 年 1 ～7 月，搭乘邮轮赴台旅游的游客共计 73016 人次，邮轮旅游作为新的进岛旅游方式逐渐受到岛外客源市场的青睐。根据台湾观光管理部门的统计数据，东南亚国家和日本成为邮轮赴台旅游的主要客源市场，美洲和欧洲也有游客开始尝试乘坐邮轮赴台旅游。

参考文献

台湾观光管理部门：《观光统计》，http：//admin. taiwan. net. tw/public/public. aspx?

---

① 《上半年全台旅宿业日减万间房收入　经济寒冬在蔓延》，http：//www. taiwan. cn/taiwan/jsxw/201708/t20170822_ 11833434. htm，2017 年 12 月 10 日。

no = 315，2017 年 12 月 10 日。

台湾观光管理部门：《观光政策》，http：//admin. taiwan. net. tw/public/public. aspx? no = 122，2017 年 12 月 10 日。

台湾观光管理部门：《观光相关产业》，http：//admin. taiwan. net. tw/public/public. aspx？no = 202，2017 年 12 月 10 日。

全 球 观 察

Global Outlook

　　自 2016 年始,根据世界旅游城市联合会(WTCF)秘书长宋宇的动议和要求,世界旅游城市联合会委托中国社会科学院旅游研究中心每年撰写《世界旅游经济趋势报告》,以期把脉全球旅游大势,跟踪行业热点问题,预测未来发展趋势,提供业界决策参考。

　　本年度《世界旅游经济趋势报告(2018)》就全球旅游发展的总体态势、区域格局、投资热点等进行了全面分析,并围绕全球旅游上市公司、科技发展对旅游业的影响、全球旅游人力资本等专题进行了深入剖析。报告主编为世界旅游城市联合会秘书长宋宇,执行主编为中国社会科学院旅游研究中心主任宋瑞、世界旅游城市联合会常务副秘书长李宝春。

　　为使读者及时了解该报告的核心内容,本年度《旅游绿皮书》特设"全球观察"专栏,按照皮书的写作规范,将其中精华部分改编成文,以飨读者。该专栏包括四篇文章,分别涉及 2017 年全球旅游发展总体趋势、全球旅游上市公司发展态势、科技进步改变全球旅游发展趋势以及新技术环境下的全球旅游人力资本等。

G.21
2017~2018年全球旅游经济发展趋势

张玉静　汪　勇*

摘　要： 世界经济受国际金融危机影响，近十年始终处于低迷状态，而旅游发展依然表现出良好的增长趋势，成为全球经济增长的重要动力。在此背景下，如何认识、理解和把握全球旅游经济发展趋势变得尤为重要。本报告基于2006~2018年的全球旅游数据，从全球旅游趋势、五大洲旅游格局与趋势、新兴经济体、旅游与全球化、全球旅游投资和城市旅游六个视角进行分析，并对2018年全球旅游经济走势进行了预测。

关键词： 世界旅游经济　新兴经济体　投资　旅游

引　言

随着全球主要国家经济形势逐步趋好，各方对全球经济发展均持乐观态度。根据国际货币基金组织的最新预测，2017年全球经济增长率将达到3.5%，2018年将升至3.6%①。世界银行也认为，全球制造业和贸易正在复苏，各国经济发展信心大为改善，2017年全球经济增长率将达到2.7%，

---

*　张玉静，中国社会科学院研究生院博士生，研究方向为旅游产业发展、休闲旅游和乡村旅游；汪勇，中国社会科学院研究生院博士生，研究方向为宏观经济、计量经济模型分析与预测。

①　国际货币基金组织：《世界经济展望，增长势头加强?》，2017年4月。

2018 年将达到 2.9%，其中，新兴市场和发展中国家的经济增长率将从 2016 年的 3.5% 提高到 2017 年的 4.1%，2018 年预计将达到 4.6%[①]。

与宏观经济相一致，各国消费者信心指数持续提高，各主要经济体旅游需求稳步增长，跨国旅游基础设施不断完善，旅行成本持续降低，各国签证便利化程度日益提高。在此背景下，全球旅游总人次和全球旅游总收入保持强劲增长势头，成为全球经济增长的重要动力。

2017 年全球旅游经济的强劲增长，主要表现为如下四个方面。（1）全球旅游总人次快速增长，达到全球人口总规模的 1.6 倍。全球范围内，参与旅游的群体不断扩大，旅游消费已然成为全球民众的重要生活方式。（2）全球旅游总收入超过 5 万亿美元，相当于全球 GDP 的 6.7%。旅游推动全球经济增长的作用更加明显。（3）全球旅游总人次和旅游总收入的增速均超过 2016 年，分别增长 6.8% 和 4.3%，全球旅游经济进入快速增长期，且旅游消费水平不断提高。（4）2017 年全球旅游总收入和旅游总人次增速持续高于 GDP 增速。国际货币基金组织和世界银行对 2017 年全球 GDP 实际增长率的预测值分别为 3.5% 和 2.7%，而全球旅游总收入增速比其分别高出 0.8 个和 1.6 个百分点。

一 全球旅游经济全面、快速增长

（一）2017年全球旅游总人次约为118.8亿，为全球总人口的1.6倍

2017 年全球旅游总人次（包括国内旅游人次和国际旅游人次，下同）达到 118.8 亿人次，为全球人口规模的 1.6 倍。预计 2018 年全球旅游总人次将达到 126.7 亿人次，是全球人口规模的 1.7 倍（见表 1）。

[①]　World Bank Group：《Global Economic Prospects，A Fragile Recovery》，June 2017.

表 1　全球旅游经济：旅游总人次（2015~2018 年）

	2015	2016	2017E	2018F
全球旅游总人次（亿人次）	104.5	111.2	118.8	126.7
全球旅游人次占全球人口规模的比重	1.4	1.5	1.6	1.7

（二）2017年全球旅游总收入达5.3万亿美元，相当于全球GDP①的6.7%

2017 年全球旅游总收入（包括国内旅游总收入和国际旅游总收入，下同）达 5.3 万亿美元；预计 2018 年全球旅游总收入将达到 5.6 万亿美元；2017 年全球旅游总收入相当于 GDP 的 6.7%，这一比重在 2018 年则将上升至 6.8%（见表 2）

表 2　全球旅游经济：旅游总收入（2015~2018 年）

	2015	2016	2017E	2018F
全球旅游总收入（万亿美元）	4.9	5.0	5.3	5.6
全球旅游总收入占全球 GDP 的比重（%）	6.6	6.7	6.7	6.8

（三）2017年全球旅游增速高于上年

2017 年全球旅游总人次和旅游总收入的增速均超过 2016 年。其中旅游总人次增长率达到 6.8%，比 2016 年高出 0.4 个百分点；旅游总收入增长率为 4.3%，比 2016 年高出 1.7 个百分点。预计 2018 年全球旅游人次增速将有所放缓，与 2017 年相比，增速将下降 0.1 个百分点，为 6.7%；旅游总收入增速将继续高于 2017 年，达到 5.9%，比 2017 年高出 1.6 个百分点。这意味着，全球人均旅游消费水平处于不断增长之中（见表 3）。

---

① 数据来源：根据 IMF 的 GDP（现价美元）计算而得。

表3　全球旅游经济：增长速度（2015～2018年）

	2015	2016	2017E	2018F
全球旅游人次增长率(%)	6.2	6.4	6.8	6.7
全球旅游总收入增长率(%)	-4.2	2.6	4.3	5.9

（四）2017年全球旅游经济增速显著高于GDP增速

2017～2018年，全球旅游总收入和旅游总人次增速均持续高于GDP增速。如前所述，国际货币基金组织和世界银行对2017年全球GDP实际增长率的预测值分别为3.5%和2.7%，而全球旅游总收入增速比其分别高出0.8个百分点和1.6个百分点。国际货币基金组织和世界银行对2018年全球GDP实际增长率的预测分别为3.6%和2.9%，而全球旅游总收入增速比其分别高出2.3个百分点和3.0个百分点（见表4）。

表4　全球旅游经济：与GDP的增速比较（2015～2018年）

	2015	2016	2017E	2018F
全球GDP增长率(%)*	-5.5	3.1	3.5	3.6
全球GDP增长率(%)**	2.7	2.4	2.7	2.9
全球旅游总收入增长率(%)	-4.2	2.6	4.3	5.9

* 资料来源：国际货币基金组织对全球GDP增长的预测。** 资料来源：世界银行对全球GDP增长的预测。

（五）2018年全球旅游增长继续高于全球经济增长

考虑到全球经济可能出现高于预期和低于预期的增长，本报告对全球旅游增长情况做出三种不同情景下的预测（见表5）。显然，不管哪种情形，全球旅游经济的增速都将高于国际货币基金组织和世界银行对全球经济增速的预期。

表5　2018年全球旅游经济预测（三种情形）

	高增长情形	一般情形	低增长情形
全球旅游总人次（亿）	128.77	126.71	124.52
全球旅游总人次增速（%）	7.8	6.7	5.5
全球旅游总收入（亿美元）	56593	55696	54809
全球旅游总收入增速（%）	6.7	5.9	5.0

二　全球旅游三足鼎立格局更趋明显

（一）全球旅游格局中，欧洲份额缩小，美洲保持稳定，亚太持续扩大

从各大地区旅游总人次和旅游总收入在全球所占份额来看：欧洲地区比例持续下降；美洲地区旅游人次份额有所下降，旅游收入所占份额略有上升；亚太地区份额继续显著上升。

从旅游总人次方面看，2017年亚太地区旅游人次占全球总人次的比重为66.6%（见图2），与2016年的65.0%（见图1）相比，增长了1.6个百分点；从2016年到2017年，美洲地区份额从16.5%下降到15.8%，下降了0.7个百分点；欧洲地区份额从15.6%下降到14.9%，下降了0.7个百分点；中东地区份额下降了0.1个百分点，非洲地区份额保持不变。总体而言，欧洲、美洲和亚太市场占据全球旅游总人次的97.3%。

从旅游总收入方面看：从2016年到2017年，亚太地区所占份额从32.3%增长到33.1%，增长了0.8个百分点；美洲地区份额从30.7%增长到30.9%，略微增长了0.2个百分点；欧洲地区份额从32.0%下降到31.0%，下降了1个百分点；中东和非洲地区份额保持不变。总体而言，欧洲、美洲和亚太地区的旅游总收入占全球的95.0%（见图3和图4）。

预计2018年，亚太地区旅游总人次和总收入所占份额将继续增长，欧洲地区旅游总人次和旅游总收入的份额将略有下降，其他地区变化不大。总体来看，2018年全球各大地区旅游总收入占全球份额基本保持不变（见表6）。

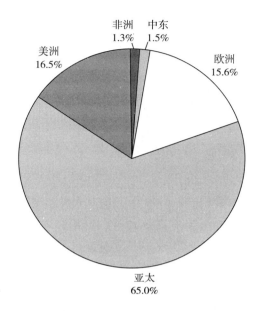

图1　2016年各大地区旅游总人次占全球份额

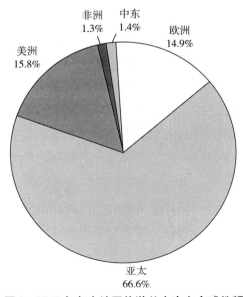

图2　2017年各大地区旅游总人次占全球份额

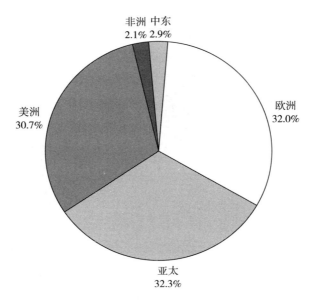

图3　2016年各大地区旅游总收入占全球份额

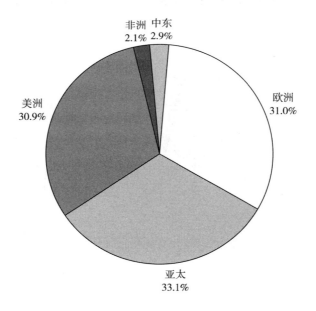

图4　2017年各大地区旅游总收入占全球份额

表6 2018全球旅游各大区域占全球份额（预测）

单位：%

	亚太	美洲	欧洲	中东	非洲
2018 年旅游总人次	68.0	15.1	14.3	1.4	1.2
2018 年旅游总收入	34.0	31.0	30.1	2.9	2.0

（二）欧洲旅游稳步增长，旅游收入增速有望超过旅游人次增速

2017 年欧洲旅游总人次达 17.69 亿人次，比上年增长 2.1%；旅游总收入达 1.63 万亿美元，比上年增长 1.1%。预计 2018 年欧洲地区旅游总人次和总收入将分别达到 18.06 亿人次和 1.67 万亿美元，旅游总人次增长率将与 2017 年持平，旅游总收入增长率将比 2017 年高 1.5 个百分点，达到 2.6%。值得注意的是，相较于其他地区国家，欧洲地区国家旅游总人次增长低于旅游总收入增长率，根据预测，2018 年，欧洲地区国家的这一现状将有所变化，旅游总收入增长率将超过旅游总人次增长率。

2017 年，法国、西班牙、德国和英国的旅游总人次分别达到 2.8 亿人次、2.0 亿人次、1.7 亿人次和 1.6 亿人次，在国家旅游接待人次排名中分别排第五、第七、第九和第十位。在旅游总收入方面，德国、英国、法国、意大利和西班牙五个国家的旅游总收入分别排第三、第四、第六、第八和第 10 位。

（三）亚太旅游高速增长，旅游人次增速略高于旅游收入增速

2017 年亚太地区旅游总人次达 79.14 亿人次，比上年增长 9.4%；旅游总收入达 1.74 万亿美元，比上年增长 6.9%。预计 2018 年亚太地区旅游总人次和总收入将分别达到 86.17 亿人次和 1.89 万亿美元；与 2017 年相比，亚太地区旅游总人次增速有所放缓，将为 8.9%，低于 2017 年 0.8 个百分点，旅游总收入增长率将比 2017 年高出 1.7 个百分点，达到

8.6%。

在全球旅游排名前 10 的国家中，亚太国家所占数目仅次于欧洲国家。2017 年，中国、印度、日本和印度尼西亚旅游总人次分别达到 45.3 亿人次、15.4 亿人次、3.2 亿人次和 2.6 亿人次，在国家旅游接待人次排名中分别排第一、第二、第四和第六位。在旅游总收入方面，中国、日本和印度三个国家的旅游总收入分别排第二、第五和第七位，增长速度最快。

（四）美洲旅游保持低速增长，旅游收入增速显著高于旅游总人次增速

2017 年美洲地区旅游总人次达 18.75 亿人次，比上年增长 1.9%；旅游总收入达 1.62 万亿美元，比上年增长 4.9%。2018 年，预计美洲地区旅游总人次和总收入将分别达到 19.17 亿人次和 1.73 万亿美元；其中旅游总人次增长率将达到 2.2%，比 2017 年有所提升；旅游总收入增长率将比 2017 年高出 1.3 个百分点，达到 6.2%。可以看到，美洲地区旅游总收入增长率远高于旅游总人次增长率，表明美洲地区的人均旅游消费可能在持续增长。

2017 年，在全球旅游排名前 10 国家中，美国的旅游接待总人次达 12.5 亿人次，全球排名第三；其旅游总收入达 10.3 千亿美元，全球排名第一。巴西旅游接待总人次为 1.8 亿人次，全球排名第八，墨西哥旅游总收入达 1.4 千亿美元，全球排名第九。

（五）非洲旅游保持低速增长，人均旅游消费呈增长态势

2017 年非洲地区旅游总人次达 1.48 亿人次，比上年下降 1.0%；旅游总收入达 0.1079 万亿美元，比上年增长 3.5%。显然，非洲人均旅游消费出现了大幅增长。2018 年，预计非洲地区旅游总人次和总收入将分别达到 1.53 亿人次和 0.1140 万亿美元；其中，旅游总人次增长率为 2.9%，比 2017 年增速高 3.9 个百分点；旅游总收入增长率将比 2017 年高出 2.1 个百

分点，达到5.6%。同美洲相似，非洲地区的旅游总收入增长率在2017年和2018年均超过旅游总收入增长率

（六）中东旅游增速相对较低，旅游收入增速高于旅游人次增速

2017年中东地区旅游总人次达1.71亿人次，比上年增长0.9%；旅游总收入达0.15万亿美元，比上年增长4.8%。预计2018年美洲地区旅游总人次和总收入将分别达到1.78亿人次和1.16万亿美元；其中，旅游总人次增长率将达到4.6%，比2017年高3.7个百分点；旅游总收入增长率将比2017年高出1.3个百分点，达到6.1%。可以看到，中东旅游收入增速高于旅游人次增速，表明人均旅游消费在增长。

三 新兴经济体旅游业增速更快

（一）新兴经济体旅游业增速更快、规模更大

1. 新兴经济体旅游总人次和旅游总收入在全球份额均提高了1%左右

从2006年和2017年的发展趋势来看，新兴经济体的旅游总收入增速显著高于发达经济体（见图5、图6）。2017年，发达经济体旅游总人次达33.9亿人次，较上年增长2.2%，占全球的28.6%，比重较上年下降1.3个百分点；新兴经济体旅游总人次达84.8亿，较上年增长8.7%，占全球的71.4%，比重较上年提高1.3个百分点；发达经济体旅游总收入为3.2万亿美元，较上年增长2.7%，占全球的61.1%，比重较上年下降0.9个百分点；新兴经济体旅游总收入达2.0万亿美元，较上年增长6.9%，占全球的38.9%，比重较上年增长0.9个百分点。

2. 新兴经济体接待了全球七成游客

2006～2017年间，新兴经济体接待的旅游总人次在全球中的份额从49.0%提高到71.4%，提高了22.4个百分点，新兴经济体接待了全球七成游客，成为旅游发展最重要的地区。新兴经济体旅游总收入占全球份额从

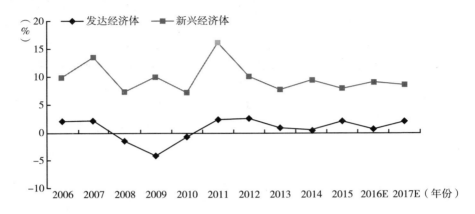

图5 2006～2017年不同经济体旅游总人次增长率

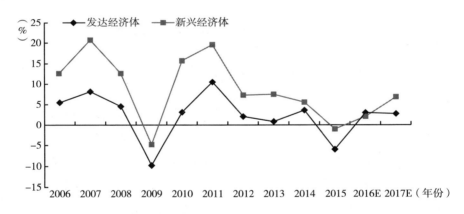

图6 2006～2017年不同经济体旅游总收入增长率

25.2%提高到38.9%，提高了13.7个百分点，表现出越来越强劲的旅游消费能力。

3. 未来，新兴经济体旅游总人次和旅游总收入增速均将显著快于发达经济体

未来，发达经济体旅游发展增速将进一步放缓。预计2018年，新兴经济体旅游接待总人次和旅游总收入的增速分别将达8.7%和9.3%，而发达经济体的则分别为1.8%和3.7%（见表7）。

表7 2018年新兴经济体和发达经济体旅游总人次和旅游总收入增速（预测）

单位：%

	发达经济体	新兴经济体
旅游接待总人次增速	1.8	8.7
旅游总收入增速	3.7	9.3

（二）金砖国家旅游发展引人注目

1. 金砖国家旅游总人次占新兴经济体旅游总人次的3/4

2017年，金砖五国旅游总人次将达到63.6亿人次，增长3.96%；金砖五国旅游总人次在新兴经济体旅游总人次中占比达75.0%，成为新兴经济体旅游的重要组成部分。预计，2018年，金砖五国旅游总人次将达到65.9亿人次，其增长率将达到3.57%。

2. 金砖国家旅游总收入占新兴经济体旅游总收入的1/2强

2017年，金砖五国旅游总收入将达到1.05万亿美元，增长6.97%；金砖五国旅游总收入在新兴经济体旅游总收入中占比达51.1%，为新兴经济体的旅游经济做出了重要贡献。预计，2018年，金砖五国旅游总收入将达到1.10万亿美元，其增长率将达到5.49%。

四　旅游进一步推动全球化

（一）国际旅游在全球化大浪潮中扮演越来越重要的角色

国际旅游在全球化发展中的重要作用主要体现在两个方面。第一，在旅游接待人次方面，国际旅游增速与国内旅游增速逐步趋近，甚至在个别年份超过后者：2011年，国内旅游人次增长率为11.5%，国际旅游人次增长率仅为3.7%，低于国内旅游增长率7.8个百分点；到2017年国际旅游人次增长率和国内旅游人次增长率仅相差3.2个百分点，分别为3.9%和7.1%，

国际旅游人次和国内旅游人次正在趋近。

第二，在旅游收入方面，全球国际旅游收入增速快于国内旅游收入。从近十余年的发展趋势来看，国内旅游收入从 2006 年的 2.5 万亿美元增长到 2016 年的 3.7 万亿美元，增长了 46.7%，年均增长 3.9%；而国际旅游收入则从 2006 年的 0.9 万亿美元增长到 2017 年的 1.6 万亿美元，增长了 70.2%，年均增长 5.5%。此外，在大部分年份中，国际旅游收入的增速领先于国内旅游。预计 2018 年，全球国际旅游收入增速将高于国内旅游；而在旅游人次方面，国内旅游人次增速高于国际旅游人次（见表 8）。

表 8　2018 年全球国际旅游收入和国内旅游收入增长（预测）

单位：%

国际旅游人次增长率	4.6
国内旅游人次增长率	6.9
国际旅游收入增长率	4.7
国内旅游收入增长率	4.1

（二）国际旅游的增长高于世界经济的增长

从近十余年国际旅游的增长趋势与全球经济增长趋势的比较来看，2011～2017 年，国际旅游收入的增速领先于全球经济增长的速度。2006～2017 年国际旅游收入平均增长率为 5.5%，与全球 GDP 平均增长率 4.4% 相比，高出 1.1 个百分点（见图 7）。

（三）全球旅游贸易增速高于国际贸易增速

全球旅游贸易增速高于国际贸易增速，成为国际贸易增长的重要的驱动器，也成为服务贸易最大的组成部分。2017 年国际贸易有所回暖，其增长率达到 4.0%，比 2016 年高出 1.6 个百分点，其中旅游贸易表现出更高的增

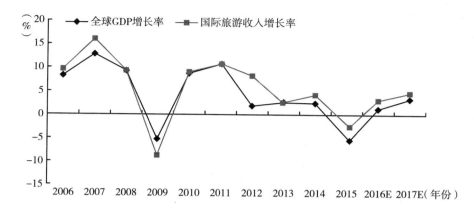

图7　2006～2017年全球经济与全球旅游收入增长率

长速度，据估计，2017年旅游贸易增速将达到4.7%，高出国际贸易增速0.7个百分点（见图8）。

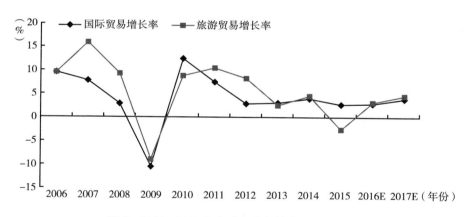

图8　2006～2017年全球贸易与旅游贸易增长率

说明：全球贸易数据来源为世界银行，包括商品贸易和服务贸易。

（四）旅游成为国际服务贸易中最大组成部分

综合国际贸易组织和本课题组的数据可见，2016年，国际旅游服务成为服务贸易中最大的组成部分，旅游服务贸易占服务贸易总额的25.1%，

领先于建筑服务贸易 2.3 个百分点，高出交通服务贸易 7.3 个百分点（见图 9）。

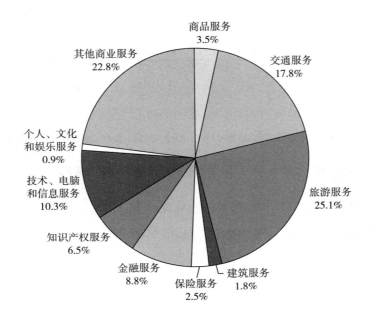

图 9 2016 年国际服务贸易各部分贡献（出口）

说明：本部分贸易数据来源于世界贸易组织，国际旅游数据为本课题组测算值。

五 全球旅游投资快速增长

（一）全球旅游投资较上年增长4.1%

2017 年全球旅游投资规模达 8396.8 亿美元，较 2016 年增长 4.1%[1]。近十年来，全球旅游投资呈现稳步增长的趋势，但是受到宏观经济的显著

---

[1] 旅游投资包括了与旅游直接相关的所有行业的投入。旅游投资数据来源于WTTC。

影响，2008年全球金融危机爆发后，旅游投资显著减少，分别在2009年和2010年呈现负增长。2013～2017年五年间，全球旅游投资的年均增长率达4.2%，2014年和2015年全球旅游投资增长率分别达到5.6%和5.4%。

（二）亚太地区旅游投资规模最大、增速最快

在全球旅游投资份额中，亚太成为旅游投资规模最大、增速最快的地区。2017年亚太地区旅游投资规模占全球旅游总投资规模的38.1%，投资规模增长3.6%；从投资规模占全球旅游总体规模的份额来看，美洲和欧洲分别以28.7%和23.4%的份额居第二位和第三位。从近十年旅游投资的增长率来看，居第二位和第三位的是中东和欧洲，其增长率分别为2.7%和2.1%；第四位是非洲，增长率1.1%，而美洲近十年的旅游投资年均增长仅为0.2%（见图10、图11）。

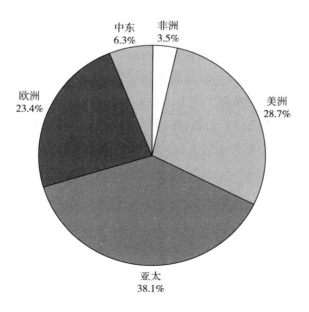

图10　2017年全球五大区域旅游投资份额

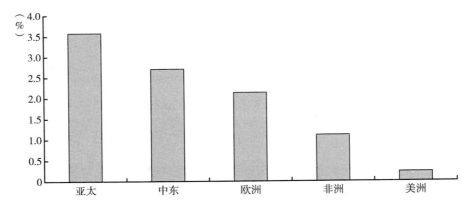

图11 2008～2017年五大区域旅游投资年均增长率

六 城市在全球旅游经济中发挥重要作用

（一）WTCF2/3会员城市接待了全球1/3入境旅游者[①]

作为首个以城市为主体的全球性国际旅游组织，世界旅游城市联合会
（WTCF）致力于为旅游城市的交流和发展提供服务，是城市旅游方面重要
的国际性组织。本报告梳理了WTCF所有会员城市中数据较为完备的87个
城市（占城市会员的2/3）的数据进行分析，发现2017年，这87个会员城
市共接待入境旅游人次3.3亿人次，约占全球入境旅游总人次（12.4亿人
次）的26.6%。也就是说，WTCF2/3的会员城市承接了全球国际旅游市场
的1/3。

（二）WTCF会员城市入境旅游增速渐超全球国际旅游增速

以欧睿数据库的数据资料为依据进行计算后发现，WTCF 87个会员城
市在2013～2017年接待的入境旅游人次稳步上升，其增速从2013年的

---

① 本部分中城市旅游相关的基础数据均来源于欧睿数据库。

3.3%上升到5.3%，增长了两个百分点。2015年以后，这些城市的入境旅游人次增长率显著高于国际旅游人次增长率；2017年，其接待入境旅游人次增速为5.3%，比全球国际旅游人次增长率（3.9%）高出1.4个百分点（见图12）。

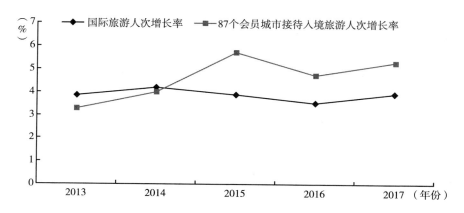

**图12　2013～2017年WTCF87个会员城市入境旅游人次
增速与国际旅游人次增速比较**

由此可以推断，城市在全球国际旅游中扮演着越来越重要的角色，成为旅游者到达的主要目的地，在全球旅游经济的发展中发挥了重要作用。

附：数据说明

本报告所涉及全球旅游基础统计数据来源于UNWTO和WTTC，以及在此基础上课题组对于全球旅游经济的预测（见附表1）。

附表1　原始数据基本说明

数据名称	数据来源	时间区间
国内旅游人次	UNWTO	2005～2015
国际旅游人次	UNWTO	1995～2015
国内旅游消费	WTTC	1995～2016
国际旅游消费	UNWTO	1995～2015

由于 UNWTO 公布的国内旅游人次、国际旅游人次以及国际旅游消费数据时间较晚，目前最新的数据只到 2015 年，因此我们估算出了上述三个指标在 2016 年的数据，并同时预测了 2017～2018 年的数据。

参考文献

国际货币基金组织：《世界经济展望，增长势头加强?》，http：//www. imf. org/zh/ publications/weo，2017 年 12 月 10 日。

World Bank Group，*Global Economic Prospects*，*A Fragile Recovery*，http：//www. worldbank. org/en/publication/global - economic - prospects，2017 - 12 - 10。

World Trade Organization，*World Trade Statistical Review* 2017，https：//www. wto. org/ english/res_ e/statis_ e/wts_ e. htm，2017 - 12 - 10。

The World Tourism Organization （UNWTO），2016 *Annual Report*，http：// publications. unwto. org，2017 - 12 - 10。

G.22
全球旅游上市公司发展分析与展望

赵 鑫*

摘 要： 本报告选取全球范围内具有代表性的 50 家旅游上市公司作为研究样本，将其分为酒店、旅行社、交通、综合类四个行业。基于 2010～2016 年的年报数据，从成长能力、偿债能力、盈利能力、营运能力、发展能力五个维度对样本企业分行业进行全面分析对比。四类旅游上市公司的发展趋势和热点如下：酒店业并购整合和非标住宿的发展成为热点；传统旅行社和在线旅行社在博弈中走向融合；大交通具有垄断优势，共享出行成为投资风口；主题公园借力 IP，博彩业拓展多元化经营。

关键词： 旅游上市公司 酒店 旅行社 交通

一 全球旅游上市公司扫描

（一）成长能力：6 年复合增长率①为 14.04%，与同期主要资本市场指数增幅相一致

1. 50 家旅游上市公司市值 6 年翻番

本报告选取了全球具有代表性的 50 家旅游上市公司②（以下旅游上市

---

* 赵鑫，中国社会科学院旅游研究中心特约研究员，研究方向为国际金融与投资、旅游产业与服务经济。

① 复合增长率指一项投资在特定时期内的年度增长率，计算公式复合增长率 =（现有价值/基础价值）$^{(1/N)}$ - 1。

② 本报告所涉及的大部分样本公司选取于美国纽约证券交易所和纳斯达克证券交易所、加拿大多伦多证券交易所、法国巴黎证券交易所、英国伦敦证券交易所、德国法兰克福证券交易所等成熟资本市场，亦有少量样本企业选取于中国、澳大利亚等新兴资本市场。

公司特指选取的样本公司），其中有 12 家旅行社类公司，10 家交通类公司，12 家酒店类公司，16 家综合类公司（见附表）。本报告选取的旅游公司上市地点覆盖全球主要资本市场，其中美国纽约证券交易所和纳斯达克证券交易所样本最多，分别有 20 家和 15 家。

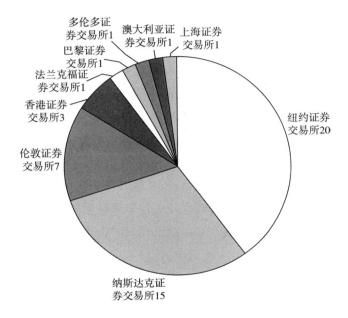

图 1　旅游上市公司上市地点分布情况

资料来源：wind 数据。

从 2010 年到 2016 年，50 家旅游上市公司总市值由 3561.68 亿美元增长到 7859.83 亿美元，复合增长率为 14.04%，趋势稳中有升，2013 年增幅最高，同比增长 63.77%（见图 2）。50 家旅游上市公司总市值增长 1.2 倍，与同期主要资本市场指数增幅相一致，说明资本对于整个旅游业的投资热度逐渐趋于理性。

2. 四类型公司市值增速不尽相同

具体来看，6 年来旅行社、酒店、交通、综合类公司的发展速度不尽相同（见图 3）。相较而言，旅行社类的公司市值增长最快，规模翻了 3 倍，从 489.43 亿美元增长到 1489.57 亿美元，这主要得益于近年全球在线旅游

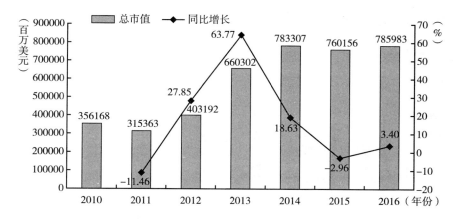

图2　2010～2016年旅游上市公司总市值及增长率

资料来源：wind数据。

的迅速发展，使Priceline以及Expedia等在线旅游巨头迅速成长（见图4）。交通类公司主要包括各大航空和铁路公司，市值基数最大，增速较为可观，从1924.16亿美元增长到4426.03亿美元。酒店类公司市值波动最大，2013年市值增速达86.3%，而2011年出现较大幅度的缩水，同比下降27.05%。综合类公司主要包括主题公园、娱乐休闲公司以及新兴的国际邮轮公司，这些公司市值规模增速略低于其他类型公司，2010～2016年市值从1665.92亿美元增长到3193.79亿美元，其中迪斯尼和六旗娱乐等主题公园类公司成长性良好，表现出强者恒强的态势。

　3. 旅游业逐渐步入寡头时代

　　除交通类公司行业性质决定其寡头垄断的市场格局外，其他类型公司经过多年充分的竞争后，通过并购、参股等形式，部分有先发优势或者独到眼光的公司市值稳步增长，行业寡头逐渐凸显。旅行社公司中，近年在线旅游迅速崛起，如Priceline、Expedia不断通过收购兼并、自身积极发展形成双寡头格局，与其他在线旅行社和传统旅行社逐渐拉开差距（见图4）；各酒店集团中，万豪国际集团（MARRIOTT INTL）通过收购喜达屋（STARWOOD）一跃成为行业龙头，与希尔顿酒店成为酒店行业的第一集团；综合类公司中迪斯尼和金沙集团作为主题公园类和赌场娱乐休闲类公司，都占有绝对领导地

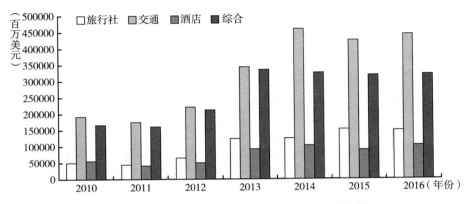

图3　2010～2016年旅游上市公司分行业市值规模

资料来源：wind 数据。

位。目前各行业的市场格局及地位基本确立，无论是追随者要撼动领先者的地位，还是闯入者谋得一席之地，均绝非易事，未来行业的融资、并购仍会时有发生，通过优势互补、强强联合才是发展的长久之计。

priceline.com	成立	上市	李嘉诚入主	收购Active Hotel	收购Booking.com	收购Agoda	收购Kayak	收购Opentable
	1997	1999	2001	2004	2005	2007	2012	2014

Expedia	成立	上市	被IAC收购，收购Hotels.com TripAdvisor	增持艺龙股份至52%	IAC将旗下旅游网站注入	分拆TripAdvisor单独上市	控股Trivago	收购Wotif
	1996	2001	2002	2004	2005	2007	2012	2014

图4　Priceline、Expedia 公司发展历程

资料来源：根据公开资料整理。

（二）偿债能力：旅行社短期偿债能力最优，酒店负债攀升

1. 旅行社资产流动性和变现能力显著强于其他公司

总体来看，旅行社流动比率显著高于其他类型公司，大部分年份高于2∶1，这与旅行社的资产大部分是流动资产的特点有关，但从2015年开始低于此参考值。虽然流动比率受行业特点、经营环境、生产周期、资产结

构、流动资产运用效率等多种因素的影响，不同的行业和公司会存在差异，但作为衡量公司短期偿债能力的重要指标，这体现出旅行社类公司流动资产的流动性和变现能力强，偿还流动负债更有保障。相较而言，旅行社类公司流动比率波动性也较大，其他类型公司流动性趋于稳定。

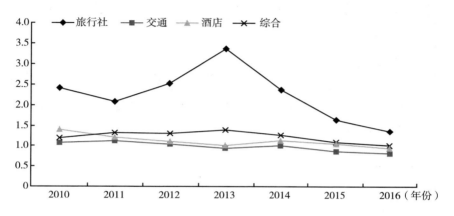

图5　2010～2016年旅游上市公司分行业流动比率比较

资料来源：wind 数据。

2. 酒店近年负债攀升，其他公司基本持平

酒店类上市公司从2010年到2015年资产负债率上升了近20个百分点，其中洲际酒店集团、万豪国际、精选国际酒店等酒店巨头资产负债率常年高达100%以上，相比其他酒店集团，显出规模越大举债越多的特征（见图6）。以市值最大的万豪国际为例（截至2016年12月31日），随着酒店业务的扩张和投资的增加，其资产负债率逐年攀升，2015年达到峰值159.03%，随着2015年11月16日，万豪酒店宣布以122亿美元收购喜达屋，成为全球最大的酒店集团，并进行业务整合和剥离，负债情况有明显改观，降至77.81%（见图7）。

（三）盈利能力：总体稳健提升，旅行社、交通呈现分化态势

1. 旅行社经营获利能力回归常态，其他公司稳健提升

2010年以来，乘着互联网发展的东风，在线旅游业从持续高速发展到

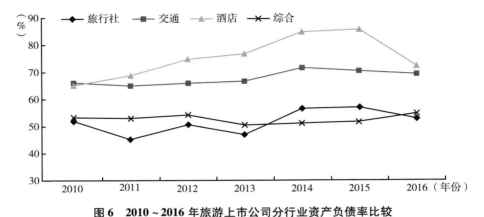

图6 2010～2016年旅游上市公司分行业资产负债率比较

资料来源：wind 数据。

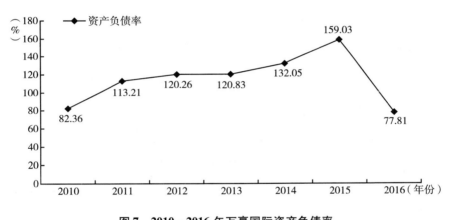

图7 2010～2016年万豪国际资产负债率

资料来源：wind 数据。

行业激烈竞争，2011 年营业利润率高达 28.11%，2015 年降至 12.69%，经历了较大的波动。整个行业从急速扩张回归到常规竞争，旅行社公司经营性盈利从超常规到回归常态，期间行业内收购、兼并不胜枚举。Priceline 在前期收购了英国线上酒店预订服务公司 Active Hotels、荷兰酒店预订网站 Booking 以及曼谷和新加坡在线酒店预订公司 Agoda 等公司后，在 2012 年和 2014 年分别以 18 亿美元和 26 亿美元的价格收购了旅游搜索引擎 Kayak Software 和在线酒店预订服务商 OpenTable。海外扩张帮助 Priceline 实现了业务的高速增长以及持续的高于行业水准的盈利水平。而以 Expedia 和携程网等为代表的在线旅游公司随着行业竞争的加剧，营业利润率都有所下滑，甚至部分年份出现亏损。

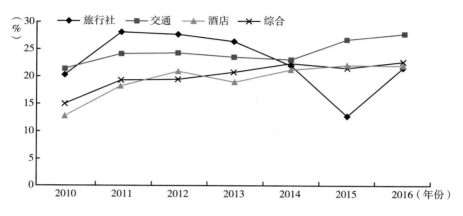

图8　2010～2016年旅游上市公司分行业营业利润率比较

资料来源：wind 数据。

如图8，交通、综合、酒店类公司盈利能力总体呈现稳健增长的态势，相较而言，交通类公司盈利能力最为稳健。具体而言，交通类公司内部盈利能力有很大差异，交通企业分为铁路和航空，其中铁路公司的盈利能力要显著强于航空公司。美国联合太平洋铁路公司和加拿大国家铁路公司的营业利润率基本上维持在30%以上，且逐年递增；而达美航空和瑞安航空是航空公司中经营和盈利较好的代表性公司，其营业利润率仅在10%以上，远不及铁路公司，其他航空公司盈利状况更加严峻。

2. 旅行社资产获利能力分化，其他公司符合预期

旅行社、交通、酒店、综合四类公司的总资产报酬率（ROA）处于相当水平，而在2014年以前旅行社总资产报酬率（ROA）显著高于其他公司，基本维持在15%以上，2011年更是达到27.75%（见图10）。旅行社类公司资产利用效率较高，说明企业在增加收入和节约资金使用等方面取得了良好的效果。就行业内部实际情况而言，在线旅行社与传统旅行社面对的境况截然不同，上演业内的"冰与火之歌"：一方面传统旅行社很大程度上受

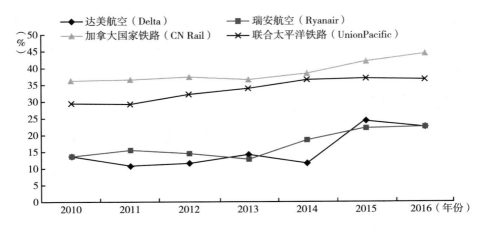

图9   2010~2016年航空公司与铁路公司营业利润率比较

资料来源：wind 数据。

到在线旅游公司的冲击，如托马斯库克集团以及途易集团近年来盈利水平都
比较低，当然欧元区债务危机、燃料成本上涨，以及希腊、埃及、突尼斯和
摩洛哥等地社会和政治动荡的因素也不容忽视；另一方面，在线旅行社得益
于"轻资产"的运营模式，资产获利能力显著高于传统旅行社，但伴随着
在线旅游市场的竞争加剧，Priceline 和 Travelzoo 的总资产报酬率也逐年下
滑，回归常态（见图11）。

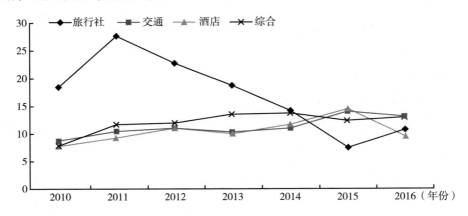

图10   2010~2016年旅游上市公司分行业总资产报酬率（ROA）比较

资料来源：wind 数据。

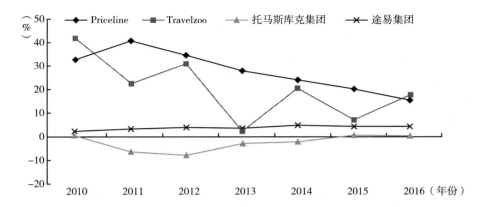

图11　2010～2016 年在线旅行社与传统旅行社总资产报酬率（ROA）比较

资料来源：wind 数据。

（四）营运能力：酒店、旅行社资产运营效率下滑，交通类公司资金利用效率改善

1. 旅行社和酒店资产运营效率下滑

如图 12，相较于资产营运效率较为稳健的交通和综合类上市公司，旅行社和酒店的运营效率呈现连年下滑的态势，旅行社行业从峰值的 95% 下降到 55%，降幅达 40 个百分点；酒店行业也呈现阶段式下降，从 2012 年的 92% 至 2016 年下降为 68%。这反映出两个行业的公司从投入到产出的流转速度下降，全部资产的管理质量和利用效率也在降低。可见在过去的几年内，旅行社和酒店在大规模收购资产的同时，并没有对其进行有效整合和利用，资源的配置和运营尚未充分优化。未来这一趋势可能仍然不能有效扭转。

2. 交通类公司资金利用效率呈增长之势，其他公司微幅波动

整体来看，交通类上市公司不仅应收账款周转快，而且资金利用效率逐年提升，显出不仅资金利用效率高，而且管理和营运能力正逐渐改善（见图 13）。相对来说，其他类别的上市公司资金利用效率近年没有明显波动，均高于 10 次。具体而言，交通类上市公司中，瑞安航空和西南航

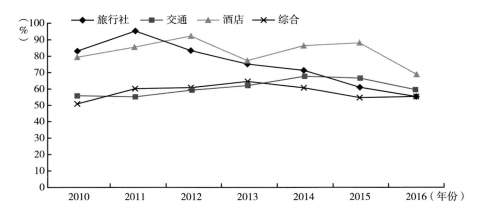

图12　2010～2016年旅游上市公司分行业资产运营效率比较

资料来源：wind数据。

空显著高于行业平均水平，西南航空应收账款周转率从2010年的66.5次降至2016年的40次，而瑞安航空6年内则从76.49次升至110.43次，基本上维持行业水平的3倍左右（见图14）。纵向比较，交通类旅游上市公司自身营运能力呈不断提升的态势，横向比较，资金运转情况也要显著高于其他行业的水准。

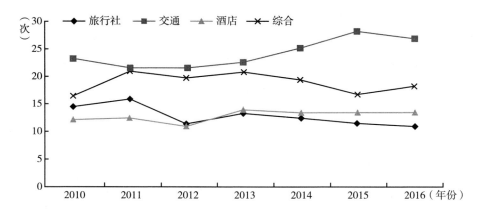

图13　2010～2016年旅游上市公司分行业应收账款周转率比较

资料来源：wind数据。

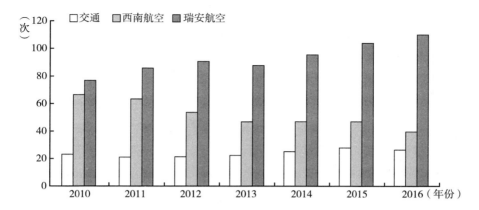

图 14 2010～2016 年西南航空、瑞安航空与行业应收账款周转率比较

资料来源：wind 数据。

（五）发展能力：营收增长率普遍下滑，盈利增长回归常态

1. 营收增长率普遍下滑，旅行社维持高位

如图 15，综合类公司营收增长率几乎是每年下滑，从 2010 年的 24.3%
到 2015 年降至 -0.78%，主要原因是金沙集团、新濠博亚娱乐、银河娱乐
等提供娱乐休闲与赌博的公司近年来营收增长率普遍下滑，对比而言，以迪
斯尼、六旗娱乐为代表的主题公园类公司营收仍稳健增长。酒店和交通类公
司营收增长率虽有个别年份反弹，整体呈现"进一退三"的下跌态势，说
明对于现有的市场需求基本已经触顶或者进入阶段性瓶颈期。鼓舞人心的
是，旅行社营收增长率虽有波动但一直维持相对高位，说明整个行业的市场
需求仍然旺盛，主要公司的主营业务高速增长，属于良性增长。总体来看，
酒店、交通、综合类公司的主营业务发展处于相对稳定的时期，而旅行社处
于快速发展期。

2. 走出"后危机时代"的恢复期，盈利增长回归常态

2010 年旅游业刚刚走出金融危机的影响，因此旅游业整体营业利润增
长率极高，从 2011 年起，整体的盈利增长率回归常态（见图 16）。结合营
收增长率来看，旅行社处于"得势不得利"的状况，虽然营收高速增长，

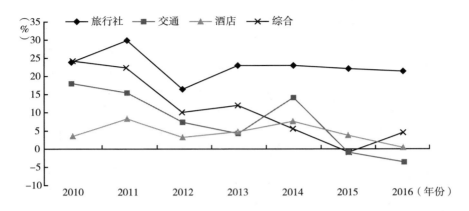

图15　2010～2016年旅游上市公司分行业营业收入增长率比较

资料来源：wind数据。

但是盈利未能持续增长，部分年份营业利润增长率甚至是负增长的状态。业务扩张的目的是获利，显然旅行社在注重占领市场份额、扩大营收规模的同时，忽略或者是暂时放弃了盈利的目标。可以预见，在旅行社拥抱互联网的时代，"跑马圈地"占领市场仍是主要经营策略，盈利增长不会很快改观。交通、酒店、综合类公司营利增长相对稳定，因为行业处于成熟期，未来盈利不会有很大变化。

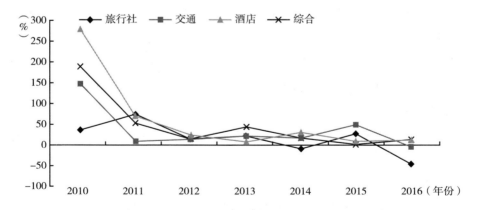

图16　2010～2016年旅游上市公司分行业营业利润增长率比较

资料来源：wind数据。

二 2016年全球旅游上市公司发展趋势预测

（一）并购整合成就酒店巨头，非标住宿成为行业热点

在经济全球化不断深化的背景下，资产全球化趋势也日益深化，资本在酒店行业的运作也极为活跃，并购整合频现。2016年最为引人注目的当属万豪国际以136亿美元成功收购喜达屋。收购前，万豪国际拥有19个酒店品牌，全球排名第二，喜达屋排名全球第八，在整合喜达屋旗下11个品牌后，万豪国际经营范围覆盖中档酒店到奢华酒店，市值达到360亿美元，成为全球最大的酒店集团。酒店巨头雅高也频频出手，一方面，为拓展北美市场，以27亿美元收购FRHI酒店集团，因为FRHI的会员75%位于北美地区，这一收购对雅高拓展北美市场有积极作用；另一方面，为进一步巩固欧洲市场，雅高还收购了25hours Hotels30%的股权，并与其建立战略伙伴关系。中国力量也在积极参与全球酒店的并购热潮，锦江国际不断增持雅高的股份，成为第一大股东，这是继2015年锦江集团收购法国卢浮集团100%股权后的另一个重要海外布局。海航集团以65亿美元收购希尔顿酒店集团25%的股份，以进一步强化其在酒店行业的战略地位。此外，华住与雅高双方交叉持股，铂涛与希尔顿达成战略合作，万豪与中国东呈酒店集团签署独家发展协议。酒店巨头强强联合，资本联合、品牌联合成为中高端酒店未来的趋势。

酒店行业近年资产负债率逐年攀升，资产运营效率下滑，未来营收的可持续增长堪忧，酒店集团面临价值再评估的重要节点，给行业的并购整合带来了机遇。部分具有行业领先优势的酒店先知先觉，通过并购借机实现转型，以资产剥离或整合等手段有效降低负债率、提升资源运营效率。资本集中会带来规模效益也会进一步降低经营成本、提高利润率，所以诸多酒店集团，从改善经营现状、产业转型升级或强化品牌行业地位的角度进行战略性并购，形成了酒店业寡头领导的格局。

传统酒店业不断经历行业洗牌后步入相对平稳期，"非标住宿"呈现快

速增长之势，民宿、房车、公寓、客栈等不同形式的非标住宿成为行业热词。在旅游六要素中，住不仅是不可或缺的，而且是决定游客旅游体验的关键因素。在崇尚"深度游""慢游"的游客群中，能体验当地的风土人情、像"本地人一样生活"、融入当地的社区活动成为向往。这给住宿业带来新的需求，大量资本开始关注非标住宿。民宿短租鼻祖Airbnb经过5轮融资，目前估值达到310亿美元，其他以Airbnb为模板的效仿者掀起非标住宿热潮，如途家、住百家等。随着"80后""90后"不断重塑旅游市场需求，甚至千禧一代开始成为消费生力军，新的消费趋势会愈发差异化、个性化、特色化。未来一段时间无疑是非标住宿的黄金发展期，也是非标住宿逐渐形成自身"标准"和"规范"的时期。

（二）传统旅行社与OTA在博弈中融合，O2O重塑行业格局

OTA的兴起不仅给传统旅行社的经营带来了冲击，也给旅行社行业注入了新鲜的血液。轻资产的运营模式使其更具有灵活性，较强的资产盈利能力从外部倒逼传统旅行社寻求改变。OTA市场虽然规模增长迅速，但是也在发展中面临诸多难题，而这些恰是传统旅行社的优势。目的地服务、积累的资源和渠道、旅游产品设计等都是短时间内难以复制的，实际上这足以构成行业壁垒。综合来看，二者互有优势，OTA作为线上平台，优势在于获取用户和流量；传统旅行社的优势在于优质的目的地服务和对各种资源的积累掌控。所以未来一段时间OTA和传统旅行社是博弈中融合、竞争中合作的格局。

从现实的产业发展来看，由于Priceline和Expedia等在线旅游企业加速布局线下业务，途易和托马斯集团等传统旅行社面临冲击，甚至因为业务的整合裁员，但是以二者为代表的传统旅行社仍然在坚持深耕优势业务的同时积极探索线上发展模式，线上与线下的相互渗透是旅行社行业的发展整体趋势。从产业链的角度看，产业链前端是用户和流量，OTA在中间是一个media形态，是线上交易平台，OTA后面对接最终落地的资源、旅游服务提供商。鉴于旅游行业的特殊性，旅游线下消费体验的本质无法完全线上化，这一特点决定旅游未来必然还是发展O2O模式。O2O能够将资源、渠道、

服务串联起来，形成协同发展。下一阶段 O2O 的发展会逐渐深化、行业细分，能有效链接线上线下资源的企业必会从竞争中脱颖而出。

（三）大交通具有垄断优势，共享出行成为投资风口

传统的大交通铁路、航空业都具有天然的垄断优势，对于新进入的公司在资本投入、市场占有等方面都有较高的行业壁垒，具体而言，铁路行业垄断性更强。既有的航空公司呈现多方角力的格局，但对于新的进入企业来说，想占据一席之地绝非易事。未来几年，铁路运营公司仍然会依靠自身的垄断优势，有可观的盈利性和成长性。而航空业作为资本密集型行业，航空公司的经营状况与经济周期和原油价格密切相关，近年全球经济的复苏以及低油价的红利营造了航空公司经营的"幸福期"，但具体来看，各大航空公司经营状况仍然分化明显，北美地区盈利亮眼，欧洲和亚太处于平均水平，其他地区甚至亏损。主要受市场占有率以及航线资源的影响，各大航空公司的竞争格局以及经营发展情况，在短期内不会有太大变化。

相比大交通的垄断性格局，传统市内交通在互联网和共享经济下，催生了无限商机。分时租车、共享单车、实时打车都很好地解决了传统市内交通的痛点，是对公共交通的有益补充。相比之下共享出行便利性更强，机动性更佳，所以 Uber、滴滴出行、GrabTaxi、Mobike、Blablacar 等公司应运而生。随着这些公司进一步占领和巩固所在领域市场份额，以及一些资本继续追加投资，具有先发优势的公司会占据先机和主动。经过洗牌和整合，最终会形成寡头垄断的局面。

（四）原创 IP 成主题公园发力点，博彩业落棋多元化经营

迪斯尼是主题公园的开山鼻祖，作为以好莱坞电影起家的公司，2016 年其营业收入中来自主题公园和度假区的收入是影视业务的两倍以上，电影 IP 与主题公园的合作开发成为其多年来长盛不衰的核心竞争力，也是迪士尼集团的重要营收途径。环球影城同样起源于好莱坞，是世界最大的电影、电视题材的主题公园，在公园中游客可以近距离感受电影中的特效甚至扮演电影

中的英雄角色，影视IP为其带来不菲的利润。"主题公园+IP"的模式已经显出足够的核心竞争力，而且由于该模式在短期内可以有效提升主题公园的营销热度和影响力，也能改善公司的盈利能力，所以成为众多业内公司争先效法的模式和未来主题公园发展的方向。未来一段时期内，部分拥有自主IP并且与主题公园相契合的公司，会具有长期成长空间。实际而言，IP跨界合作也会越来越多，热门的电影、漫画、游戏等元素将会出现在大大小小的主题公园中，吸引相应的粉丝群体。不乐观的是，这一模式兴起的过程，也是业内公司经历洗礼的过程，目前相当多的主题公园处于亏损状态，"主题公园+IP"或许是一剂能扭转局面的良药，或许简单的模仿只会带来更快的凋敝。

金融危机给博彩业公司带来极大的冲击，后金融危机时代公司纷纷寻求多元化经营寻求新的利润点，例如拉斯维加斯金沙集团在会议、会展及酒店方面开始布局；新加坡在本国博彩业长期规划中明确不以赌场建设为主，而是建设涵盖会展中心、购物商场、主题公园的大型赌场度假村；澳门的新濠博亚娱乐和银河娱乐都在积极拓展餐饮、购物、娱乐、休闲"一站式度假休闲"模式，进一步改善公司业务结构。由于政府一般对于博彩业经营监管要求严格，进入壁垒较高，未来一段时间更多的是既有的博彩公司巩固市场地位、改善经营业务结构、提升盈利能力的时期。

参考文献

陈永生、简洁：《基于证券投资的旅游上市公司价值分析》，《旅游学刊》2014年第29期。

米姗姗：《我国旅游景区上市公司财务分析》，湘潭大学硕士学位论文，2008。

梁萍：《旅游上市公司业绩比较研究》，暨南大学硕士学位论文，2008。

杨彦锋、刘丽敏：《中国旅游上市公司财务分析及对策研究》，《财会研究》2011年第19期。

赵鑫：《中国旅游企业海外上市：分析与展望》，载《2014~2015年中国旅游发展分析与预测》，社会科学文献出版社，2015。

附表

50 家旅游上市公司名单

序号	类别	证券代码	公司简称	上市地点
1	旅行社	PCLN. O	Priceline	纳斯达克证券交易所
2		0P2W. L	AMADEUS IT	伦敦证券交易所
3		CTRP. O	携程网	纳斯达克证券交易所
4		EXPE. O	EXPEDIA	纳斯达克证券交易所
5		TRIP. O	猫途鹰（TRIPADVISOR）	纳斯达克证券交易所
6		QUNR. O	去哪儿网（退市）	纳斯达克证券交易所
7		MMYT. O	MAKEMYTRIP	纳斯达克证券交易所
8		TZOO. O	Travelzoo	纳斯达克证券交易所
9		OWW. N	ORBITZ WORLDWIDE INC（退市）	纽约证券交易所
10		AWAY. O	HOMEAWAY（退市）	纳斯达克证券交易所
11		TCG. L	托马斯库克集团	伦敦证券交易所
12		TUI. L	途易集团	伦敦证券交易所
1	交通	UAL. N	联合大陆航空	纽约证券交易所
2		DAL. N	达美航空（DELTA）	纽约证券交易所
3		AAL. O	美国航空	纳斯达克证券交易所
4		LUV. N	西南航空	纽约证券交易所
5		RYA. L	瑞安航空（Ryanair）	伦敦证券交易所
6		AC. TO	AIR CANADA – CLASS B	多伦多证券交易所
7		QAN. AX	QANTAS AIRWAYS LTD	澳大利亚证券交易所
8		LHA. F	德国汉莎航空	法兰克福证券交易所
9		CNI. N	加拿大国家铁路（CN Rail）	纽约证券交易所
10		UNP. N	联合太平洋铁路（UNION PACIFIC）	纽约证券交易所
1	酒店	WYN. N	温德姆国际（WYNDHAM）	纽约证券交易所
2		MAR. O	万豪国际（MARRIOTT INTL）	纳斯达克证券交易所
3		HLT. N	希尔顿酒店	纽约证券交易所
4		AC. PA	雅高	巴黎证券交易所
5		IHG. L	洲际酒店集团	伦敦证券交易所
6		H. N	凯悦酒店	纽约证券交易所
7		MTN. N	范尔度假村（VAIL RESORTS）	纽约证券交易所
8		HTHT. O	华住酒店	纳斯达克证券交易所
9		STAY. N	美国常住酒店（EXTENDED STAY AMERICA）	纽约证券交易所
10		CHH. N	精选国际酒店	纽约证券交易所
11		2339. HK	京西国际	香港证券交易所
12		HOT. N	喜达屋（STARWOOD）（退市）	纽约证券交易所

续表

序号	类别	证券代码	公司简称	上市地点
1		DIS. N	迪斯尼（WALT DISNEY）	纽约证券交易所
2		LVS. N	金沙集团	纽约证券交易所
3		0027. HK	银河娱乐	香港证券交易所
4		RCL. N	皇家加勒比海游轮	纽约证券交易所
5		MGM. N	美高梅国际酒店	纽约证券交易所
6		CCL. L	嘉年华	伦敦证券交易所
7		000069. SZ	华侨城A	上海证券交易所
8	综合	MLCO. O	新濠博亚娱乐	纳斯达克证券交易所
9		MERL. L	默林娱乐	伦敦证券交易所
10		SIX. N	六旗娱乐	纽约证券交易所
11		0880. HK	澳博控股	香港证券交易所
12		FUN. N	雪松娱乐	纽约证券交易所
13		BYD. N	博伊德赌场	纽约证券交易所
14		CZR. O	凯撒娱乐	纳斯达克证券交易所
15		WYNN. O	永利度假（WYNN RESORTS）	纳斯达克证券交易所
16		PENN. O	佩恩国民博彩	纳斯达克证券交易所

G.23
科技进步改变全球旅游发展

沈 涵　樊佳依　薛 楠[*]

摘　要： 以人工智能为代表的新科技革命给全球社会经济带来巨大影响。在旅游领域，科技进步正在极大地改变全球旅游发展趋势。本文对近年来与旅游业发展密切相关的八大科技进行分析，探究其技术特点、在旅游业中的应用，以及对全球旅游发展的影响，从而对科技推动下的全球旅游发展趋势进行剖析，对我国旅游业发展的驱动转型、发展态势和技术进步的影响提供借鉴。

关键词： 旅游　科技　人工智能

2016 年，Alpha Go 对决人类顶尖棋手，引发人们对人工智能的关注和思考。人们赫然发现，世界正快速进入一场前所未有的科技革命。在这个迅猛变革的时代，科技给世界带来了新效率、新便利、新体验、新秩序、新格局和新挑战，也深刻而广泛地改变着全球旅游发展趋势。其中以人工智能、VR、区块链以及人机交互等八大科技的影响最为关键。

一　人工智能提升旅游产业运行效率

（一）人工智能将引发人类社会深远变革

人工智能（Artificial Intelligence，AI）从科学的角度来说，是使计算机

---

[*] 沈涵，复旦大学旅游学系副教授，中国社会科学院旅游研究中心特约研究员，研究方向为消费者行为、旅游市场营销、城市品牌等；樊佳依，复旦大学旅游学系硕士研究生，研究方向为跨文化旅游分析；薛楠，复旦大学旅游学系硕士研究生，研究方向为旅游消费者行为。

来模拟人的某些思维过程和智能行为（如学习、推理、思考、规划等），制造类似于人脑智能的计算机。从应用角度来说，人工智能的应用包括机器人、无人驾驶、语言识别、图像识别、自然语言处理和专家系统等。

人工智能融合了机器学习、深度学习、大数据、超级计算、互联网、脑科学等新理论新技术，正在促进人类社会发生转变。人工智能可以大大减少重复性任务的负担，使人类可以完成更有价值、更有创意的工作。未来，所有 B2B、B2C 的业务都将全面应用人工智能来获得更多收益。

根据乌镇智库发布的《全国人工智能发展报告》，截至 2016 年底，美国人工智能企业数量排名全球第一，有 2905 家，集中在加州。中国人工智能融资规模不断提升，2000～2016 年累计达到 27.6 亿美元。

表 1　全球前 50 名人工智能企业城市

排名	城市		企业数量	排名	城市		企业数量
1	美国	旧金山/湾区	1020	26	中国	广州	32
2	美国	纽约	290	27	加拿大	温哥华	30
3	中国	北京	242	28	荷兰	阿姆斯特丹	29
4	英国	伦敦	223	29	瑞典	斯德哥尔摩	27
5	美国	洛杉矶地区	135	30	中国	香港	26
6	中国	上海	112	31	瑞士	苏黎世	25
7	中国	深圳	93	32	美国	华盛顿	23
8	法国	巴黎	75	33	美国	达拉斯	23
9	加拿大	多伦多	71	34	韩国	首尔	23
10	以色列	特拉维夫	61	35	加拿大	蒙特利尔	23
11	美国	西雅图	60	36	中国	成都	22
12	美国	波士顿	56	37	美国	迈阿密	22
13	美国	坎布里奇	53	38	美国	博得	22
14	德国	柏林	53	39	印度	金奈	21
15	美国	奥斯汀	52	40	美国	尔湾	19
16	印度	班加罗尔	50	41	德国	慕尼黑	19
17	新加坡		50	42	爱尔兰	都柏林	18
18	美国	芝加哥	45	43	俄罗斯	莫斯科	18
19	西班牙	巴塞罗那	42	44	奥地利	维也纳	17
20	美国	圣迭戈	41	45	英国	剑桥	17
21	西班牙	马德里	38	46	美国	波特兰	17
22	中国	杭州	36	47	土耳其	伊斯坦布尔	16
23	美国	亚特兰大	35	48	美国	威灵顿	16
24	印度	孟买	35	49	印度	新德里	15
25	日本	东京	34	50	澳大利亚	墨尔本	15

资料来源：乌镇指数《全球人工智能发展报告 2016》。

（二）人工智能实现精准营销，提升产业运行效率和质量

人工智能将极大改变旅游、酒店及相关产业。在旅游社区的路线设计、酒店的云端系统技术、OTA 的在线搜索、酒店收益管理等方面，人工智能都已有很大进展，未来还将极大改变以人力投入和客户服务为核心的全球旅游产业运行模式。

第一，人工智能可以提高旅游企业和酒店的顾客识别和预订效率。人工智能时代的酒店高度依赖云端系统进行精准营销吸引顾客、简化预订流程、提升顾客体验、提高预订决策效率。尤其是使用人工智能软件可有效识别处于选择期的游客，通过线预订引擎推送产品，提高购买率和流量的转化率。

第二，人工智能可以深化数据分析，提升管理水平，提高旅游企业和酒店的市场营销、客户服务、收益管理、产品设计等各个环节。人工智能的数据深度分析能提供口碑管理，提升产品服务，进行市场预测和竞争分析，影响战略布局决策，介入收益管理环节，帮助酒店和旅游企业完成价格与渠道策略制定、分发库存等收益管理活动。

第三，人工智能可以提升客服效率和服务质量。旅游业的呼叫中心、客服中心将广泛采取智能客服技术，有效地和多渠道地对客户服务中心做整合，在大幅缩减客服成本的同时能够有效减少人工成本、增强用户体验，从而提升服务的质量和企业创新的品牌形象。

二　旅游行业将成为 VR 技术主要应用方向之一

（一）虚拟现实改变人类感受世界的方式

虚拟现实（Virtual Reality，VR）是指借助计算机及最新传感器技术创造的一种崭新的人机交互手段。VR 技术主要有三大关键技术：动态环境建模技术、实时三维图形生成技术、立体显示和传感器技术。VR 技术让人们的眼界超脱于现实，所见的虚拟景象更加生动，改变人们看世界的方式，将

会极大地改变人们的社交、生活方式。

VR 营销，如 360 度全景广告、APP 内置广告、VR 直播广告、品牌体验活动等将成为企业营销的重要方式。VR 营销市场的年复合增长率预计超过 120%，2021 年市场规模将达到 19.8 亿元。VR 线下体验馆也是重要的应用形式之一，此外，VR 全景摄像机和其他 VR 摄像机正在缓慢触达消费者和专业市场。

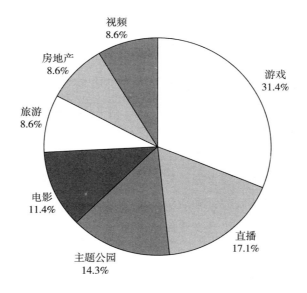

图 1　中国 VR 行业应用投资统计

资料来源：Analysys　易观，2016。

（二）VR 技术提升体验和设施，改变决策模式

第一，VR 技术可以模拟和提升游客体验。通过 VR 技术，游客不仅能看到景区的各个细节，还能看到不对外开放或不定期开放的旅游资源。VR技术可以提供更加深入的景点讲解和多方位展示，一些特效技术可以提高对旅游目的地的认识，提供真实环境无法提供的强烈感受和丰富体验，定制出独一无二的旅游路线以及活动行程。

第二，VR 技术可以协助旅游决策刺激购买，改变旅游预订模式。VR 在线选房，VR 旅游体验，出行前的目的地虚拟体验、VR 的游乐项目、旅游目的地 VR 辅助的景观重现、VR 还原的特殊线路和视角等，为游客选择线路提供了一个更直观的途径。通过 VR 技术带给游客沉浸式的预先体验，更能击中游客的兴奋点，转化为旅游行动，刺激潜在游客购买旅游服务。

三 区块链将改变旅游业的支付体系、信用体系和服务体系

（一）区块链重塑全球金融基础构架

区块链（Blockchain）是把加密数据（区块）按照时间顺序进行叠加（链）生成的永久、不可逆向修改的记录。这种去中心化的数据库，包含一张被称为区块的列表，列表上有着持续增长并且排列整齐的记录。每个区块都包含一个时间戳和一个与前一区块的链接：设计区块链使得数据不可篡改，一旦记录下来，在一个区块中的数据将不可逆。这使区块链成为电子货币比特币的核心组成部分，区块链技术所拥有的高可靠性、简化流程、交易可追踪、节约成本、减少错误以及改善数据质量等特质，使得其具备重塑金融业基础架构的潜能。

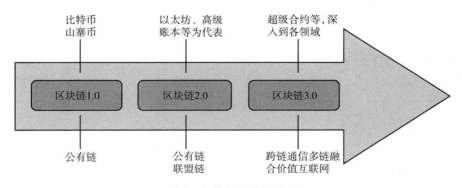

图 2 区块链的发展阶段

（二）区块链重塑旅游支付结算和顾客忠诚计划

第一，区块链打通旅游产业链支付的各个环节，有效提升旅游业支付效率和结算模式。区块链可以用于解决旅游产业链各个环节的支付问题，有效避免结算滞后、支付欺诈、三角债、质量保证金沉淀等问题，从而大大提高交易流程的资金使用结算的质量和效率。

第二，区块链带来全新的身份识别模式，构建旅游产业链新型信任体系。利用区块链进行数字化身份管理，结合生物识别技术可以提供比传统方法（例如护照）更安全的数字身份证明。以区块链为基础的分布式记账使得整个产业链公开透明，结合身份识别的各个环节的结算和支付，构建了旅游产业链新型信任体系。

第三，区块链为旅游预订和营销提供精确数据。酒店和航空公司的忠诚度计划可能会过渡到区块链，从而简化跟踪忠诚度积分，以及激发转换和兑换积分的过程。此外区块链还能监控全行业的客户数据，进行宏观市场分析和微观消费者行为分析。

四　人机交互技术将从六个方面影响旅游产业发展

（一）人机交互突破人类能力极限

人机交互技术（Human-Computer Interaction Techniques）是指通过触控技术、可穿戴设备、体感技术或者无创神经接口技术，将人体与计算机通过输入输出设备结合，实现人体与机器设备的操纵和对话。人机交互技术包括可穿戴式计算机、隐身技术、增强现实的触屏技术、浸入式游戏的动作识别技术、触觉交互技术、语音识别技术、无声语音识别技、基于脑电波的人机界面技术等。

人机交互可以实现人类增强，通过技术设备实现人类对硬件的控制、对信息的感知、对体验的升级。人机交互技术将带领人类突破人类潜力的极限

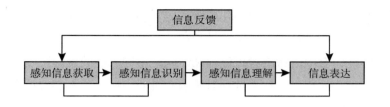

传感装置	本地系统处理（软件算算法）
激光器探测仪	语音识别
摄像头	图像识别
红外LED灯	手势识别
红外普通滤光片	姿态识别
通信模块	情感识别
金属结构件	表情识别

云计算平台	应用场景
分布式计算模型	手语识别和合成
情感模型建立	商业领域
大数据挖掘能力	教育领域
	游戏控制
	医学领域应用
	工业领域

图3　人机交互产业链

资料来源：《经管之家》，http：//bbs. pinggu. org/thread – 2617283 – 1 – 1. html，2017 年 12 月 10 日。

甚至生物的极限。尤其是人机交互系统与物联网的结合，将会实时推送信息进入我们的感官，实现生物无法达到的感知层次；人类增强辅助设施将强化人类的躯体和意志，实现生物自身无法企及的能力高度。意念轮椅、嵌入式隐形眼镜、植入式助听器、脑力波头盔等设施都会扩大我们的体能和思维能力，改变我们的学习、感知、体验能力。

（二）人机交互提升旅游体验和产品设备，改变游客行为

首先，人机交互技术提升旅游体验，通过人机交互的穿戴设备，可以重构旅游过程，突破时间、空间和物理局限。在旅行之前、旅游过程中，利用

人机交互设备，可以获得一般路线和旅游经历中难以得到的独特体验。可以随意延长或者缩短部分行程，切换场景和角度，增强旅游记忆。人机交互也为残障人士和体力有限的旅游者提供福利，满足不同人群的旅游愿望，旅游将成为所有人的普遍行为。这一进步对旅游本身的内涵和外延都有革命性的意义。

第二，人机交互技术催生新的旅游产品和设备。用增强现实技术设计介绍旅游景点、历史文化，与手机 APP 交互作用展现旅游景点的 3D 模型和短片、实景导航解说，虚拟导游及语音多媒体讲解等技术。人机交互技术可以增强文化旅游商品的互动性、趣味性、体验感、表现力和感染力，可以在文物和遗址陈列馆中全面生动地展现知识、提供解说。

五 新能源革命为旅游业可持续发展提供有效支撑

（一）新能源革命成为国家竞争和产业战略核心

在太阳能、风能、生物能、地热能等分布式能源基础上产生的低碳清洁能源技术，为人类社会带来了无限量的巨大能源库。通过光伏电池板、风车、生物分解技术、地热采集技术可以产生源源不断的清洁能源，取代传统的化石能源。新能源与通信技术的结合，触发了新能源革命的爆发，涉及经济、环境治理、生活方式等全方位的变革，对世界格局将会产生重大影响。

新能源革命以太阳能发电为代表，引发大量的新兴生态产业的发展，引导未来世界经济增长的方向，重构世界经济格局。新能源革命将会带动光伏装备业、生物分解材料、风力装备、软件、科研等相关产业群的发展。新能源革命涉及新材料、新能源、新能源汽车、高端装备制造和节能环保五大领域，可以促进新能源消费产业的变革，引发终端产品创新和产业升级。

（二）新能源革命推动全球生态旅游和新型装备产业发展

新能源革命给旅游业的能源消耗结构带来变革。景区、宾馆、饭店、民宿可以广泛使用清洁无污染的太阳能，在景区接待设施中替代传统能源，降低污染。

首先，新能源革命促进全球生态旅游发展。新能源的使用能降低传统能源造成的对自然环境的破坏，将由能源供给带来的生态性破坏降至最低。促进节能、环保理念和开发模式在全球的展开，推广更高的环境保护标准。

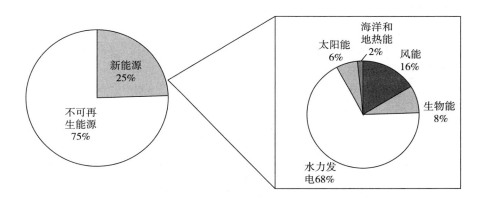

图4　2016年全球电力生产中不同类型能源所占比例

资料来源：和讯网，2016。

其次，新能源革命催生新的旅游装备产业，新能源技术可以运用在完善升级旅游设施以及旅游配套设备中，将旅游和环保紧密结合。从户外产品到旅游景点规划，从旅游基础设施建设到酒店宾馆的能源设施提升，从旅游交通装备到旅游项目配套，新能源革命可从规划理念到装备设施上促进新兴产业的发展。

六　GIS技术促进旅游科学决策

（一）GIS技术整合地理信息提供综合服务

GIS（Geographic Information System）地理信息系统是在计算机硬、软件

支持下，对整个或部分地球表面与空间和地理分布有关的信息进行采集、储存、管理、分析和表达的空间信息系统。GIS 不仅能对这些信息进行数据采集、输入、编辑、存储、管理、空间分析、查询、输出和显示，还可利用这些信息为用户进行预测、检测、规划、管理和决策提供科学依据。GIS 市场的发展也被业界看好。

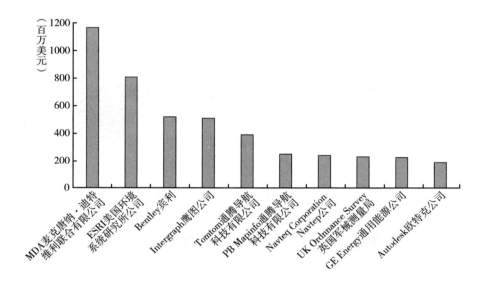

图 5　2016 年全球 GIS 产业十大领先厂商收入

资料来源：《2016～2021 年中国地理信息产业发展前景与投资战略规划分析报告》。

未来 GIS 的发展将更加精细化，数据可以更加精确。多角度、多尺度和多维空间的数据表达与虚拟现实技术、移动通信技术相结合，更是可以将 GIS 与人们的生活紧密联系起来，改变人们看世界的方式。

（二）GIS 技术推动全球旅游规划行业新发展

旅游规划与策划是最需要对旅游景点的空间和地理分布有关信息进行采集、储存管理、分析和表达的行业，所以在旅游规划和策划中利用 GIS 技术大有可为。

第一，GIS 在旅游辅助制图、旅游资源分析等方面都有重大作用。GIS 可以在资源保护中发挥作用，可以进行旅游景点间路径分析，建立网络拓扑关系并赋予各路线长度权值，通过网络分析得到最佳路径。

第二，GIS 在旅游规划领域的应用深入发展，会影响全球旅游规划的实践标准和行业水平。基于 GIS 的规划将呈现定量化和科学化，分析评价过程和规划过程可视化，规划模拟和动态功能等特点。全球的旅游规划行业将得到新技术的推动。

第三，GIS 技术为旅游产业和旅游者行为的测量提供新的技术标准和手段，能提供更深入的行业信息。旅游未来 GIS 可以和虚拟现实等其他技术相融合，除了资源分析以外给游客提供更好的旅游体验。旅游电子商务（Tourism E-commerce）可以和 GIS 相结合形成一个新的研究领域——TGIS，从而实现对旅游目的地发展和旅游者行为的科学预测。

七　物联网技术将改变旅游业的服务流程和话语结构

（一）物联网开创人、物连接的全新方式

物联网是新一代信息技术的重要组成部分，也是信息化时代的重要发展阶段。物联网的英文名称是 Internet of Things（IoT）。根据国际电信联盟（ITU）的定义，物联网主要解决物品与物品（Thing to Thing，T2T），人与物品（Human to Thing，H2T），人与人（Human to Human，H2H）之间的互联，通过各种信息传感设备，实时采集任何需要监控、连接、互动的物体或过程等各种需要的信息。

物联网应用中有三项关键技术。一是传感器技术，这也是计算机应用中的关键技术。自从有计算机以来就需要传感器把模拟信号转换成数字信号计算机才能处理。二是 RFID 标签，这也是一种传感器技术，RFID 技术是融无线射频技术和嵌入式技术为一体的综合技术。三是嵌入式系统技术，这是综合了计算机软硬件、传感器技术、集成电路技术、电子应用技术的复杂技术。

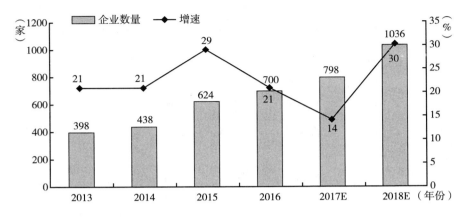

图6　全球物联网市场企业数量及增速概况

资料来源：IC Insights，平安证券。

（二）物联网技术改变服务流程与效率，重构全球旅游业模式

第一，物联网提供智能服务，提升服务品质。例如，荷兰航空推出了改良版的智能座位，收集乘客的心率、疲劳值、水分和体温数据，使得航空公司能够关注乘客的需要，提升服务质量。此外，物联网还可以被应用于机场以帮助追踪寄存行李，在机场候机楼给予旅客必要的指引，提醒他们登机门变更或航班延误。

第二，物联网技术作为智慧旅游的关键技术，自助导览、电子导航、一键导购是其主要的三大应用，加上移动互联网的应用和安全的网上支付平台，使得游客可以随时随地制订或改变旅游计划和行程。

第三，物联网将改变全球旅游业的服务流程和效率。物联网通过电子门票、监控设备提高了运营效率，降低了人工成本，提高了景区的安全管理水平，给游客出行也带来了极大的便利。

第四，物联网技术重构全球旅游业模式，改变了全球旅游业的话语结构和权力关系，可让游客的分享更加智能，充分满足旅游服务个性化需求。这些变化也将对全球旅游业的模式结构产生深远影响。

八　云计算推动旅游业数字化管理与数字化营销

（一）云计算提供低成本、整合便捷的数据服务

云计算（Cloudcomputing）是基于互联网的相关服务的增加、使用和交付模式，通常涉及通过互联网来提供动态易扩展且经常是虚拟化的资源。

云计算支持用户在任意位置、使用各种终端获取应用服务。用户所请求的资源来自"云"，而不是固定的有形的实体。应用在"云"中某处运行，但实际上用户无须了解，也不用担心应用运行的具体位置，只需要一台笔记本或者一部手机，就可以通过网络服务来实现我们需要的一切，甚至包括超级计算这样的任务。

由于"云"的特殊容错措施可以采用极其廉价的节点来构成云，"云"的自动化集中式管理使大量企业无须负担日益高昂的数据中心管理成本。"云"的通用性使资源的利用率较传统系统大幅提升，因此用户可以充分享受"云"的低成本优势，经常只要花费几百美元、几天时间就能完成以前需要数万美元、数月时间才能完成的任务。

表2　2017年全球云计算公司排名

排名	公司名称	主要技术
1	亚马逊	AWS 云计算服务、物流
2	微软	微软云
3	Google	文件系统 GFS、分布式计算编程模型 MapReduce、分布式锁服务 Chubby 和分布式结构化数据存储系统 BigTable 等
4	阿里巴巴	芝麻信用、菜鸟物流、淘宝网等
5	IBM	云存储
6	Oracle	信息管理
7	Virtustream	企业级云计算平台
8	腾讯云	QQ、微信、微博、游戏、云分析

来源：搜狐网。

（二）云计算全面提升旅游数字化管理和营销技术

云计算提供旅游信息管理的集约化平台。通过旅游管理平台，利用全国的旅游资源，借助云计算以及物联网技术，实现旅游的集约化、智能化、统一化管理，形成旅游资源的云端数据库。政府应加强云计算的投资建设，建立云计算旅游电子商务标准平台，实现旅游电子商务平台的现代化、统一化建设。云计算的强大功能可以为旅游信息和资源建设高效率平台，以达到与旅游业网络化、散客化、大众化的发展趋势相一致的目的。

九　科技对全球旅游发展趋势的影响

（一）新科技革命创造全球旅游产业新效率、新标准、新格局

人工智能及相关的云计算、区块链技术将提升全球旅游产业运行效率，全面提升服务质量和产品标准。传统旅游行业中大量的人力劳动将被人工智能取代，从而缩减人工客服成本，减少重复作业。人工智能强大的数据处理能力将大大提升服务效率、改善顾客体验。人工智能将改变产业运行模式，人力密集型的旅游产业的运行模式将面临极大的改变。但是人工智能并不会彻底取代员工，而是有助于员工提供更为复杂和高质量的面对面服务。全球旅游产业的人力资源战略将发生重大调整。

（二）新科技革命重塑全球旅游产业金融基础生态和信任体系

在全球旅游业中，区块链、云计算等技术将全面提升旅游业支付效率和结算模式，重塑顾客忠诚计划。旅游流程中产生的消费积分可以通过区块链获取和消费，旅游各个环节的消费能被轻松即时整合进旅游者的电子钱包，新的顾客忠诚和奖励计划将极大改变旅游业和旅游消费模式，各个碎片化产业被整合，引发广泛的多品牌联盟，促进高级项目债务管理及客户定制化动态发行/赎回期权管理体系的构建。区块链的自治、公开等特性使得其成为一

个独立的信任体系，对于共享经济下的旅游产业发展具有重要意义。Airbnb
等企业已经开始使用区块链简化交易，提高旅游产业链的消费体验与效率。

（三）新科技全面升级旅游体验和旅游产品设施，改变消费模式

VR 技术、人机交互技术、人工智能技术等技术突破了原有的旅游体验
局限，带来全新的旅游产品和设施设备，全面升级旅游目的地建设。这些技
术将多方位渗透到未来的旅游目的地设计建设中，产生真实场景和虚拟场景
的重叠，提供古迹复原和数字化文化遗产保护，使得目的地建设的模式和方
法发生重大改变，旅游者体验和现场效果都将得到增强。人工智能能更精确
地获得消费者数据，VR 和人机交互设备可以让游客与虚拟世界交流和互动，
改变旅游者的消费决策。人机交互技术还会重构旅游过程，从而对全球化的
游客流动行为产生影响。热门旅游目的地与冷门旅游目的地的界定将会改变，
良好的旅游设施带来游客实际体验，这一传统的发展优势将被新技术带来的
感知体验取代，这将对旅游目的地的发展战略和资源路径带来很大冲击。

（四）新技术推动全球生态旅游升级和智能化管理

新能源、物联网等技术为绿色旅游、低碳旅游的发展提供有力的技术支
持，促进节能、环保理念和开发模式在全球的展开，推广更高的环境保护标
准。利用 GIS 整合的大数据平台和云计算的技术支持，旅游业可以整合公
安、交通运输、环保、国土资源、城乡建设、商务、航空、邮政、电信、气
象等相关方面涉及旅游的数据，与主要网络搜索引擎和旅游电子运营商合
作，建立社会数据和旅游及相关部门数据合一的旅游大数据资源，推行旅游
的数字化管理，为旅游生态保护、旅游安全管理等提供高效的智能手段。

参考文献

钟义信：《人工智能的突破与科学方法的创新》，《模式识别与人工智能》2012 年第

25 期。

罗月童、刘晓平：《虚拟现实技术在旅游宣传中的应用前景及其关键技术探讨》，《科技导报》2007 年第 25 期。

袁勇、王飞跃：《区块链技术发展现状与展望》，《自动化学报》2016 年第 42 期。

邓维、刘方明、金海等：《云计算数据中心的新能源应用：研究现状与趋势》，《计算机学报》2013 年第 36 期。

罗琼、罗永常、李璐等：《GIS 在国内旅游业中的应用现状及展望》，《安徽农业科学》2011 年第 39 期。

张建勋、古志民、郑超等：《云计算研究进展综述》，《计算机应用研究》2010 年第 27 期。

易观智库：《2016 年 VR 游戏市场趋势研究报告》，http：//www. askci. com/news/chanye/2016/02/26/16859qat5. shtml，2017 年 12 月 10 日。

经管之家：《人机交互产业链分析》，http：//bbs. pinggu. org/thread - 2617283 - 1 - 1. html，2017 年 12 月 10 日。

前瞻产业研究院：《2016 年全球 GIS 产业十大领先厂商收入》，http：//bg. qianzhan. com/report/detail/459/160704 - 4267be07. html，2017 年 12 月 10 日。

G.24

新技术环境下的世界旅游人力资本：
新挑战与新趋势

任朝旺　陈永昶*

摘　要： 新技术的应用正在对旅游业的未来发展产生深远影响，这
也对全球旅游人力资本的建设提出了新的要求。新技术环
境下，世界旅游人力资本建设面临新的挑战，全球旅游人
力资本的分布和流动呈现新的变化，世界旅游人力资本的
发展也呈现新的趋势。只有全面认识新技术带来的挑战、
变化和机遇，才能更好地指导旅游行业的人力资本建设。
因此，有必要对新技术环境下的世界旅游旅游人力资本建
设进行深入分析。

关键词： 新技术　旅游业　人力资本　人才

大数据、人工智能、移动互联网和云计算（简称"大智移云"）等新
技术大面积地应用和高频次地迭代在世界范围内改变了经济发展模式和产
业商业逻辑，也改变了消费者的消费行为和人们的生活习惯。新技术已经
成为各行业和企业面临的最大不确定性，可以让行业和企业进入发展的快
车道，也能让企业甚至行业迅速消亡。对旅游行业来说，不管是新技术带

---

* 任朝旺，经济学博士，中国社会科学院研究生院副教授、硕士生导师，研究方向为旅游产业
经济和旅游发展政策；陈永昶，博士，河北大学旅游研究中心副主任，副教授，长期从事旅
游市场、旅游产业经济等方面的研究。

来的商业模式创新还是游客消费习惯的改变，都会对旅游业的未来发展产生深远影响。在新技术广泛应用的当下，人才日益成为经济发展的重要推动力和行业竞争的优势源泉，已经深刻地影响到了世界各国旅游人力资源的供需水平、流动性、政策及趋势。为了更好地发展旅游业，必须正视新技术带来的新机遇和新挑战。

一 全球旅游人力资本发展面临新的挑战

全球旅游人力资本呈现整体缺口大、高端紧缺、低端庞大的总体特征，受新技术影响，未来旅游人力资本的极化效应将更加明显。

（一）旅游行业人力资本缺口严重

据世界旅游及旅行理事会（WTTC）2017年报告，2017年旅游业会在全球创造2.98亿个就业岗位，未来十年的年均增长率为2.5%，2027年旅游业在全球创造的就业岗位数将达到3.82亿个。其中，直接就业岗位2017年达到1.11亿，未来十年将保持2.2%的年均增长率，2027年达到1.38亿。2017年旅游行业就业人数在总就业人数中占比超过3.6%，预计到2027年将超过4.0%（见图1）。

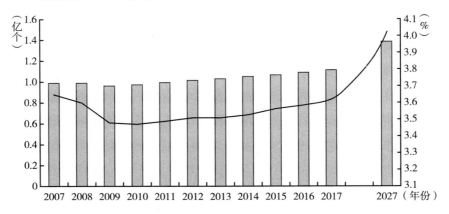

图1 旅游行业创造的直接就业岗位及在总就业人数中占比趋势

然而，在旅游业快速发展及就业岗位激增的同时，各国却存在旅游人才不足的状况，严重制约了旅游业增长潜力的实现。与其他行业相比，旅游业面临的人力资本方面的挑战更加显著，尤其是在新技术环境下。根据 WTTC 对全球 46 个国家旅游业人才状况的统计，37 个国家在未来十年将出现旅游业人才"不足"或"短缺"的现象，而只有 6 个国家会在其整体经济中发生这种情况。

（二）旅游行业高端管理和技术人才缺乏

新的技术环境下，旅游行业的发展开始由劳动密集型向资本密集型和技术密集型转变，人才需求呈斜坡式上升，对具有高技能、新思维的高端管理和技术人才的需求急剧增加。旅游行业的快速发展与高端人才缺乏之间的矛盾可能成为未来很长时间内制约旅游业发展的主要矛盾。随着新技术的快速推广和应用，以及在旅游行业中的渗透，未来客户需求将日益呈现多样化和定制化，这要求旅游行业的管理人员具有更广泛的管理能力和业务能力，旅游行业对高端技术人才的需求将会呈现井喷趋势。当前旅游行业中高端管理和技术人才的缺口较大。

（三）旅游人力资源的主体被替代性增大

旅游业创造的就业机会巨大，而且许多工作岗位对技能水平的要求不高，因此，一些低知识、低技术含量的工作往往由低学历层次者承担，尤其是女性和年轻人（18~25 岁），他们构成了目前旅游行业从业人员的主体。但是，新技术的出现和广泛运用，将对旅游行业的低端劳动力形成替代效应。在具备条件的国家和地区，低端劳动所占据的工作岗位将被自动化和新技术所取代。替代后的服务将能够更好地实现全程化、高质量和标准化，带来更好的服务体验和顾客满意度，给旅游企业创造更高的绩效收益（见图 2）。

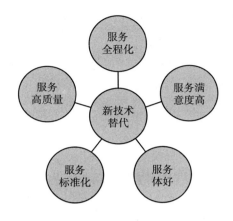

图 2　新技术替代旅游低端服务岗位的潜在绩效

二　全球旅游人力资本分布与流动发生变化

全球旅游业人才变化的速度和范围是非常显著的，新技术的出现对全球旅游人力资本的分布和流动带来的新的影响，主要体现在以下两个方面。

（一）不同国家和地区旅游人才的供需平衡性存在差别

从全球来看，虽然旅游业整体的增长速度较快，但是由于不同国家和地区旅游业的总体发展水平和成熟度差别较大，旅游业所处的成长周期阶段不同，不同国家旅游人才的供需平衡性存在较大差异。根据 WTTC 对 46 个国家的分析和预测（2014～2024 年）（见图 3），旅游业人才供需增长排在前五位的国家主要是中东和东南亚的新兴国家，以及哥斯达黎加（需求）和土耳其（供需）。排在后五位的主要是老龄化加剧的欧洲和东北亚国家，再加上澳大利亚（需求）和俄罗斯（供应）。旅游人才的供需状况一方面反映了各国旅游业增长速度的差异，另一方面也反映了各国旅游人才储备的差距。未来随着新技术的出现以及在旅游业的渗透，不同国家和地区的供需平衡性差异将会更加凸显，相比于欧美成熟经济体，新兴经济体的旅游业人才供需矛盾和结构性问题将会更加严峻，成为制约其旅游业未来发展的主要因素。目前，亚洲和太平洋地区是旅游到客、收入和支出增长最迅速的地区，当前人力资源的质量和数量都不足以满足旅游业现有和未来的劳动力需求。

表1 2014~2024年观光旅游业人才供需增长排在前五位和后五位的国家

排名		需求	供应
前五位国家	1	泰国	沙特阿拉伯
	2	土耳其	巴林
	3	沙特阿拉伯	阿曼
	4	阿曼	土耳其
	5	哥斯达黎加	菲律宾
后五位国家	42	韩国	奥地利
	43	澳大利亚	捷克
	44	日本	韩国
	45	德国	日本
	46	挪威	俄罗斯

资料来源：牛津经济研究院，WTTC。

（二）人力资源从传统旅游产业向新型旅游产业转移

新技术的出现和应用，不仅带来了旅游行业的技术创新，而且实现了旅游行业的商业模式创新，形成了新的旅游产业形式，这也必将带来旅游行业内人力资源的转移和流动，改变着旅游行业的人才需求结构。随着新型旅游产业的不断发展壮大，旅游业人力资源分布呈现向新型旅游产业转移的趋势。以中国为例，旅游业传统核心产业中，旅行社行业从业人员有34万多人，导游人员持证人数为85万人；旅游住宿业的星级饭店从业人员达136.2万人；农家乐吸纳就业人口600万人；全国A级旅游景区从业人员为122.9万人。新型旅游产业中新型住宿业态从业人数约有110.64万人；在线旅游企业中携程、同程旅游、去哪儿网、驴妈妈等领先在线旅游企业员工数总计约6.3万人，其他旅游在线企业从业人员约6万人；主题公园及度假区类旅游区直接就业人数约25万人；在线旅游交通企业即旅游移动出行平台创造就业约191.8万人。未来，随着新技术的不断创新和推广应用，旅游人力

资源向新型旅游产业流动的趋势将会更加明显。同时，新技术环境下，传统旅游业也面临创新发展的需求，对新型技术型人才的需求也将不断增加。

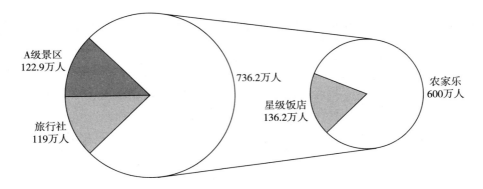

图3   中国旅游传统核心产业从业人员分布

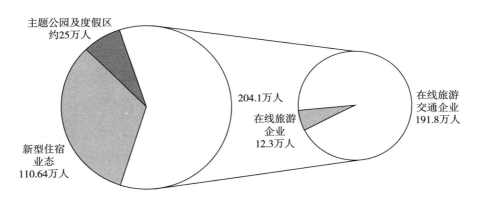

图4   中国新型旅游产业从业人员分布

三   部分国家旅游人力资本新政策

虽然旅游业在各国经济中增长迅速，GDP贡献率和就业综合贡献率高，但是长期以来各国政府对旅游人才队伍建设却重视不足，对旅游基础设施建设投入大，对旅游人才队伍建设投入小。近年来，为了应对新技术对旅游行业的冲击，旅游人才队伍建设开始被提升到了国家政策层面，其中新加坡和加拿大新的人才政策值得借鉴。

（一）新加坡

新加坡是实行人力资本政策的典范，为了解决旅游人力资源短缺的问题，专门制定了相关计划并实施了一系列举措。

1. 由专业机构负责解决旅游人力资本问题

新加坡标新局专门制定并推出了"中小企业人力资本运动"计划，邀请来自不同领域的资深人力资源总监成立了名为"中小企业人力资本倡导者"专业咨询团队，为受困于人力资源瓶颈的企业提供人力资源方面的专业辅导和支持。最新公布的人力资源行业发展计划中，劳资政三方将推出新计划或扩大现有计划来实施为雇主提供更多人力资源、提升专业素养和创造生机勃勃的人力资源服务体系三大策略。

2. 加大对旅游人才队伍建设的资金支持

新加坡政府高度重视旅游人才队伍建设投入，为旅游人力资本培育提供充足的资金支持，推动旅游行业开展先进的专业培训，提升旅游行业从业人员素质，提高旅游行业服务水平和服务质量，以缩小旅游行业与其他先进行业领域和其他国家竞争对手的差距，形成竞争中的领先优势。例如，在"技能创前程中小企业指导计划"下，经标新局配对后，中小旅游企业可以获得企业咨询顾问的指导，完善和提升对员工的培训，而经费则由标新局负责。

3. 制定全方位的旅游人才培训计划

随着新技术的不断涌现，人类先进生产力进入知识–文化经济时代，旅游行业发展的人才需求数量和结构都在发生变化，新的旅游业投资驱动也导致人力需求激增。新加坡政府与劳动力发展局合作制定了旅游人才培训计划，包括对在职工作者的继续教育和培训、针对学生的就业前培训，以及对准备加入该行业的工人的便携式技能培训服务。劳动力发展局为此开发了认证服务专业程序（CSP），以扩大从事旅游业工作的具备服务技能的工人的规模。

（二）加拿大

旅游人力资本战略计划是加拿大旅游部门的一项国家工程，从 1986 年开始实施，目前最新版本为"2015～2018 年旅游人力资本战略计划"，计划目标包括：提高旅游行业在加拿大的经济和社会地位；强化私人旅游企业的重要性；提供能全面和及时反映旅游部门动态的研究；建立旅游行业认证资格标准；培育旅游行业与其他行业的合作精神；吸引和保留高质量、多样化的旅游劳动力；改善旅游从业人员技能以提升生产率和游客体验。为了实现以上七个目标，加拿大从多方面入手制定旅游人力资本政策。

1. 针对年轻员工的工作改进

为了应对全球竞争、员工年轻化（15～24 岁）、文化多样性等新趋势，吸引作为旅游行业员工主体的年轻人，加拿大积极提升和大力宣传旅游职业和事业形象，对一系列旅游工作实践进行改进，如工作组织、招聘政策、雇员关系、工作设计、培训投资等，尤其是员工语言和文化能力的培养。以期使旅游劳动力拥有更高的技能，使旅游企业更加兴旺，从而为年轻人创造更多优质、长期的工作岗位。

2. 多渠道提高劳动力的可获得性

考虑到未来十年优秀员工的难以获得性，为了获取新的劳动力资源，加拿大出台了"临时雇佣外籍员工计划"（Temporary Foreign Worker Program），开办"技术工人培训班"（skilled worker class）以吸引移民，拥有旅游行业高技术或者高需求岗位的移民可以获得永久加拿大身份。加拿大还实施了"多样化劳动力战略"（Diverse Workforce Strategy），雇佣本土居民、年轻人、新加拿大人（new Canadians）、残疾人、老年人等。

3. 加强旅游人力资源数据挖掘

注重旅游行业人力资源数据的收集和分析，包括：劳动力的供求、培训趋势、薪资水平、劳动力储备的人口统计特征等。通过对以上数据的搜集并进行全面分析，及时了解旅游产业人力资本市场的动态，为政府、旅游企业的政策制定提供支持。

4. 大力开展旅游行业培训和资格认证

开展了以"国家搭桥计划"（National Bridging Programs）为主的一系列项目，将旅游目的地、酒店、旅游行业协会等利益相关组织聚合在一起形成更强大的联盟，将旅游企业和教育机构联结在一起，创新国家培训和认证体系，打通职业生涯通道，提供高质量教育和培训项目，以培养技能、知识和资格兼备的未来旅游行业领军者。

四　世界旅游人力资本发展的新趋势

新技术已经成为旅游业发展的生产力和驱动力，正在使旅游行业发生着深刻的变革。在新技术的驱动下，旅游行业日益成为一个多层面的、全球竞争的行业。与以往不同的是，未来旅游行业需要的人力资本必须具有更加广阔的、创新的思维以及对新技术的接受力、应用力。新技术环境下，旅游行业的人力资本发展呈现出新的趋势。

（一）新技术带来的旅游人力资本管理变化

1. 新技术带来旅游行业员工工作方式的变化

技术使得工作地点和场所成为多余，在未来，工作只是代表你做什么，而不代表你去哪里。尤其是对于 1980～1995 年出生的目前旅游行业人力资本的生力军来说，他们可以在任何地方、任何时间工作。旅游行业的客户群分布在全世界，因此旅游服务的时间和空间范围都比较大，而互联网、人工智能、虚拟现实等新技术的出现和使用，更加方便旅游服务的提升和创新，也使得旅游行业未来需要更多掌握和应用新技术的人力资本。

2. 新技术对旅游行业管理者提出新的要求

新技术的出现和应用为旅游行业管理工作提供了更为有效的技术支持，同时也对旅游业行业管理者提出了新的挑战。旅游行业管理者必须改变传统的管理思维和管理模式，一方面要有对新技术的敏锐度和接受度，清楚新技术对旅游行业的改变，并充分利用技术变革及时创新新产品、新服务和新模

式；另一方面则要清楚新技术对新生代员工的改变，平衡好员工自由工作和技术控制之间的关系。

（二）新技术带来旅游产品和服务的变化

1. 新技术全面影响旅游产品和服务供给

当今时代，新技术的发展正迅速覆盖人们工作生活的每一个角落。对于已经成为人们日常生活中必不可少的一部分的旅游行业来说，有着强烈的新技术应用需求。新技术正在开启旅游业的一个全新纪元，旅游新技术已经渗透到旅行体验、酒店、国际机票、目的地等各类旅游产业要素中，深刻影响着旅游产品和服务供给，带来旅游工作内容和工作程序的根本性变革，对旅游从业人员提出了新的知识和技能要求。

2. 新技术有助于实现旅游的极致体验创新

2016 年被称为"VR 元年"，旅游企业开始尝试引进 VR 技术，为游客提供更加真实的旅游前信息获取、旅游中信息互动以及旅游后的信息补充等服务，以求极大地优化游客的体验。另外，未来酒店、未来景区、未来旅游系列新体验，云平台解决方案，大数据提供用户精准画像和企业应用场景、提高全球酒店资源供需匹配效率，基于 LBS（位置定位）和 AI（人工智能）技术为核心的实时行程整合推送产品，新一代的国际机票搜索技术等都将给游客带来更好的旅行体验。新技术将给未来的旅游体验带来革命性影响，有助于实现旅游的极致体验创新。随着新技术的不断引入，旅游企业需要专业化的人才，构建一个全新的、以应用为目的的、以需求为核心的技术应用平台，对同类技术进行专业评估，分析其引入时效、服务效果、盈利预期等。

（三）新技术带来旅游人力资本教育培训的变化

1. 新技术替代性解决旅游人力资本不足问题

未来，互联网、物联网、大数据、云计算、虚拟现实等技术将全面应用于旅游行业，势必会替代大量的咨询及信息服务人员，从一定程度上解决某些国家尤其是亚洲及东南亚地区旅游人力资本不足的问题。麦肯锡公司的报告显示，自动化的影响将遍及全球各地和各行业，中国、印度、日本和美国这四大经济体将有2/3的雇员会被自动化取代，旅游行业中的旅行社被取代的可能性为60%～80%。而对于旅游行业来说，智能机器人和智能语音系统已经在迎宾接待、咨询服务、旅游推荐、周边查询等多个方面开始应用。不只自动化，云计算、大数据等技术也已应用于旅游行业的信息服务、导游服务和定位服务。

2. 掌握新技术旅游人才的培养日益重要

新技术促使旅游行业新模式和新业态的产生，使旅游产品和服务、营销方式（精准营销）、管理手段等都发生了重大改变，因此，未来的旅游人力资源尤其是掌握新技术的旅游人才培养显得至关重要。目前，不管是旅游专业的高等教育还是旅游行业的在职培训，教育和培训的内容、技术都明显落后于行业实践的发展。

为了应对新技术环境下的旅游行业人才需求，未来的人才培养，一方面要进行培养内容的创新，招聘和邀请熟悉旅游行业、旅游市场前沿的师资，对旅游专业在校生及从业人员进行从理念到内容和技术上的全面创新教育和培训。另一方面要进行培养技术的创新，充分利用远程互动、虚拟现实等新技术进行教育和培训，创新学习机制，培养从业人员利用新技术自主学习的能力，大大提升学习的效率，保障知识流向和流速的科学性，形成更为科学、高效的沟通、协作和培训机制。

（四）新技术带来旅游人力资本价值发挥的变化

1. 新技术带来旅游人力资源利用模式的创新

新技术在对旅游行业的人才供需平衡性产生影响的同时，也给旅游行业的人力资源利用模式创新带来了机遇。新技术的不断出现和应用，尤其是下一代互联网、移动网络、物联网等技术的应用，打破了人力资源利用的时间和空间限制，为智慧化人力资源整合平台的构建提供了技术支持，提升了人力资源搜寻、获取、配置和利用的效率。尤其是对于落后国家和地区来说，这为其打破人才资源约束、整合利用全球人才资源、弥合人才供需矛盾，提

供了千载难逢的机会。

2. 新技术带来旅游行业知识管理机制的创新

知识是创新的源泉，也是新技术环境下旅游行业实现创新发展的根本动力。随着新技术的不断创新和快速普及，人类社会即将全面进入知识经济时代。在新的时代背景下，旅游产业的发展也必然要转移到知识生产、传播和应用的基础上来，旅游人力资本价值的充分发挥离不开完善的知识管理机制。而新技术的发展为创新知识管理机制提供了关键的技术支持，大数据、云计算、物联网、移动互联网等技术的应用，可以更方便地实现对各类旅游信息的系统集成和高效传输，全面优化了知识获取、积累、创造和运用过程。完善的知识管理机制，不仅可以有效推动旅游产品和服务创新，而且可以辅助管理者进行情境规划、预测和决策，从而更好地发挥旅游行业人力资本价值，推动旅游行业发展。

参考文献

WTTC： *Travel & Tourism Economic Impact* 2017 World，2017.

World Tourism Organization（UNWTO）and Global Tourism Economy Research Centre（GTERC），Asia Tourism Trends，2016.

《"双创"拉动，旅游就业综合贡献率达 10.25%》，http：//www. cnta. gov. cn/xxfb/jdxwnew2/201607/t20160722_ 778509. shtml，2017 年 12 月 13 日。

Canadian Tourism Human Resource Council，*Tourism HR Canada Strategic Plan 2015 - 2018*，2015.

《新技术引领旅游新潮流》，http：//news. 163. com/16/0818/03/BUNKU8P100014AED. html，2017 年 12 月 13 日。

Abstract

In 2017, the global economy recovered moderately, but a variety of risks and uncertainties still remain. Global tourism grew in a comprehensive way, the growth rate continued to be higher than GDP, and the demonstrations against "overtourism" in Europe caused widespread concern on the issues of sustainable development. In 2017, China's deepening reform process created a favorable environment for tourism development. Socialism with Chinese characteristics has crossed the threshold into a new era and also has made new demands for tourism development. The reform of tourism and related fields has been solving some difficult problems. The tourism investment boom surged, and some areas may have the hidden dangers of investment. The trend of industrial convergence has been strengthened from two directions interactively: policy promotion and industrial practice. A series of new standards which come on stage and carry out would lead to the healthy development of tourism new industries. The rural tourism boom has been promoted all over the country, and the tourism targeted poverty alleviation has been fully implemented. The increase of global tourism organizations, conferences and activities have strengthened interaction between China and the world. In the process of regional integration of Beijing-Tianjin-Hebei, Guangdong, HongKong, Macao and Yangtze river delta, tourism would play a great role. In 2018, it will be the 40th anniversary of China's reform and opening up. Facing the future, we should further promote the reform and innovation of tourism development so as to make tourism play a greater role in meeting the needs of people's better life, building a moderately prosperous society in all respects, building a great modern socialist country and a world tourism power, as well as building a community with a shared future for mankind. Tourism should function as signal of better life, binder of social cohesion, breakthrough of deepening

旅游绿皮书

reform, forefront of opening up, interactor of regional development, innovator of modern economy system, leader of ecological civilization, refractor of modern governance and builder of community of shared future.

Contents

I General Reports

Abstract: In 2017, the global economy recovered moderately, but a variety of risks and uncertainties still remain. Global tourism grew in a comprehensive way, the growth rate continued to be higher than GDP, and the demonstrations against "overtourism" in Europe caused widespread concern on the issues of sustainable development. In 2017, China's deepening reform process created a favorable environment for tourism development. Socialism with Chinese characteristics has crossed the threshold into a new era and also has made new demands for tourism development. The reform of tourism and related fields has been solving some difficult problems. The tourism investment boom surged, and some areas may have the hidden dangers of investment. The trend of industrial convergence has been strengthened from two directions interactively: policy promotion and industrial practice. A series of new standards which come on stage and carry out would lead to the healthy development of tourism new industries. The rural tourism boom has been promoted all over the country, and the tourism targeted poverty alleviation has been fully implemented. The increase of global tourism organizations, conferences and activities have strengthened interaction between China and the world. In the process of regional integration of Beijing-Tianjin-Hebei, Guangdong, Hong Kong, Macao and Yangtze river delta, tourism would play a great role. In 2018, it will be the 40th anniversary of

旅游绿皮书

China's reform and opening up. Facing the future, we should further promote the reform and innovation of tourism development so as to make tourism play a greater role in meeting the needs of people's better life, building a moderately prosperous society in all respects, building a great modern socialist country and a world tourism power, as well as building a community with a shared future for mankind. Tourism should function as signal of better life, binder of social cohesion, breakthrough of deepening reform, forefront of opening up, interactor of regional development, innovator of modern economy system, leader of ecological civilization, refractor of modern governance and builder of community of shared future.

Keywords: Chinese Tourism; Needs of Better Life; Industrial Function

G. 2　Top 10 Highlighted Issues of China's Tourism in 2017

Tourism Research Center, CASS / 022

Abstract: The top 10 key issues of China's tourism in 2017 are as follows. (1) Major reports of the 19th CPC guide the new development of tourism. (2) The establishment of the World Tourism Alliance is alluring more anticipation. (3) The national park construction takes an important step. (4) Rural tourism promotes the Rural Revitalization Strategy. (5) The characteristic towns help solve the urban and rural dilemma. (6) Many factors lead to tourism slowdown in China, Japan and South Korea. (7) Sports tourism jointly build happiness industries. (8) The investment in homestay is becoming more rational. (9) Frequent quality incidents highlight the predicament of hotel management. (10) Tourism has repeatedly become the theme of the hit Variety.

Keywords: China's Tourism; Sports Tourism; Rural Tourism; Featured Town

Ⅱ   Annual Theme

Abstract: The Report of the 19th National Congress of the Communist Party points out that socialism with Chinese characteristics has been entering a new era and the principal contradiction facing Chinese society has evolved into the contradiction between unbalanced and inadequate development and the people's ever-growing needs for a better life. As an important part both of people's needs for the better life and of social economy development, tourism, in the new era, should adjust its development philosophy and methods. Reform and innovation of tourism should be improved with deep studies on the following issues: defining tourism bothas undertaking and industry, guaranteeing the citizens' rights of vacation and travel, implementing the classified reform of scenic spots' management system, advancing the tourism administration and governance system, reforming the statistics and performance measuring systems, bettering the tourism public service system, establishing the innovation system of tourism industry and improving the top-level design of tourism reform and innovation.

Keywords: Tourism Reform; Nation Park; Tourism Governance

Ⅲ   Deepening of Reform

Abstract: Cantourism be developed in China's national parks? There used to

be many answers. At present, the mainstream understanding is that "national parks are not developing big tourism", which is actually a consequence of the weakening of the meaning of tourism. The whole concept of tourism should be expanded in two aspects: On the one hand, tourism includes both career and industry, and the career part is the typical activity of "serving the people". Even in the industry part, there are a number of business that have a full impact on regional development but do not increase the environmental capacity. On the other hand, the tourism of national parks is mainly in the form of career, and the industrial form should be carried out in the manner of eco-tourism that has a driving effect. "The Overall Plan of Establishing the National Parks System" clearly puts forward that on the premise of protection, national parks can not only develop tourism, featured towns constructionshouled also be encouraged outside the national parksto show the public welfare property of the national parks and alleviate the effects caused by the large tourist flow in national parks.

Keywords: National Park; Tourism; Featured Town

G. 5 Current Situation, Problems and Counter measures of Tourism Land Use Policy in China   *Song Ziqian* / 060

Abstract: With the rapid development of tourism industry, the problem of its land use has become an increasingly prominent issue. Under this background, the central and local governments have introduced a series of land use policies to support the development of tourism industry, which gradually optimizes the land use environment. However, due to the congenital deficiency of land use policy in the field of tourism, many problems have emerged gradually. For example, some of the policies are too general and fuzzy to meet the needs of tourism development practice, and undoubtedly the problem is getting worse when we put the rapid deepening and development of mass tourism and comprehensive tourism into consideration. Thus, It is suggested in this paper that tourism land use can be regarded as the pathfinder field of land system reform and a great way to promote policy innovation, so as to make the policy design of tourism land use be more integrated, comprehensive and feasible.

Keywords: Tourism Industry; Land Use Policy; Mass Tourism

G. 6   The Application of PPP Model in Tourism Projects:

Problems and Thoughts   *Li Wei, Wei Xiang* / 071

Abstract: Public-private partnership (PPP) model can alleviate financial pressure of the government and improve operational efficiency, so it obtains wide promotion from the government. Tourism PPP projects are characterized by strong business attributes and great difficulties in measuring income and risks and in supervision. China's tourism PPP development is facing imperfect policies and regulations, lack of contract spirit of local governments, low enthusiasm of social capital about low income, mismatch in project financing periods, single capital withdrawal channel and so on. Successful operation of tourism PPP model requires good institutional environment, social investors with great operating capacity, reasonable risk-sharing mechanism, dynamic interest coordination mechanism, sufficient information disclosure system and scientific pricing mechanism. In addition, the article also proposes specific measures for China's tourism PPP development.

Keywords: PPP Model; Tourism Projects; Return and Risk Sharing

G. 7   Tourism Statistics Innovation under the Background

of Comprehensive Tourism: Practice in Zhejiang

Wu Xuefei / 083

Abstract: Tourism statistics is a hot topic in China's tourism industry in recent years. Almost all levels of Tourism Administrations in China attach great

importance to the innovation of tourism statistics. A few of them even set up professional institutions such as Tourism Data Center to promote the research and innovation of tourism statistics. China's tourism industry is entering a new stage of comprehensive development, which poses great challenges to tourism statistics. In this context, Zhejiang Province, one of the firsts to start tourism statistics innovation, has accumulated valuable experiences of innovations of grass-roots statistics, tourism industry accounting and construction of statistical data center, etc, which may bring instructive enlightenment to other regions.

Keywords: Tourism Statistics; Comprehensive Tourism; Statistics Innovation; Tourism in Zhejiang

IV   Amalgamation & Innovation

G. 8   Tourism-featured Towns: History and the Future

Wei Xiaoan / 095

Abstract: Since the promulgation of the "Notice on Carrying Out the Work of Cultivating Featured Towns" in July, 2016, the upsurge of building featured towns in China has been rapidly set off. As a tourist town with tourism as the main function, culture as the theme, new life as the leading basis, and future development as the main orientation, it is necessary to explore new developing modes and explore new territories. The traditional tourism areas should be upgraded, new tourism areas should forge ahead, and pan-tourism areas should highlight the future. The future development of tourism town should focus on culture, innovation and details. The linkage between increased leisure time and space should be properly handled.

Keywords: Tourism-featured Towns; Featured Town; Pan Travel

G. 9   Research on the Sports Tourism Town in China

Zeng Bowei, *Zhang Xiaoyu* / 102

Abstract: In recent years, with the adjustment of China's economic structure and the changing of consumption behaviour, people begin to pay attention to life enjoyment. Sports tourism has become to a hot topic, and sports tourism town has been developing vigorously supportted by the government. The sports tourism town of our country develops relatively late, and we need to study the successful experience of developed countries, combining the actual situation of our country, and to construct sports tourism town which can not only meet the needs and demands of sports tourism consumers, but also develop sustainably.

Keywords: Tourism; Sports Tourism; Sports Tourism Town

G. 10   Measures and Suggestions on Promoting the Integration

Development of transportation and Tourism

—*Taking " Greater Sanya" Tourism Economic Circle*

as an Example   *Zhao Lili*, *Zhang Jinshan* / 114

Abstract: Traffic is a prerequisite factor for the development of tourism. It's also a basic factor for travelers' travel considerations. However, for a long time, traffic factors are generally considered as external variables that influence the level and scale of regional tourism development. In recent years, along with the continuous improvement of the integrated transportation system, the two have seen the trend of integration and development. The focus is on the continuous display of the tourist functions of transportation, and the continuous emergence of special forms of tourism and transportation products. In February 2017, the Ministry of Transport and the National Tourism Administration jointly issued the Several Opinions on Promoting the Integration Development of transportation and Tourism, and clearly proposed to speed up the formation of a new pattern of

integration development between the two. Hainan Province is the first all-for-one tourism demonstration provinces in China. The "Sanya" tourism economic circle is an exemplary area for Hainan Province to promote the development of all-for-one tourism. It is the most typical area where tourism and traffic are integrated and developed in the nationwide scale. Taking the "Greater Sanya" tourism economic circle as an example, this paper analyzes the existing problems of tourism traffic in "Sanya Sub-region" and puts forward the measures and suggestions for the deep integration of tourism and transportation.

Keywords: Tourism; Transportation; Integration and Development; "Greater Sanya" Tourism Economic Circle

G. 11　Analysis and Prospect of China's Snow Tourism

Zhang Guihai / 129

Abstract: Since the successful bid of 2022 Beijing-Zhangjiakou Winter Olympic Games, especially with GeneralSecretory Xi's promotion of "Encourage 300 million people to take part in winter sports" and "Snow and ice could be gold and silver mine as well", snow tourism is getting more and more popular in the whole country, and the market share has been soaring. Based on a brief review of the history and status of Chinese snow tourism and an analysis of the regional ice and snow tourism, thisarticle argues that the industry shall be evolved and expended so as to improve the system and service. The main purpose of the article is to explore the opportunities of regional cooperation of the industry and accelerate the sustainable development thus to integrate Chinese snow tourism into the larger world snow tourism cycle.

Keywords: Snow Tourism; Regional Cooperation; Sustainable Development

G. 12　Improving the Qualitative Growth of Economy Hotels

　　　by Changing the Logic

Qin Yu，Chen Yang and Liu Chunyan / 139

Abstract：The era of high speed growth of China's economy hotel segment is coming to an end, and the economy hotel market will enter a transition period. During the period of high speed growth, the major companies in the industry have taken the key stakeholders as the tool of growth rather than the aim of the growth, which resulted in a series of problems such as worse service quality and unfavorable economic performance. In order to solve these problems, economy hotel companies should change the logic of growth, refocus on the core needs of customers and realize quality driven growth.

Keywords：Economy Hotel；Hotel Management；Tourism

G. 13　Discussion on Development Trends of Tourism Industry

　　　Based on the Aspects of Investment Deals

　　　of Listed Companies *Lou Fengye，Bian Lijuan* / 147

Abstract：The industry hotspots of investment would be the indicator of capital flows in the capital markets. Besides M&A of listed companies appeal the trends of the industry. This article summarized all the investment deals of listed companies of tourism industry, including 28 companies in A-share market, 3 companies in Hong Kong stocks and 3 US stocks. Then this article analyzed development trends of the subdivided areas, including companies of natural scenic spots, theme spots, tourism service, hotel, duty free and food & beverage.

Keywords：Tourism Investment；Listed Companies；Development Trends

G. 14   he Potential Issues in Domestic Tourism Investment:

        A Case Study of the Development of Mogan

        Mountain Homestay   *Wang Ying, Jin Zhun and Wang Yu* / 167

Abstract: As tourism becomes a popular industry for domestic investment in recent years, it is greatly concerned by government at different levels and investors. However, in the current condition of increasingly expanding tourism investment size, problems of homogeneous competition and low-efficiency investment emerge. As homestay is a currently heated sub-category of tourism investment, the Mogan Mountain Homestay becomes a good case for reference: its investment problems, and the government's active and exploratory scheme in tackling the problems, provide a prototype for tourism investment. The case proves that only maintaining sensibility in the investment trend, establishing investment rules, defining investment boundary and deploying the Blue Ocean Strategy, could prevent investment bubble, and encourage a healthy growth of domestic tourism investment.

Keywords: Tourism Investment; Bubble; Mogan Mountain; Homestay.

V   Market Analysis

G. 15   Domestic Tourism (2016 −2017): Analysis and Forecast

        Tang Xiaoyun, Xie Zhongwen and Li Huiying / 182

Abstract: Tourism is an important part of people's longing for a better life. 2016 is the first year of the "13th Five-Year Plan". Driven by 41 tourism-related policies promulgated by the Central Government and 54 "Tourism management strategy" issued by the China National Tourism Administration, China's domestic tourism has achieved rapid development with the steady income support of residents. The number of tourists continued its double-digit growth. The growth rate of tourism revenue expanded further as compared with the same period of last year. New hot spots in tourism consumption continued to emerge. The regional pattern of the tourism market continued to be optimized. The holiday travel market maintained strong growth. In 2017, the domestic and international economic conditions will continue to improve, and the residents' willingness to travel will be high. The domestic tourism is expected to maintain its high-speed and stable development. It will continue to provide important support to the tourism industry in its role in stabilizing the national economy, adjusting its structure and promoting employment.

Keywords: Domestic Tourism; Tourism Income; Holiday Travel; Tourists Market

G. 16　China's Inbound Tourism (2016 −2017):

Analysis and Forecast　　　　　　　　　　*Li Chuangxin* / 192

Abstract: In 2016, due to comprehensive development of China tourism industry, as well as positive factors such as visa facilitation, international flight course encryption, departure tax refund, and series of tourism year activities, a sustained and stable growth had been seen in China's inbound tourism in 2016, while inbound tourism market structure had also shown an optimization trend. what's more, countries and regions along The Silk Road Economic Belt and the 21st −Century Maritime Silk Road were playing an more and more important role in China's inbound tourism market. In the first half of 2017, China's inbound tourism market showed a whole stabilized growth trend continuously. A steady recovery in China's inbound tourism market can be anticipated in 2017. Meanwhile, it is expected that China's inbound tourism market will gradually enter a comprehensive recovery channel.

Keywords: China Tourism; Inbound Tourism; Tourism Market

Abstract: In 2016 and the first half of 2017, due to the comprehensive development of the tourism industry, as well as the optimization of transport facilities, visa facilitation and the establishment of the tourism year multilateral cooperation mechanism and other positive factors, outbound tourism market continued to grow steadily, the proportion of tourists going abroad increased, the amount of tourists going to countries and regions along the "the Belt and Road Initiatives" increased obviously and the western region and the "new first line" market vitality further increased. China's outbound tourism market is expected to remain stable growthin the second half of 2017 and in 2018.

Keywords: China Tourism; Outbound Tourism; Tourism Market; Tourism Industry

Ⅵ　Tourism of HK, Macau & Taiwan

Abstract: 2017 is the 20th anniversary of Hongkong's return to the motherland. Hongkong SAR（Special Administrative Region）government and the tourism industry have launched a number of policies and new initiatives to reshape the "hospitality capital" tourism image and Hongkong's inbound tourists rebound. "The Belt and Road" construction, Guangdong, HongKong and Macau Bay Area Development Planning have brought new opportunities to Hongkong's tourism. The central government and Hongkong have signed a series of new agreements such as "CEPA Economic and Technological Cooperation Agreement", meanwhile, the Hongkong-Zhuhai-Macau Bridge, Guangzhou-Shenzhen-Hongkong high-speed rail and other foundation constructions will deepen tourism exchanges and cooperation between the Mainland and Hongkong and promote Hongkong's tourism development. In 2017 − 2018, it is expected that the tourism industry in Hongkong will grow steadily.

Keywords: Hongkong Tourism; Rebound; The Belt and Road; Guangdong, Hong Kong and Macao Bay Area

G. 19   Macao's Tourism Development (2017 −2018):

Analysis and Forecast   *Tang Jizong* / 228

Abstract: In the first half of 2017, GDP of Macao increased by 10. 9% year-on-year. In the second quarter, the GDP grew 11. 5% year-on-year, higher than that in the first quarter (+10. 3%) . Economic growth was mainly driven by higher exports of services and private consumption. In order to maintain a certain advantage in the increasingly fierce competition of international tourism market, Macao SAR must elaborate in quantity, as well as quality supply of labor to find out sustainable solutions.

Keywords: Macao Economic; Tourism Service; Gaming; World Travel and Leisure Center

G. 20   Taiwan's Tourism Development (2016 −2018):

Analysis and Forecast   *Huang Fucai, Yang Jing* / 244

Abstract: 2016 ~ 2017, Taiwan Tourism Bureau and other departments promote the tourism development action plan, implement the key tourist attractions in construction of medium range plan, and emphasize the quality optimization and creative value added. In 2016, Taiwan tourism industry has continuous development that the tourism revenue is about 25. 671 billion US dollars and tourist trips into the island of Taiwan is still up to ten

旅游绿皮书

million. Meanwhile, Travel security issues is still worrying and "tourism new south policy" effect is limited. Due to the great changes in the Taiwan political situation and cross-straits relations, the number of mainland residents traveling to Taiwan has fallen sharply, causing great impact on the related industries which pushes the Taiwan's tourism industry to carry out self-help parade for the first time in history, and the future of Taiwan's tourism industry is still not optimistic and full of difficulties.

Keywords: Taiwan's Tourism Industry; Tourism New South Policy; Mainland Residents Traveling to Taiwan

Ⅶ   Global Outlook

G. 21   Analysis on The World Tourism Economy Trends
in 2017 −2018   *Zhang Yujing, Wang Yong* / 260

Abstract: The world economy has been in a downturn for nearly a decade due to the international financial crisis. However, tourism economy has shown a good trend and has become an important stimulus to world economy. Therefore, it is particularly important to recognize and grasp the world tourism economytrends. Based on the global tourism data from 2006 to 2018, the article analyzes the world tourism economy trends from the six perspectives: global tourism, tourism patterns and trends on five continents, emerging economies, tourism and globalization, global tourism investment and urban tourism, and forecast the world tourism economy in 2018.

Keywords: World Tourism Economy; Emerging Economies; Investment; Tourism

Abstract: With the global 50 listed tourism companies in the world as the research sample, they are divided into four industries: hotel, travel agency, transportation and comprehensive industries. Based on the annual report data from 2010 to 2016, this paper comprehensively analyzes and compares from five dimensions: growth ability, debt paying ability, profitability, operating capacity and development capacity. With further analysis, this paper gets the conclusions about development trend and hot spots of these four listed tourism companies: the merger and acquisition and integration of the hotel, as well as the development of non-standard accommodation, has become the hot development; the traditional travel agencies and online travel agencies are converging in the game; traffic has the advantage of monopolies and share travel attracts more investment; theme pare diversifies the management with IP and gambling.

Keywords: Listed Tourism Companies; Hotels; Travel Agencies; Transportation

Abstract: The new scientific and technological revolution, represented by artificial intelligence, has great impact on the global society and economy. In the field of tourism, technological progress is greatly changing the trend of global tourism development. This paper analyzes the eight major technologies closely related to tourism development in recent years. Through exploringthe technical characteristics, its application in tourism and its impact on the development of global tourism, thus analyzes the trend of global tourism development driven by

341

旅游绿皮书

science and technology, and provides reference for the driving transformation, development trend and technological progress of China's tourism development.

Keywords: Tourism; Science and Technology; Artificial Intelligence

G. 24　World Tourism Human Capital in the New Technology
Environment: New Challenges and New Trends

Ren Zhaowang, Chen Yongchang / 313

Abstract: The application of new technology is having a far-reaching impact on the future development of tourism industry, which also puts forward new requirements for the construction of global tourism human capital. The world tourism human capital construction faces new challenges in the technology environment. The distribution and flow of global tourism human capital presents new changes in the new technology environment. And the development of world tourism human capital also presents new trends in the new technology environment. Only by fully understanding the challenges, changes and opportunities brought by the new technology can we better guide the human capital construction of the tourism industry. Therefore, it is necessary to analyze the human capital construction of world tourism in the new technology environment.

Keywords: New Technology; Tourism Industry; Human Capital; Talents

社会科学文献出版社

❖ 皮书起源 ❖

"皮书"起源于十七、十八世纪的英国，主要指官方或社会组织正式发表的重要文件或报告，多以"白皮书"命名。在中国，"皮书"这一概念被社会广泛接受，并被成功运作、发展成为一种全新的出版形态，则源于中国社会科学院社会科学文献出版社。

❖ 皮书定义 ❖

皮书是对中国与世界发展状况和热点问题进行年度监测，以专业的角度、专家的视野和实证研究方法，针对某一领域或区域现状与发展态势展开分析和预测，具备原创性、实证性、专业性、连续性、前沿性、时效性等特点的公开出版物，由一系列权威研究报告组成。

❖ 皮书作者 ❖

皮书系列的作者以中国社会科学院、著名高校、地方社会科学院的研究人员为主，多为国内一流研究机构的权威专家学者，他们的看法和观点代表了学界对中国与世界的现实和未来最高水平的解读与分析。

❖ 皮书荣誉 ❖

皮书系列已成为社会科学文献出版社的著名图书品牌和中国社会科学院的知名学术品牌。2016 年，皮书系列正式列入"十三五"国家重点出版规划项目；2013~2018 年，重点皮书列入中国社会科学院承担的国家哲学社会科学创新工程项目；2018 年，59 种院外皮书使用"中国社会科学院创新工程学术出版项目"标识。

权威报告·一手数据·特色资源

皮书数据库
ANNUAL REPORT(YEARBOOK)
DATABASE

当代中国经济与社会发展高端智库平台

所获荣誉

- 2016年，入选"'十三五'国家重点电子出版物出版规划骨干工程"
- 2015年，荣获"搜索中国正能量 点赞2015""创新中国科技创新奖"
- 2013年，荣获"中国出版政府奖·网络出版物奖"提名奖
- 连续多年荣获中国数字出版博览会"数字出版·优秀品牌"奖

成为会员

　　通过网址www.pishu.com.cn或使用手机扫描二维码进入皮书数据库网站，进行手机号码验证或邮箱验证即可成为皮书数据库会员（建议通过手机号码快速验证注册）。

会员福利

- 使用手机号码首次注册的会员，账号自动充值100元体验金，可直接购买和查看数据库内容（仅限使用手机号码快速注册）。
- 已注册用户购书后可免费获赠100元皮书数据库充值卡。刮开充值卡涂层获取充值密码，登录并进入"会员中心"—"在线充值"—"充值卡充值"，充值成功后即可购买和查看数据库内容。

数据库服务热线：400-008-6695
数据库服务QQ：2475522410
数据库服务邮箱：database@ssap.cn
图书销售热线：010-59367070/7028
图书服务QQ：1265056568
图书服务邮箱：duzhe@ssap.cn

基本子库
SUB DATABASE

中国社会发展数据库（下设 12 个子库）

全面整合国内外中国社会发展研究成果，汇聚独家统计数据、深度分析报告，涉及社会、人口、政治、教育、法律等 12 个领域，为了解中国社会发展动态、跟踪社会核心热点、分析社会发展趋势提供一站式资源搜索和数据分析与挖掘服务。

中国经济发展数据库（下设 12 个子库）

基于"皮书系列"中涉及中国经济发展的研究资料构建，内容涵盖宏观经济、农业经济、工业经济、产业经济等 12 个重点经济领域，为实时掌控经济运行态势、把握经济发展规律、洞察经济形势、进行经济决策提供参考和依据。

中国行业发展数据库（下设 17 个子库）

以中国国民经济行业分类为依据，覆盖金融业、旅游、医疗卫生、交通运输、能源矿产等 100 多个行业，跟踪分析国民经济相关行业市场运行状况和政策导向，汇集行业发展前沿资讯，为投资、从业及各种经济决策提供理论基础和实践指导。

中国区域发展数据库（下设 6 个子库）

对中国特定区域内的经济、社会、文化等领域现状与发展情况进行深度分析和预测，研究层级至县及县以下行政区，涉及地区、区域经济体、城市、农村等不同维度。为地方经济社会宏观态势研究、发展经验研究、案例分析提供数据服务。

中国文化传媒数据库（下设 18 个子库）

汇聚文化传媒领域专家观点、热点资讯，梳理国内外中国文化发展相关学术研究成果、一手统计数据，涵盖文化产业、新闻传播、电影娱乐、文学艺术、群众文化等 18 个重点研究领域。为文化传媒研究提供相关数据、研究报告和综合分析服务。

世界经济与国际关系数据库（下设 6 个子库）

立足"皮书系列"世界经济、国际关系相关学术资源，整合世界经济、国际政治、世界文化与科技、全球性问题、国际组织与国际法、区域研究 6 大领域研究成果，为世界经济与国际关系研究提供全方位数据分析，为决策和形势研判提供参考。

法律声明

　　"皮书系列"（含蓝皮书、绿皮书、黄皮书）之品牌由社会科学文献出版社最早使用并持续至今，现已被中国图书市场所熟知。"皮书系列"的相关商标已在中华人民共和国国家工商行政管理总局商标局注册，如LOGO（🖋）、皮书、Pishu、经济蓝皮书、社会蓝皮书等。"皮书系列"图书的注册商标专用权及封面设计、版式设计的著作权均为社会科学文献出版社所有。未经社会科学文献出版社书面授权许可，任何使用与"皮书系列"图书注册商标、封面设计、版式设计相同或者近似的文字、图形或其组合的行为均系侵权行为。

　　经作者授权，本书的专有出版权及信息网络传播权等为社会科学文献出版社享有。未经社会科学文献出版社书面授权许可，任何就本书内容的复制、发行或以数字形式进行网络传播的行为均系侵权行为。

　　社会科学文献出版社将通过法律途径追究上述侵权行为的法律责任，维护自身合法权益。

　　欢迎社会各界人士对侵犯社会科学文献出版社上述权利的侵权行为进行举报。电话：010-59367121，电子邮箱：fawubu@ssap.cn。

社会科学文献出版社